중국어권 한국어 학습자의
중간언어 발달 연구

한국문화사
한국어교육학 시리즈

중국어권 한국어 학습자의 중간언어 발달 연구

강현화·한송화·김한샘·홍혜란·김보영·김미경·배미연 지음

한국문화사

머리말

　학습자가 산출한 대규모 언어 자료를 분석하여 이들의 중간언어 발달 양상을 체계적으로 살피고 그것을 바탕으로 학습자의 언어 습득과 발달의 특성을 밝히는 것은 중요하다. 이는 지금까지 학습자 언어 연구에서 주로 이루어진 오류 분석의 관점에서 한 걸음 더 나아가 학습자가 목표 언어를 학습하기 시작하여 습득하기까지의 과정에서 생산해 내는, 학습자 나름의 독특한 언어 체계인 중간언어 발달을 체계적으로 살필 수 있기 때문이다.

　본서는 한국어 학습자 중 가장 큰 비중을 차지하는 중국어권 학습자의 중간언어 발달 양상을 살피고자 했다. 본서의 저자들로 구성된 연구팀은 3년의 기간을 두고 순차적으로 한국어 학습자의 중간언어 발달 연구를 수행하여 왔다. 먼저 1년 차에는 중국어권 학습자 말뭉치에 대한 국내외 선행 연구를 분석하였고, 중국어권 학습자의 문어와 구어 자료를 수집하여 학습자 말뭉치를 구축하였다. 아울러 이 과정에서 중간언어 체계를 밝히는 데에 필요한 품사 정보, 절/문장 단위 정보, 오류 정보를 나타내는 기호 표지를 체계화하는 연구가 함께 이루어졌다. 2년 차에는 말뭉치를 기반으로 하여 학습자의 중간언어 체계와 발달 특성에 대한 양적 연구를 수행하였다. 중국인 학습자의 문구어 말뭉치를 기반으로 형태소 사용 양상 분석과 함께 발음, 어휘, 문법, 담화 영역별 오류 양상을 초급에서 고급, 최고급에 이르기까지 수준별로 비교·분석하였다. 중간언어의 사용 양상을 양적으로 규명하여 중간언어의 특성을 객관적으로 기술하고자 하였다. 3년 차에는 학습자 중간언어에 대한 선행연구 고찰을 토대로 발음, 어휘, 문법, 담화 층위의 각 항목별 질적인 분석을 통해 중간언어 체계의 특성을 규명하고자 하였다. 실질적인 사용 양상 및 오류율, 사용 대비 오류 빈도를 수준에 따라 분석하고 해당 예문에 대한 질적 분석을 실시함으로써 중간언어 체계와 발달 특성을 규명하고 한국어 학습자들의 언어 습득과 발달의 특성을 종합적으로 관찰하고 기술하였다.

본서는 그러한 연구 성과를 종합한 1차 저작물로 중국어권 학습자의 문어 자료에 기반한 수준별 사용 양상을 분석한 결과이다. 대표성의 문제로 최고급 학습자와 구어 자료를 제외하고 양적 비중이 가장 큰 문어 자료를 기반으로 해서 중국어권 학습자의 사용 양상 모두를 제공하고자 하였다. 향후 이러한 문제를 보완하여 구어 자료나 오류 분석을 기반으로 한 후속 연구를 이어갈 예정이다. 본서는 QR 코드를 활용해서 본문에 제시한 분석 결과의 기초가 된 자료를 엑셀 파일로 제공하여 본문에 수록하지 못한 세부 정보들을 독자들이 직접 찾아보고 내려받을 수 있도록 하였다. 본서의 자료가 한국어 학습자 언어 자료의 연구자들에게 널리 활용되기를 희망한다.

2019. 8.
저자 일동

차례

- 머리말 _ V

제1장 들어가며 ... 1

1. 학습자 말뭉치 ... 3
2. 학습자 말뭉치 기반 중간언어 발달 연구 ... 6

제2장 중국어권 학습자 말뭉치의 구성 ... 9

1. 학습자 말뭉치의 구축 ... 11
   1.1. 학습자 말뭉치의 설계와 구축 ... 11
   1.2. 한국어 학습자 말뭉치의 구축 현황 ... 16
      1.2.1. 한국어 학습자 말뭉치 ... 16
      1.2.2. 외국어 교육에서의 학습자 말뭉치 ... 26

2. 연구 말뭉치의 구성 ... 29
   2.1. 말뭉치의 규모 ... 29
   2.2. 말뭉치 수집 과제 ... 30
   2.3. 말뭉치의 장르 ... 32
   2.4. 말뭉치의 주제 ... 32

제3장 중국어권 학습자 말뭉치의 형태소별 사용 양상   35

1. 학습자 말뭉치 형태 분석의 원칙과 실제   37
2. 형태소별 사용 분포   46
3. 키워드 분석을 통해 살펴본 주요 형태소의 사용 양상   51
  3.1. 키워드의 개념과 분석 방법   51
  3.2. 수준별 키워드 분석   52
  3.3. 품사별 키워드 분석   59

4. 어휘 범주별 사용 양상   70
  4.1. 체언   70
    4.1.1. 일반명사   70
    4.1.2. 의존명사   79
    4.1.3. 대명사   89
  4.2. 용언   98
    4.2.1. 동사   98
    4.2.2. 형용사   108
    4.2.3. 보조 용언   118
  4.3. 수식언 및 독립언   126
    4.3.1. 관형사   126
    4.3.2. 일반부사   134
    4.3.3. 접속부사   143
    4.3.4. 감탄사   150
  4.4. 관계언   157
    4.4.1. 격조사   157
    4.4.2. 보조사   169
  4.5. 어미   177
    4.5.1. 선어말어미   177
    4.5.2. 연결어미   181

4.5.3. 종결어미 ··· 190
   4.5.4. 관형사형 전성어미 ··· 199
   4.5.5. 명사형 전성어미 ··· 203
 4.6. 접사 ··· 206
   4.6.1. 체언접두사 ··· 206
   4.6.2. 명사파생접미사 ··· 213
   4.6.3. 동사파생접미사 ··· 220
   4.6.4. 형용사파생접미사 ··· 223
 4.7. 표현문형 ··· 226
   4.7.1. 표현문형의 빈도 ··· 226
   4.7.2. 수준에 따른 표현문형 사용의 차이 ······················· 229

- 참고문헌 _ 239

■ 표 차례

<표 1> 연세 학습자 오류 말뭉치의 구성: 학습자 수 ·················· 17
<표 2> 고려대 학습자 말뭉치의 구성: 어절 수와 표본 수 ·················· 17
<표 3> 국립국어원 학습자 말뭉치의 구성: 어절 수와 표본 수 ·················· 19
<표 4> 수집 대상별 말뭉치의 구성 ·················· 21
<표 5> 수집 시기별 말뭉치의 구성 ·················· 21
<표 6> 수집 과제별 말뭉치의 구성 ·················· 22
<표 7> 장르별 말뭉치의 구성 ·················· 23
<표 8> 수준별·언어권별 문어 말뭉치의 구성 ·················· 24
<표 9> 수준별·언어권별 구어 말뭉치의 구성 ·················· 25
<표 10> 연구 말뭉치의 수준별 규모 ·················· 29
<표 11> 수집 과제 유형별 말뭉치의 구성 ·················· 31
<표 12> 말뭉치의 주제 ·················· 33
<표 13> 학습자 말뭉치의 형태 분석 표지 ·················· 38
<표 14> 수준별 형태 범주 유형의 빈도 ·················· 46
<표 15> 수준별 키워드의 빈도 수와 유형 수 ·················· 53
<표 16> 순위별 키워드(1급, 2급) [QR 코드] ·················· 55
<표 17> 순위별 키워드(3급, 4급) [QR 코드] ·················· 57
<표 18> 순위별 키워드(5급, 6급) [QR 코드] ·················· 58
<표 19> 품사별 키워드 빈도 수와 유형 수 ·················· 60
<표 20> 품사별 키워드 목록 ·················· 63
<표 21> 일반명사의 사용 빈도 ·················· 70
<표 22> 순위별 일반명사의 빈도 및 누적 사용 비율 [QR 코드] ·················· 71
<표 23> 일반명사의 빈도 수 및 유형 수 ·················· 73
<표 24> 순위별 상위 빈도의 일반명사(1급, 2급) [QR 코드] ·················· 75
<표 25> 순위별 상위 빈도의 일반명사(3급, 4급) [QR 코드] ·················· 76
<표 26> 순위별 상위 빈도의 일반명사(5급, 6급) [QR 코드] ·················· 78

<표 27>	의존명사의 사용 빈도	79
<표 28>	순위별 의존명사 빈도 및 누적 사용 비율 [QR 코드]	80
<표 29>	의존명사의 빈도 수 및 유형 수	82
<표 30>	순위별 상위 빈도의 의존명사(1급, 2급) [QR 코드]	84
<표 31>	순위별 상위 빈도의 의존명사(3급, 4급) [QR 코드]	86
<표 32>	순위별 상위 빈도의 의존명사(5급, 6급) [QR 코드]	87
<표 33>	대명사의 사용 빈도	89
<표 34>	순위별 대명사의 빈도 및 누적 사용 비율 [QR 코드]	90
<표 35>	대명사의 빈도 수 및 유형 수	92
<표 36>	순위별 상위 빈도의 대명사(1급, 2급) [QR 코드]	94
<표 37>	순위별 상위 빈도의 대명사(3급, 4급) [QR 코드]	95
<표 38>	순위별 상위 빈도의 대명사(5급, 6급) [QR 코드]	97
<표 39>	동사의 사용 빈도	99
<표 40>	순위별 동사의 빈도 및 누적 사용 비율 [QR 코드]	100
<표 41>	동사의 빈도 수 및 유형 수	102
<표 42>	순위별 상위 빈도의 동사(1급, 2급) [QR 코드]	104
<표 43>	순위별 상위 빈도의 동사(3급, 4급) [QR 코드]	105
<표 44>	순위별 상위 빈도의 동사(5급, 6급) [QR 코드]	107
<표 45>	형용사의 사용 빈도	108
<표 46>	순위별 형용사의 빈도 및 누적 사용 비율 [QR 코드]	110
<표 47>	형용사의 빈도 수 및 유형 수	111
<표 48>	순위별 상위 빈도의 형용사(1급, 2급) [QR 코드]	113
<표 49>	순위별 상위 빈도의 형용사(3급, 4급) [QR 코드]	115
<표 50>	순위별 상위 빈도의 형용사(5급, 6급) [QR 코드]	116
<표 51>	보조 용언의 사용 빈도	118
<표 52>	순위별 보조 용언의 빈도 및 누적 사용 비율 [QR 코드]	119
<표 53>	보조 용언의 빈도 수 및 유형 수	121
<표 54>	순위별 상위 빈도의 보조 용언(1급, 2급) [QR 코드]	123
<표 55>	순위별 상위 빈도의 보조 용언(3급, 4급) [QR 코드]	124
<표 56>	순위별 상위 빈도의 보조 용언(5급, 6급) [QR 코드]	125
<표 57>	관형사의 사용 빈도	126

<표 58> 순위별 관형사의 빈도 및 누적 사용 비율 [QR 코드] ··· 127
<표 59> 관형사의 빈도 수 및 유형 수 ··· 129
<표 60> 순위별 상위 빈도의 관형사(1급, 2급) [QR 코드] ··· 130
<표 61> 순위별 상위 빈도의 관형사(3급, 4급) [QR 코드] ··· 132
<표 62> 순위별 상위 빈도의 관형사(5급, 6급) [QR 코드] ··· 133
<표 63> 일반부사의 사용 빈도 ··· 134
<표 64> 순위별 부사의 빈도 및 누적 사용 비율 [QR 코드] ··· 135
<표 65> 일반부사의 빈도 수 및 유형 수 ··· 137
<표 66> 순위별 상위 빈도의 일반부사(1급, 2급) [QR 코드] ··· 139
<표 67> 순위별 상위 빈도의 일반부사(3급, 4급) [QR 코드] ··· 140
<표 68> 순위별 상위 빈도의 일반부사(5급, 6급) [QR 코드] ··· 141
<표 69> 접속부사의 사용 빈도 ··· 143
<표 70> 순위별 접속부사의 빈도 및 누적 사용 비율 [QR 코드] ··· 144
<표 71> 접속부사의 빈도 수 및 유형 수 ··· 146
<표 72> 순위별 상위 빈도의 접속부사(1급, 2급) [QR 코드] ··· 148
<표 73> 순위별 상위 빈도의 접속부사(3급, 4급) [QR 코드] ··· 149
<표 74> 순위별 상위 빈도의 접속부사(5급, 6급) [QR 코드] ··· 149
<표 75> 감탄사의 사용 빈도 ··· 151
<표 76> 순위별 감탄사의 빈도 및 누적 사용 비율 [QR 코드] ··· 152
<표 77> 감탄사의 빈도 수 및 유형 수 ··· 153
<표 78> 순위별 상위 빈도의 감탄사(1급, 2급) [QR 코드] ··· 155
<표 79> 순위별 상위 빈도의 감탄사(3급, 4급) [QR 코드] ··· 155
<표 80> 순위별 상위 빈도의 감탄사(5급, 6급) [QR 코드] ··· 156
<표 81> 격조사의 사용 빈도 ··· 157
<표 82> 격조사의 수준별 사용 빈도 및 1,000어절당 빈도 ··· 159
<표 83> 수준별 주격조사와 목적격조사의 사용 빈도 [QR 코드] ··· 160
<표 84> 수준별 부사격조사의 사용 빈도 [QR 코드] ··· 161
<표 85> 수준별 부사격조사의 사용 빈도: 하고, 랑/이랑, 한테, 한테서, 더러 ··· 164
<표 86> 수준별 접속조사의 사용 빈도: 와/과, 하고, 이나/나, 랑/이랑, 며/이며 [QR 코드] ··· 166
<표 87> 수준별 관형격조사, 보격조사, 인용격조사, 호격조사의 사용 빈도 [QR 코드] ··· 168
<표 88> 보조사의 사용 빈도 ··· 169

<표 89> 순위별 보조사의 빈도 및 누적 사용 비율 [QR 코드]	170
<표 90> 수준별 보조사 '은/는/ㄴ'과 '도'의 사용 빈도	172
<표 91> 순위별 상위 빈도의 보조사(1급, 2급) [QR 코드]	173
<표 92> 순위별 상위 빈도의 보조사(3급, 4급) [QR 코드]	174
<표 93> 순위별 상위 빈도의 보조사(5급, 6급) [QR 코드]	176
<표 94> 선어말어미의 사용 빈도	177
<표 95> 순위별 선어말어미의 빈도 및 누적 사용 비율 [QR 코드]	178
<표 96> 수준별 선어말 어미 '-았/었/였/ㅆ-'과 '-겠'의 사용 빈도	179
<표 97> 수준별 선어말어미 '-시/으사'의 사용 빈도	180
<표 98> 수준별 선어말어미 '-았었/었었'의 사용 빈도	181
<표 99> 연결어미의 사용 빈도	182
<표 100> 순위별 연결어미의 빈도 및 누적 사용 비율 [QR 코드]	183
<표 101> 수준별 연결어미 '-고, -아서/어서, -면/으면'의 사용 빈도	185
<표 102> 순위별 연결어미의 빈도(1급, 2급) [QR 코드]	186
<표 103> 순위별 상위 빈도의 연결어미(3급, 4급) [QR 코드]	187
<표 104> 순위별 상위 빈도의 연결어미(5급, 6급) [QR 코드]	189
<표 105> 종결어미의 사용 빈도	190
<표 106> 순위별 종결어미의 빈도 및 누적 사용 비율 [QR 코드]	192
<표 107> 수준별 종결어미 '-다/ㄴ 다/는다, -ㅂ니다/습니다, -어요/아요/에요'의 사용 빈도	193
<표 108> 순위별 상위 빈도의 종결어미(1급, 2급) [QR 코드]	195
<표 109> 순위별 상위 빈도의 종결어미(3급, 4급) [QR 코드]	196
<표 110> 순위별 상위 빈도의 종결어미(5급, 6급) [QR 코드]	197
<표 111> 관형사형 전성어미의 사용 빈도	199
<표 112> 순위별 관형사형 전성어미의 빈도 및 누적 사용 비율 [QR 코드]	200
<표 113> 순위별 상위 빈도의 관형사형 전성어미(1급, 2급) [QR 코드]	201
<표 114> 순위별 상위 빈도의 관형사형 전성어미(3급, 4급) [QR 코드]	201
<표 115> 순위별 상위 빈도의 관형사형 전성어미(5급, 6급) [QR 코드]	202
<표 116> 명사형 전성어미의 사용 빈도	203
<표 117> 순위별 명사형 전성어미의 빈도 및 누적 사용 비율 [QR 코드]	204
<표 118> 순위별 상위 빈도의 명사형 전성어미(1급, 2급) [QR 코드]	205
<표 119> 순위별 상위 빈도의 명사형 전성어미(3급, 4급) [QR 코드]	205

<표 120> 순위별 상위 빈도의 명사형 전성어미(5급, 6급) [QR 코드] ·········· 206
<표 121> 체언접두사의 사용 빈도 ·········· 207
<표 122> 순위별 체언접두사의 빈도 및 누적 사용 비율 [QR 코드] ·········· 208
<표 123> 체언접두사의 빈도 수 및 유형 수 ·········· 210
<표 124> 순위별 상위 빈도의 체언접두사(1급, 2급) [QR 코드] ·········· 210
<표 125> 순위별 상위 빈도의 체언접두사(3급, 4급) [QR 코드] ·········· 211
<표 126> 순위별 상위 빈도의 체언접두사(5급, 6급) [QR 코드] ·········· 212
<표 127> 명사파생접미사의 사용 빈도 ·········· 213
<표 128> 순위별 명사파생접미사의 빈도 및 누적 사용 비율 [QR 코드] ·········· 214
<표 129> 명사파생접미사의 빈도 수 및 유형 수 ·········· 216
<표 130> 순위별 상위 빈도의 명사파생접미사(1급, 2급) [QR 코드] ·········· 216
<표 131> 순위별 상위 빈도의 명사파생접미사(3급, 4급) [QR 코드] ·········· 217
<표 132> 순위별 상위 빈도의 명사파생접미사(5급, 6급) [QR 코드] ·········· 218
<표 133> 동사파생접미사의 사용 빈도 ·········· 220
<표 134> 순위별 동사파생접미사의 빈도 및 누적 사용 비율 [QR 코드] ·········· 221
<표 135> 순위별 상위 빈도의 동사파생접미사(1급, 2급) [QR 코드] ·········· 222
<표 136> 순위별 상위 빈도의 동사파생접미사(3급, 4급) [QR 코드] ·········· 222
<표 137> 순위별 상위 빈도의 동사파생접미사(5급, 6급) [QR 코드] ·········· 222
<표 138> 형용사파생접미사의 사용 빈도 ·········· 223
<표 139> 순위별 형용사파생접미사의 빈도 및 누적 사용 비율 [QR 코드] ·········· 224
<표 140> 순위별 상위 빈도의 형용사파생접미사(1급, 2급) [QR 코드] ·········· 225
<표 141> 순위별 상위 빈도의 형용사파생접미사(3급, 4급) [QR 코드] ·········· 225
<표 142> 순위별 상위 빈도의 형용사파생접미사(5급, 6급) [QR 코드] ·········· 225
<표 143> 표현문형의 사용 빈도 ·········· 226
<표 144> 순위별 표현문형의 빈도 및 누적 사용 비율 [QR 코드] ·········· 227
<표 145> 표현문형의 빈도 수 및 유형 수 ·········· 229
<표 146> 순위별 상위 빈도의 표현문형(1급, 2급) [QR 코드] ·········· 232
<표 147> 순위별 상위 빈도의 표현문형(3급, 4급) [QR 코드] ·········· 234
<표 148> 순위별 상위 빈도의 표현문형(5급, 6급) [QR 코드] ·········· 236

■ 그림 차례

<그림 1> 학습자 말뭉치의 설계와 구축 절차 ·············· 11
<그림 2> 학습자 말뭉치의 구축 절차 ·············· 14
<그림 3> '한국어 학습자 말뭉치 나눔터' 초기 화면 ·············· 26
<그림 4> 표본당 문장 수와 문장당 어절 수 ·············· 30
<그림 5> 전체 형태소의 1,000어절당 빈도 ·············· 50
<그림 6> 키워드 추출 방법 및 절차 ·············· 52
<그림 7> 수준별 키워드의 빈도 수 ·············· 53
<그림 8> 수준별 키워드의 유형 수 ·············· 54
<그림 9> 품사별 키워드의 유형 수 ·············· 62
<그림 10> 일반명사의 수준별 1,000어절당 빈도 ·············· 71
<그림 11> 수준별 상위 빈도 일반명사의 누적 사용률 ·············· 74
<그림 12> 의존명사의 수준별 1,000어절당 빈도 ·············· 80
<그림 13> 수준별 상위 빈도 의존명사의 누적 사용률 ·············· 83
<그림 14> 대명사의 수준별 1,000어절당 빈도 ·············· 89
<그림 15> 수준별 상위 빈도 대명사의 누적 사용률 ·············· 93
<그림 16> 동사의 수준별 1,000어절당 빈도 ·············· 99
<그림 17> 수준별 상위 빈도 동사의 누적 사용률 ·············· 103
<그림 18> 형용사의 수준별 1,000어절당 빈도 ·············· 109
<그림 19> 수준별 상위 빈도 형용사의 누적 사용률 ·············· 113
<그림 20> 보조 용언의 수준별 1,000어절당 빈도 ·············· 118
<그림 21> 수준별 상위 빈도 보조 용언의 누적 사용률 ·············· 122
<그림 22> 관형사의 수준별 1,000어절당 빈도 ·············· 126
<그림 23> 수준별 상위 빈도 관형사의 누적 사용률 ·············· 130
<그림 24> 일반부사의 수준별 1,000어절당 빈도 ·············· 134
<그림 25> 수준별 상위 빈도 일반부사의 누적 사용률 ·············· 138
<그림 26> 접속부사의 수준별 1,000어절당 빈도 ·············· 144

<그림 27> 수준별 상위 빈도 접속부사의 누적 사용률 ·········· 147
<그림 28> 감탄사의 수준별 1,000어절당 빈도 ·········· 151
<그림 29> 수준별 상위 빈도 감탄사의 누적 사용률 ·········· 154
<그림 30> 격조사의 수준별 1,000어절당 빈도 ·········· 158
<그림 31> 부사격조사 '와/과', '하고', '랑/이랑'의 수준별 사용 비율 ·········· 165
<그림 32> '에게', '한테'의 수준별 사용 비율 ·········· 165
<그림 33> 접속조사 '와/과', '하고', '랑/이랑'의 수준별 사용 비율 ·········· 167
<그림 34> 보조사의 수준별 1,000어절당 빈도 ·········· 170
<그림 35> 선어말어미의 수준별 1,000어절당 빈도 ·········· 177
<그림 36> 연결어미의 수준별 1,000어절당 빈도 ·········· 182
<그림 37> 종결어미의 수준별 1,000어절당 빈도 ·········· 191
<그림 38> 관형사형 전성어미의 수준별 1,000어절당 빈도 ·········· 199
<그림 39> 명사형 전성어미의 수준별 1,000어절당 빈도 ·········· 204
<그림 40> 체언접두사의 수준별 1,000어절당 빈도 ·········· 207
<그림 41> 명사파생접미사의 수준별 1,000어절당 빈도 ·········· 214
<그림 42> 동사파생접미사의 수준별 1,000어절당 빈도 ·········· 220
<그림 43> 형용사파생접미사의 수준별 1,000어절당 빈도 ·········· 223
<그림 44> 표현문형의 수준별 1,000어절당 빈도 ·········· 227
<그림 45> 수준별 상위 빈도 표현문형의 누적 사용률 ·········· 231

제1장
들어가며

1. 학습자 말뭉치

학습자 말뭉치란 제2언어를 학습하는 과정에서 학습자에 의해 생산된 음성, 글 등을 체계적으로 수집, 정리, 가공한 언어 자료를 말한다.[1] 학습자 말뭉치에는 학습자들이 산출한 문어와 구어, 그리고 비언어 자료가 포함되며, 다양한 매체의 대규모 언어 자료를 기계가 인식 가능한 형식으로 전환한 것을 의미한다.

학습자 말뭉치는 학습과 언어 발달 과정에 있는 학습자의 불완전한 언어를 포함하고 있어 '오류 말뭉치'라는 용어로도 불리지만, 학습자가 산출한 오류와 비오류 자료를 모두 포함하고 있고, 언어 발달의 과정을 들여다볼 수 있다는 점에서 중간언어 말뭉치라는 말이 적합하다. 학습자 말뭉치를 통해 학습자의 중간언어를 효율적으로 파악하기 위해서는 학습자 말뭉치의 언어권별·수준별 대표성과 타당성이 중요한 문제가 된다. 아울러 개인 학습자의 학습 초기부터의 언어 자료를 종적으로 모은 자료와 특정 수준에 속한 집단 학습자의 횡적 언어 자료가 모두 필요하다. 전자는 개별 학습자의 발달 과정을 구체적으로 살필 수 있다는 점에서 유용하나 대규모 자료 수집이 어렵고, 후자는 유사한 과제 및 학습 환경에 놓인 학습자의 대규모 자료를 수집하는 데에 유용하나 개인의 실제적인 언어 발달을 살피는 데에는 한계를 가진다. 최근 학습자 말뭉치 연구자들은 적절한 통계 기법을 활용하여, 학습자 언어 연구의 강점 중의 하나인 집단적인 관점과 개인의 변이 가능성을 모두 고려하는 두 가지 관점에서의 연구를 동시에 수행한다.[2]

학습자 말뭉치는 대규모를 지향하므로 소규모의 자료 표본들보다 훨씬 더 높은 대표성을 지니며, 컴퓨터 가독형 언어 자료의 분석은 학습자 언어 분석의 속도를 높이고 통계적 유용성을 쉽게 확인할 수 있다는 장점이 있다. 그러나 모어 화자와 표기 및 발음이 상이한 양상을 보이는 학습자의 언어 산출물을 연구 자료로 활용

---

[1] 강현화(2017), 『학습자 말뭉치의 구축과 실제』 3쪽 재인용.
[2] 학습자 말뭉치 연구는 『The Cambridge Handbook of Learner Corpus Research』를 참고할 수 있다.

하기 위해서는 정밀하고 일관된 주석이 필요하고, 이로 인해 컴퓨터 학습을 통한 자동 주석 등의 도전적인 연구가 동반된다.

학습자 말뭉치는 학습자의 언어 습득 과정에서 나타나는 발음, 어휘 및 문법 항목의 습득 특성을 분석하는 작업을 통해, 효과적인 교수법 개발, 교재나 교수요목 등의 교육 자료 개발, 학습자의 평가를 위한 기초 자료로도 활용될 수 있다. 학습자 말뭉치가 한국어 교수·학습에 활용되려면, 동질적인 학습자 집단의 언어 자료가 분석되어야 하며 다른 집단과의 비교가 가능하도록 대표성과 균형성을 갖추는 것이 중요하므로, 학습자의 수준이나 국적(제1언어), 학습 기간, 학습 환경 등 다양한 변인들과 활용 목적을 고려하여 계획적으로 수집하여 구축하는 것이 중요하다. 이렇게 구축된 자료의 분석을 통해 여러 가지 변인이 언어 학습에 미치는 영향을 비교하여 학습 상황이나 환경에 가장 적절한 맞춤 교육을 위한 자료로 활용된다. 학습자 말뭉치는 유형에 따라 아래의 다양한 요소를 포함한다.[3]

- ▶매체(medium): 데이터가 어떻게 수집되고 전사되는지를 밝히는 가장 결정적인 요소이다.
- ▶장르(genre): 원칙적으로는 어떤 장르든 나타날 수 있지만 실제로는 교육과정에서 중점적으로 다루어지는 제한된 장르가 주로 나타난다.
- ▶목표언어: 대부분 단일한 언어로 구성되는 것이 일반적이지만 다중 언어로 구성된 학습자 말뭉치도 있을 수 있다.
- ▶모국어: 모국어가 하나인 학습자들의 자료(단일 모국어 학습자 말뭉치)로 구성된 것도 있고, 몇 개의 언어를 모국어로 사용하는 학습자(다중 모국어 학습자)에게서 수집된 자료도 있다.
- ▶수집 기간: 일반적으로 말뭉치는 같은 시기에 수집된 자료(공시적 말뭉치-횡적인 말뭉

---

[3] 강현화(2017), 『학습자 말뭉치의 구축과 실제』 16쪽 재인용.

치(cross-sectional data))로 구성될 수도 있고, 다른 시기에 수집된 자료(통시적 말뭉치-종적인 말뭉치(longitudinal corpora))로 구성될 수도 있다.

▶**학습자 배경**: 대부분은 전역에 걸친 학습자 말뭉치(global data)로, 다양한 국적의 학습자 데이터를 수집하여 구축된다. 때로는 특정 지역에 국한된 학습자 말뭉치(local data)도 있다.

▶**구축 목적과 출처**: 상업적 학습자 말뭉치와 학술적 학습자 말뭉치로 구분되며, 후자는 중간언어에 대해 관심을 가진 교육 기관이나 교사를 중심으로 구축된다.

▶**환경**: 목표언어가 학습자의 일상생활에서 매일 사용되는 경우(제2언어)와 목표언어가 학습자의 교실 활동에서만 사용되는 경우(외국어)로 나뉜다.

▶**과제**: 과제 변인은 매체 및 장르와 관련이 있다. 쓰기 과제는 시간 제한과 같은 변인이 포함되고, 사전 같은 참고 도구의 사용 가능성이 있다.

▶**학습자 변인**: 학습자의 연령, 성별, 국적/지역, 모국어 등은 일반적 변인에 속한다.

한국어 학습자 말뭉치의 분석 결과는 국외 학습자 언어 자료와의 비교 연구를 가능케 한다는 점에서도 의미를 가진다.

2. 학습자 말뭉치 기반 중간언어 발달 연구

학습자 중간언어 발달에 대한 연구는 크게 학습자 말뭉치 구축에 관한 연구(설계 및 주석 표지, 주석 표지 개발 연구 포함)와 학습자 말뭉치 분석을 통한 언어교육적 분석 연구로 나누어 볼 수 있다.

먼저 국내의 한국어 학습자 말뭉치 설계 및 구축에 관한 연구를 살펴보자. 유석훈(2001), 조철현 외(2002), 서상규·유현경·남윤진(2002), 고석주 외(2004), 강현화(2011), 강현화 외(2016) 등의 연구가 있는데, 개별 학습자 말뭉치에 대한 구축의 설계가 주로 논의되었다. 주석 표지 및 태깅 시스템 개발에 관한 연구는 김정숙·김유정(2002), 김유미(2000), 서상규 외(2000), 고석주 외(2004), 김유정(2005), 김유미(2006), 이승연(2006), 박수연(2007), 이승연(2007), Kang, H. H., & Han, S. H. (2016), 강현화·한송화(2016a), 강현화 외(2016) 등이 있는데, 국내 학습자 말뭉치 구축의 절차에서 주석(전사, 형태 주석, 오류 주석)에 대한 논의들이 주로 이루어진 바 있다.

국내에서 지금까지 개발된 대규모 한국어 학습자 말뭉치로는 '연세 한국어 학습자 말뭉치'와 '고려대 학습자 말뭉치', '국립국어원 학습자 말뭉치'가 있으며, 그 밖에 개별 연구자들이 수집한 소규모의 개인 말뭉치들이 있다. 학습자 언어 자료를 대상으로 한 언어교육적 분석 연구는 초기에는 연구자가 직접 모은 소규모 자료만을 대상으로 이루어지다가 후기에는 학습자 말뭉치를 대상으로 하는 비교적 큰 규모의 자료에서 분석이 이루어진 것이 특징이다. 오류 분석 연구가 주를 이루었으며, 중간언어 분석은 상대적으로 적었다. 오류 분석 연구는 언어 규칙 적용의 정확성 분석에 초점을 두었으므로 문법 항목 연구가 주를 이루며, 문법 형태소에서 문장 구조에 이르기까지 다양하게 이루어졌다. 습득 연구는 정확성보다는 유창성이나 복잡성, 다양성의 측면에서 언어 발달의 과정과 습득 순서를 밝히는 데에 관심을 가지므로, 유형론적인 특성이 잘 드러나는 발음이나 어휘에 연구가 집중되었으며, 최근에는 억양이나 어휘의 다양도, 평균 발화 길이, 통사적 숙달도 측정이나 중간언어 화행에 대한 연구 등 언어 습득이나 문법, 담화 등 다양한 주제로 연구 범위가 확장되고 있다.

국외의 학습자 말뭉치 연구는 국내 연구보다 이른 시기에 시작되어, 다양한 언어권에서 연구가 이루어져 왔기 때문에 양적으로나 질적으로 심도 있는 연구 결과물이 상당수 축적되어 있다. 크게 두 가지로 나누어 볼 수 있는데, 학습자 언어 분석 연구와 학습자 말뭉치를 사전이나 교수 활동에 활용하고자 한 연구로 구분해 볼 수 있다. 음운론적 영역에서는 수준별 학습자의 특성이나 운율적 요소에 초점을 둔 연구가 이루어졌으며, 어휘 변이에 대한 연구나 어휘 학습의 과정, 연어나 다단어 단위(multi-word unit)에 대한 논의가 많았다. 문법 영역에서는 품사별, 문법 범주별 오류 분석, 조어적 특성에 대한 연구도 이루어졌으며 담화적 특성에 대한 연구로는 학습자의 담화 조직 방법, 담화 표지 등에 관련된 논문을 주목할 수 있다. 학습자 언어의 정확성, 유창성, 복잡성 측정 단위(Rod Ellis & Gary Barkuizen, 2005)에 대한 연구도 활발한데, 이들 연구는 학습자 말뭉치의 활용과 구축 방법에 대해 의미 있는 단서를 제공한다.

학습자 말뭉치를 활용한 교수·학습에의 적용 연구는 의사소통 기술의 영역에서 연구가 많이 이루어졌다. 웹 기반 영어 작문 교육에서의 학습자의 중간언어적 특성, 말뭉치를 활용한 작문 교육, 학습 사전과 연계한 연구 등이 이루어졌다. 학습자 말뭉치는 한국어 교육 연구 및 교수·학습, 교수 매체 개발 등에서 광범위하게 활용된다. 아울러 학습자 말뭉치 분석의 결과는 학습자를 위한 교육 문법에 많은 영향을 미쳤는데, 학습자의 발화, 어휘 산출, 문법 사용의 결과를 바탕으로 모어화자 자료와의 비교를 통해 오류의 양상을 파악하게 하며, 더불어 중간언어의 발달 과정을 파악할 수 있게 한다. 학습자 말뭉치가 제공할 수 있는 자료는 풍부한데, 오류를 통해 학습자의 정확성을 파악할 수 있으며, 학습자가 과소 사용하는 어휘 항목이나 문법 구조에 대한 정보를 바탕으로 하여, 복잡성, 유창성의 측면까지도 파악할 수 있다. 아울러 언어 평가에도 활용되는데, 학습자 말뭉치는 특정 수준에서 어떤 패턴이 흔하고 덜 빈번한지를 보여 줌으로써 언어 시험 개발자들이 학습자의 문어 혹은 구어 생산 과정에서 형성되는 언어 패턴을 연구할 수 있도록 도와주어 출제 참고 자료로 자주 활용된다.

제2장
중국어권 학습자 말뭉치의 구성

1. 학습자 말뭉치의 구축

1.1. 학습자 말뭉치의 설계와 구축

학습자 말뭉치의 구축을 위해서는 활용 목적을 고려하여 구축 계획을 세밀하게 설계하는 작업이 선행되어야 한다. 그리고 그 계획에 따라 실제 자료를 수집하고 구축·가공하는 절차를 거치게 된다. 설계와 구축, 가공에 이르는 각 단계의 작업은 기본적으로 일반적인 말뭉치 구축 방법론을 기반으로 하되, 학습자 말뭉치의 특성에 따른 세부적 고려가 필요하다. 학습자 말뭉치가 비모어 화자에 의해 산출된 비정형의 자료이며, 다양한 변인의 학습자가 보이는 중간언어의 특성이나 언어 발달 과정의 탐색, 교수·학습 자료 개발 등을 목적으로 한 특수 말뭉치의 속성을 띠는 만큼 그에 맞게 차별화된 계획과 지침을 수립해야 한다. 다음은 학습자 말뭉치 설계와 구축의 절차를 개략적으로 나타낸 것이다.

설계
수집 규모, 수집 대상 및 범위, 수집 과제

⇩

수집
수집 경로, 수집 방식

⇩

구축 및 가공
자료 분류 및 파일 변환, 입력/전사, 형태/오류 주석 가공

〈그림 1〉 학습자 말뭉치의 설계와 구축 절차

설계는 말뭉치 구축의 방향을 설정하고 기본 계획을 수립하는 단계이다. 구축하고자 하는 말뭉치의 규모, 수집 대상 및 범위, 수집 과제 등 거시적인 차원의 구축 틀과 수집, 구축 및 가공의 각 단계에서 필요로 하는 세부적인 계획과 지침을 마련하게 된다. 이 단계에서는 대표성과 균형성을 고려한 자료의 규모와 구성에 대한 고민이 우선되어야 한다. 특히, 자료의 구성에서는 일반적인 말뭉치에서 쟁점이 되는 자료 변인 외에도 국적, 제1언어, 수준 등의 학습자 변인이나 국내/국외, 학습 기관 유형 등의 학습 환경 변인에 이르기까지 자료의 구성과 관련된 다양한 변인들 중에서 어떤 변인을 우선적인 수집 준거로 삼을 것인지를 결정해야 한다.

▶ **규모**: 말뭉치의 규모는 클수록 좋다는 것이 일반적인 견해이지만, 연구 목적에 맞게 특정한 사용역과 장르에 초점을 둔, 더 작고 특화된 말뭉치가 필요하다는 의견도 있다 (Almut Koester, 2010). 산술적으로 계산하면 학습자 말뭉치의 적정 규모는 일정한 규모의 표본이 다양한 변인을 고려한 수만큼 구축되었을 때의 총합이 될 수 있다. 예를 들면, 1,000어절의 표본이 30,000개 구축되면 300만 어절 규모의 말뭉치가 되는데, 이때 30,000개의 표본은 국적, 수준 등의 변인에 따라 균형성 있게 안배되어 있어야 한다. 여기에서 균형성이라는 말은 변인별 표본 수를 균일하게 나눈다는 것을 뜻하지 않는다. 실제 국적별, 수준별 학습자의 수가 균일하지 않기 때문이다. 따라서 자료의 활용도를 고려할 때 국적, 수준 등에 따른 학습자의 실제적 분포가 실제로 어떠한가도 자료 구성을 할 때의 중요한 근거가 될 수 있다. 또한 아무리 완벽하게 설계를 했다고 하더라도 그대로 자료가 수집되거나 구축되는 것은 아니므로 자료 수집 가능성 등을 고려한 규모를 산출하는 것이 현실적이다.

▶ **수집 대상 및 범위**: 수집 대상 및 범위는 학습자 말뭉치의 대표성과 균형성에 가장 큰 영향을 미치는 요소라고 할 수 있다. 이는 어떤 학습자의 자료를 수집할 것인가에 관한 것으로 결국 국내/국외, 교육 기관 등의 환경 변인, 학습 목적, 대상, 수준, 국적, 제1언어 등의 학습자 변인 중 어떤 변인을 고려할 것인가가 문제가 된다. 국외의 연구에서는 학습자의 인지적, 정의적 요인도 자료 수집에서 고려해야 할 학습자의 변인 중 일부로 보기도 하는데, 국적이나 수준 등과 달리 그러한 특성을 객관적으로 밝힐 수 있는 근거를 마련하기 어렵다는 한계가 있다.[1]

▶수집 과제: 수집 과제는 수집 기간(횡적/종적), 자료 유도 방식(인위적/자연적), 발화 맥락, 상호작용 대상자(동료 학습자/교사/일반인 모어 화자) 등의 과제 유형(수업 중 교실 활동/시험/숙제/자료 수집을 위한 활동)과 매체(문어/구어), 장르, 문체, 주제 등 과제 수행을 통해 수집된 자료의 언어적 변인으로 구분해 볼 수 있다. 이러한 변인은 특히 학습자 말뭉치의 질적인 측면에 영향을 미치는 것들로 치밀한 과제 설계와 수집 지침이 필요하다. 특히, 교실 활동 자료나 성취도 평가 자료와 같은 교육과정 산출 자료에 국한하지 않고 자연스럽고 실제적인 언어 사용 모습을 관찰할 수 있도록 다양한 과제를 통해 자료를 수집해야 하는 것이 중요하다.

자료 수집은 학습자들이 산출한 자료를 실제로 모으는 작업이다. 효율적인 자료 수집을 위해 어떤 경로를 통해 자료를 수집하고 어떤 방식으로 자료를 수합할 것인지에 대한 구체적인 계획이 필요하다. 말뭉치의 활용을 위해 자료 수집 과정에서 무엇보다도 중요한 것은 자료의 수집과 제공, 활용에 대한 학습자의 동의를 얻는 것이며 이는 일정한 서식을 작성하여 기록을 남겨 두어야 한다.

▶수집 네트워크: 말뭉치는 가급적 균질한 자료를 대규모로 구축하는 것이 중요한 전제이므로 표준화된 교육과정을 운영하며 일정 규모 이상의 학습자가 있는 기관을 대상

---

1 Rod Ellis & Gary Barkuizen(2005)는 학습자 언어 표본을 수집할 때에 영향을 미치는 요인을 학습자, 언어, 산출 관련 요인으로 구분하여 제시하였다. 학습자 관련 요인으로 수준, 학습자의 제1언어나 제2언어, 언어 학습 배경을 들었으며, 언어 관련 요인으로 매체, 장르, 내용을 들었고, 산출 관련 요인으로 계획되지 않은 자료인지 계획된 자료인지를 들었다. 이와 같은 맥락에서 Yukio(2003)는 학습자 말뭉치 설계 시 고려 사항으로 언어 관련, 과제 관련, 학습자 관련 항목을 다음과 같이 제시하였다.

언어 관련	과제 관련	학습자 관련
■ 유형: 문어/구어 ■ 장르: 편지/일기/소설/에세이 ■ 문체: 서사/논설 ■ 주제: 일반/레저 등	■ 자료 수집: 횡단적/종단적 ■ 자료 유도: 자의적/계획된 ■ 참고 자료 사용: 사전/원래 텍스트 ■ 시간 제한: 제한/자유/과제	■ 내재적-인지적: 연령/인지 스타일 ■ 내재적-정의적: 동기/태도 ■ L1 배경 ■ L2 환경: ESL/EFL/학년 ■ L2 수준: 표준 준거 점수

으로 하여 자료를 수집하는 것이 보편적인 방식이다.

▶**수집 경로**: 학습자를 대면하는 교사가 수집을 주도하여 자료를 수집하는 경우가 많은데, 실제 수행을 위해서는 사용자의 인터넷 환경을 포함한 여러 가지 고려 사항이 있겠지만 인터넷을 기반으로 하여 학습자들이 직접 자료 수집에 참여하도록 유도하는 방안도 고려해 볼 수 있다.

구축 및 가공은 수집한 자료를 전산화된 텍스트로 변환한 후 활용 목적에 맞는 다양한 정보를 주석하여 가공하는 것을 말한다. 다음은 학습자 말뭉치 구축과 가공의 절차를 나타낸 것이다.

```
┌─────────────────────┐
│ 자료 분류 및 파일 변환 │
└─────────────────────┘
           ⇩
┌─────────────────────┐
│   문어 입력/구어 전사   │
└─────────────────────┘
           ⇩
┌─────────────────────┐
│       형태 주석       │
└─────────────────────┘
           ⇩
┌─────────────────────┐
│       오류 주석       │
└─────────────────────┘
```

〈그림 2〉 학습자 말뭉치의 구축 절차

▶**자료 분류 및 파일 변환**: 수집된 자료는 매우 다양한 형태를 띤다. 한국어 교육 기관에서 수집한 작문 자료의 경우 학습자가 직접 작성한 작문지의 형태가 일반적인데, 말뭉치 구축을 위한 전처리 단계로 이러한 자료들을 전산화하는 작업이 필요하다. 학습자 동의서와 함께 자료를 일정한 기준에 따라 분류한 후 스캔한다. 스캔한 파일은 일정한 체계에 따라 파일명을 부여하는데, 자료 관리의 효율성을 고려하여 파일명에 자료 유형을 포함해 국적, 수준 등과 같은 주요 변인 정보를 포함할 수 있다. 구어 자료의 경우 수집 단계에서 음성 파일의 형태로 녹음이 되므로 구축 지침에 따라 일정한 형식으로 파일을 변환하게 된다.

▶ **문어 입력/구어 전사**: 원시 말뭉치를 구축하는 단계로 파일로 변환된 자료를 입력 또는 전사하여 컴퓨터 처리가 가능한 기계 가독형의 파일로 전산화하는 과정이다. 학습자가 산출한 자료의 원형이 훼손되지 않도록 '원문 그대로' 입력 또는 전사하는 것이 중요하며, 그 과정에서 학습자 말뭉치에 필연적으로 포함되는 다양한 형태의 중간언어를 어떻게 처리할 것인가에 관한 쟁점들이 제기된다. 이 단계에서는 그러한 쟁점들을 해결하기 위한 방안을 합리적으로 이끌어 내고 지침으로 체계화하는 것이 무엇보다도 중요하다.

▶ **형태 주석**: 형태 주석은 전산화된 텍스트를 형태소 단위로 나눈 후 분할된 단위별로 문법적인 범주에 대한 주석을 붙인 것을 말한다. 학습자 말뭉치는 띄어쓰기나 맞춤법 오류를 포함한 다양한 유형의 중간언어를 포함하고 있으며, 이러한 형태가 매우 불규칙하고 산발적으로 나타나기 때문에 형태 주석 과정에서 다양한 쟁점들이 제기된다. 가령, 일반적으로 자동 형태 주석 도구를 사용하여 1차 주석 작업을 하는데, 모어 화자가 산출한 텍스트의 경우 약 95%를 상회하는 정확도를 보이는 반면, 학습자의 경우 경험적으로 보았을 때 정확도가 50%에도 미치지 못한다. 이처럼 자동 주석에서 실패한 부분은 오류형인 경우가 많은데, 그 형태가 매우 다양하기 때문에 이를 일관성 있게 처리하는 것이 가장 핵심적인 쟁점이 된다.

▶ **오류 주석**: 오류 주석은 비모어 화자인 학습자의 언어 사용에서 필연적으로 나타나는 일탈을 체계적으로 분류하여 주석을 붙인 것이다. 학습자 중간 언어의 양상을 모어 화자의 언어 사용과 비교하여 분석하는 데에 있어 핵심적인 역할을 하므로 가장 중요한 단계라고 할 수 있다. 이 단계에서는 자료의 활용을 고려한 효율적인 주석 체계, 즉 오류를 어떻게 범주화하여 체계화할 것인지에 대한 논의가 우선되어야 한다. 또한 오류의 판정과 교정 과정에서 작업자 간의 견해가 다르며 작업자의 자의적인 판단이 개입되기 쉬워 이를 일관되게 처리하기 위한 정밀한 지침을 수립하는 것이 중요하다.

1.2. 한국어 학습자 말뭉치의 구축 현황

1.2.1. 한국어 학습자 말뭉치

한국어 학습자 말뭉치는 한국어 학습자의 언어 사용 특성과 발달 과정을 관찰할 수 있어 한국어 교육 연구자와 교사에게 주목의 대상이 되어 왔다. 얼마 전까지만 해도 한국어 학습자 말뭉치는 주로 연구자가 연구 목적에 맞게 말뭉치를 직접 구축하여 활용하는 경우가 많았으나 최근 국립국어원에서 구축한 한국어 학습자 말뭉치가 공개되기 시작하면서 학습자 말뭉치를 활용한 연구의 폭이 넓어지고 있다. 이 절에서는 국립국어원의 한국어 학습자 말뭉치를 비롯하여 그간 기관을 중심으로 구축된 학습자 말뭉치를 소개한다.

1) 연세 학습자 오류 말뭉치

연세 학습자 오류 말뭉치(YLEC: Yonsei Learner's Error Corpora)는 약 50만 어절의 규모로 구축된 학습자 말뭉치이다. 표본의 수는 3,615개이며, 645명의 학습자가 산출한 작문 자료로 구성되어 있다. 2002년 봄 학기 연세대학교 언어연구교육원의 학습자 자료가 주를 이루며, 그 외에 이화여자대학교, 경희대학교, 한국외국어대학교, 서강대학교, 고려대학교 학생들의 자료도 일부 포함되었다. 50만 어절의 자료 중 오류 주석까지 된 자료는 약 10만 어절이다. 다음은 연세 학습자 오류 말뭉치의 성별, 언어권, 모국어에 따른 자료의 분포를 학습자 수를 기준으로 나타낸 것이다.

⟨표 1⟩ 연세 학습자 오류 말뭉치의 구성: 학습자 수

성별/언어권		수준						합계
		1급	2급	3급	4급	5급	6급	
성별	여자	84	91	56	63	51	50	395
	남자	69	45	27	42	46	21	250
언어권	영어	29	35	23	24	18	14	143
	일어	56	49	28	49	54	32	268
	중국어	46	22	12	16	11	10	117
	러시아	17	21	17	11	10	13	89
	기타	5	9	3	5	4	2	28
계		153	136	83	105	97	71	645

2) 고려대 학습자 말뭉치

고려대 학습자 말뭉치(KULC: Korea University Learner Corpus)는 약 50만 어절의 규모로 구축된 학습자 말뭉치로 2,134개의 표본으로 구성되어 있다. 2003년 1월부터 2005년 6월에 수집된 학습자의 시험 및 작문 자료로 구성되어 있다. 다음은 고려대 학습자 말뭉치의 자료 유형, 수준에 따른 자료의 분포를 나타낸 것이다.

⟨표 2⟩ 고려대 학습자 말뭉치의 구성: 어절 수와 표본 수

	1급	2급	3급	4급	5급	6급	합계
정규과정	80,550 (372)	108,911 (438)	58,087 (190)	71,242 (241)	49,791 (138)	54,594 (142)	423,175 (1,521)
특별과정	4,628(52)	-	-	-	-	-	4,628(52)
백일장		73,208(561)					73,208(561)
합계		501,011(2,134)					

( ) 안은 표본 수

3) 국립국어원 학습자 말뭉치

국립국어원 학습자 말뭉치(KLC: Korean Learner's Corpora)는 2015년부터 2020년까지 6년간의 중장기 계획에 따라 구축 중인 국가 주도의 말뭉치이다. 한국어 교육 학계의 적극적인 지원과 참여를 기반으로 하여 수집 네트워크를 구축하고 자료 제공과 연구에의 활용에 대한 학습자의 동의를 얻어 대규모로 자료를 수집하여 구축하였다는 점에서 의미가 있다. 또한 표본 등록에서 입력/전사, 형태 주석, 오류 주석까지 구축의 전 단계에서 필요로 하는 기능을 지원하는 말뭉치 구축 지원 도구를 개발하여 구축 방법 면에서의 효율성과 체계성을 도모하였는데, 이는 구축 방법론의 측면에서 국외의 학습자 말뭉치에서도 찾아보기 어려운 성과라고 할 수 있다.

국립국어원 학습자 말뭉치의 구축 규모는 2015년에서 2018년까지 구축 완료된 자료를 기준으로 원시 말뭉치 약 257만 어절(문어 200만 어절, 구어 57만 어절), 형태 주석 말뭉치 약 189만 어절(문어 151만 어절, 구어 38만 어절), 오류 주석 말뭉치 약 56만 어절(문어 34만 어절, 구어 22만 어절)에 달하며, 2020년까지 구축이 완료되면 원시 말뭉치 약 418만 어절(문어 311만, 구어 107만), 형태 주석 말뭉치 약 328만 어절(문어 251만, 구어 77만), 오류 주석 말뭉치 약 96만 어절(문어 54만, 구어 42만)에 이를 예정이다[2]. 다음은 국립국어원 학습자 말뭉치의 학습자 수준과 주석 단계 및 사용역을 고려한 구성을 나타낸 것이다.

---

[2] 구축 통계 정보는 '2018년 한국어 학습자 말뭉치 구축 및 연구' 보고서를 기반으로 하여 제시하였다.

<표 3> 국립국어원 학습자 말뭉치의 구성: 어절 수와 표본 수

구분		1급	2급	3급	4급	5급	6급	6급 이상	합계
원시	문어	283,150 (4,052)	316,362 (3,147)	341,708 (2,671)	339,887 (2,425)	325,198 (2,000)	271,672 (1,546)	142,899 (142)	2,020,876 (15,983)
	구어	98,516 (285)	102,736 (237)	106,316 (239)	105,203 (229)	83,586 (151)	77,689 (106)	5,765 (4)	579,811 (1,251)
형태주석	문어	227,786 (3,305)	252,194 (2,460)	272,994 (2,191)	267,295 (2,037)	235,433 (1,558)	215,262 (1,325)	39,049 (28)	1,510,013 (12,904)
	구어	63,322 (199)	56,113 (125)	64,797 (156)	62,525 (150)	69,739 (116)	58,768 (70)	5,765 (4)	381,029 (820)
오류주석	문어	57,851 (826)	57,250 (552)	62,852 (508)	61,167 (492)	59,085 (408)	50,317 (307)	-	348,522 (3,093)
	구어	23,683 (85)	28,867 (78)	36,341 (107)	42,467 (119)	54,797 (86)	38,342 (45)	-	224,497 (520)

( ) 안은 표본 수

국립국어원 학습자 말뭉치는 구축 규모 외에도 자료 구성의 측면에서 이전에 구축된 말뭉치와 차별화되는데, 주요한 특징을 들면 다음과 같다.

▶구어 말뭉치를 포함하고 있다. 이는 지금까지 주로 문어 연구에 집중되어 왔던 한국어 학습자 언어 연구의 범위를 확장하고 문어 사용과 구어 사용에서의 종합적인 언어 사용 양상을 살필 수 있도록 하였다는 점에서 의미가 있다.

▶국내 교육기관 학습자, 이주민, 국외 학습자로 수집 대상을 다양화하여 학습자 말뭉치로서의 대표성을 갖추고자 하였다. 이들 자료는 학습 환경이나 방식, 교육과정 등의 차이에 따른 언어 사용과 발달의 특성을 관찰하는 데에 활용될 수 있다.

▶횡적 말뭉치와 함께 종적 말뭉치를 구축하였다. 종적 말뭉치는 학습자가 교육기관에서 1급에서 6급까지 한국어를 학습하는 동안 2주 간격으로 자료를 수집하여 언어 발달 과정을 관찰할 수 있도록 한 말뭉치이다. 이를 통해 그간 자료 수집의 어려움

때문에 접근하기 어려웠던 학습자의 언어 습득과 발달에 관한 연구를 보다 손쉽게 할 수 있게 되었다.

▶ 한국어 교육과정에서 산출되는 성취도 평가와 과제 활동 자료를 대규모로 수집하되, 자료가 지나치게 교육과정에 속한 자료에 편중되지 않도록 기획 과제를 통한 자료 수집, 백일장 자료 수집 등으로 수집 과제와 장르를 다양화하였다. 그럼으로써 수집 과제와 장르에 따른 언어 수행의 특성을 살필 수 있도록 하였다.

2015년에서 2018년까지 구축 완료된 국립국어원 학습자 말뭉치의 자료 구성을 자세히 살펴보면 다음과 같다[3].

① 수집 대상별 말뭉치의 구성

국립국어원 학습자 말뭉치는 수집 대상에 따라 국내 교육 기관 자료 약 235만 어절과 이주민 자료 약 25만 어절로 구축되어 있다. 국내 교육 기관 자료는 한국어학당 학습자 자료 외에도 대학이나 대학원에 재학 중인 외국인 유학생의 자료를 포함하고 있으며, 이주민 자료는 결혼이주민과 이주노동자 자료로 구성되어 있다. 국립국어원 학습자 말뭉치는 한국어학당 학습자의 자료를 '중점 구축 말뭉치'로 구축하고, 그 밖의 학문목적 학습자 자료, 이주민 자료, 그리고 국외 학습자 자료는 일정 규모의 '특수 말뭉치'로 구축하는 것을 목표로 하고 있다. 다음은 수집 대상별 말뭉치의 구성을 나타낸 것이다.

---

[3] 제시된 자료의 통계는 2015년에서 2018년까지 구축 완료된 자료를 기준으로 한 것으로 국외 자료가 포함되어 있지 않으며 자료 간의 편중성이 커 보이는 경향이 있으나 2020년까지 여러 가지 변인을 고려하여 자료 구성 비율을 조정하면서 균형성을 맞추어 나가게 되며, 이에 따라 최종적인 구성 비율이 달라지게 된다.

⟨표 4⟩ 수집 대상별 말뭉치의 구성

구분		문어	구어	합계
국내 교육 기관	일반	1,783,525	411,015	2,194,540
	학문 목적	160,294	0	160,294
	소계	1,943,819	411,015	2,354,834
이주민	결혼 이주민	64,560	149,595	214,155
	이주 노동자	12,497	19,201	31,698
	소계	77,057	168,796	245,853

② 수집 시기별 말뭉치의 구성

국립국어원 학습자 말뭉치는 수집 시기에 따라 횡적 자료가 약 235만 어절, 종적 자료가 약 24만 어절로 구성되어 있다. 각 자료는 국내 교육 기관 학습자와 이주민 자료의 문어 자료와 구어 자료로 나뉘며, 이 중 종적 자료는 초급에서 중급, 또는 고급 단계에 이르는 과정에서의 언어 발달 과정을 살필 수 있도록 학습자를 특정하여 2주 간격으로 수집한 자료들로 이루어져 있다. 다음은 수집 시기별 말뭉치의 구성을 나타낸 것이다.

⟨표 5⟩ 수집 시기별 말뭉치의 구성

구분		문어	구어	합계
횡적 자료	국내 교육 기관	1,869,361	254,091	2,123,452
	이주민	46,722	50,527	97,249
	소계	1,916,083	304,618	2,220,701
종적 자료	국내 교육 기관	74,458	156,924	231,382
	이주민	30,335	118,269	148,604
	소계	104,793	275,193	379,986

③ 수집 과제 유형별 말뭉치의 구성

국립국어원 학습자 말뭉치는 수집 과제 유형에 따라 크게 교육과정 내의 활동을 통해 산출된 자료와 교육과정 외에서 산출된 자료로 구분된다. 전체 자료 중 교육과정 자료가 약 240만 어절, 교육과정 외의 자료가 약 20만 어절이며, 이 중 교육과정 자료는 성취도 평가 자료가 약 208만 어절로 비중이 높다.

〈표 6〉 수집 과제별 말뭉치의 구성

구분		문어	구어	합계
교육 과정	과제 작문	316,308	0	316,308
	성취도 평가	1,500,617	579,811	2,080,428
소계		1,816,925	579,811	2,396,736
교육 과정 외	기획 작문	103,821	0	103,821
	백일장	100,130	0	100,130
소계		203,951	0	203,951

④ 장르별 말뭉치의 구성

국립국어원 학습자 말뭉치는 장르에 따라 문어는 생활문 933,101어절, 논설문 383,413어절, 설명문 299,425어절, 보고서 266,241어절로 구축되었으며 그중 생활문의 비율이 두드러지게 높다. 구어는 전체 구축 규모 중 발표 336,228어절, 인터뷰 216,089어절로 많은 비중을 차지하고 있다.

<표 7> 장르별 말뭉치의 구성

문어		구어	
장르	구축 규모	장르	구축 규모
생활문	933,101	발표	336,228
논설문	383,413	인터뷰	216,089
설명문	299,425	자유 대화	21,838
보고서	266,241	내러티브	5,656
수필	36,499		
기행문	35,963		
기사문	25,105		
편지글	15,839		
감상문	13,835		
자기소개서	4,093		
평전	6,823		
일기	539		
합계	2,020,876	합계	579,811

⑤ 수준별·언어권별 말뭉치의 구성

국립국어원 학습자 말뭉치는 실제 한국어 학습자의 분포가 반영되어 한국어 학습자의 상당 비중을 차지하는 중국어권 학습자의 자료 비중이 크다는 특성이 있다. 이에 따라 문어의 경우 전체 자료 중 약 절반에 이르는 979만 어절이 중국어권 학습자의 자료로 구성되어 있으며, 그 외에 일본어, 베트남어, 영어, 러시아어 등을 모국어로 사용하는 총 124개국의 자료가 포함되어 있다. 다음은 수준별·언어권별 문어 말뭉치의 구성을 나타낸 것이다.

〈표 8〉 수준별·언어권별 문어 말뭉치의 구성

모국어	1급	2급	3급	4급	5급	6급	6급 이상	합계
중국어	131,982	140,878	147,737	157,439	164,943	132,504	104,462	979,945
일본어	30,090	45,993	53,622	53,323	51,104	46,341	2,892	283,365
베트남어	25,413	26,186	34,336	29,160	27,422	10,718	5,988	159,223
영어	19,265	23,634	22,848	21,829	16,039	23,877	3,975	131,467
러시아어	8,533	10,483	15,489	11,358	14,754	5,561	3,658	69,836
광둥어	5,649	6,275	4,187	8,316	7,851	18,274	287	50,839
몽골어	8,082	7,583	8,789	9,839	8,312	3,379	226	46,210
타이어	9,182	10,838	8,363	6,718	4,759	4,765	109	44,734
인도네시아어	5,445	5,151	6,067	7,204	3,710	2,427	1,029	31,033
프랑스어	5,840	5,066	4,502	1,907	3,192	2,142		22,649
기타	33,669	34,275	35,768	32,794	23,112	21,684	20,273	201,575
합계	283,150	316,362	341,708	339,887	325,198	271,672	142,899	2,020,876

구어의 경우도 전체 규모가 문어에 비해 적고 비중의 차이는 있지만 중국어권 학습자의 자료가 전체 자료 중 171만 어절로 가장 많으며, 그다음으로 베트남어, 일본어, 싱할라어, 영어, 러시아어 등을 모국어로 사용하는 총 50개국의 자료가 포함되어 있다. 다음은 수준별·언어권별 구어 말뭉치의 구성을 나타낸 것이다.

⟨표 9⟩ 수준별·언어권별 구어 말뭉치의 구성

모국어	1급	2급	3급	4급	5급	6급	6급 이상	합계
중국어	38,431	17,843	16,072	16,789	27,768	48,818	5,765	171,486
베트남어	23,630	18,803	25,076	34,256	14,311	5,495		121,571
일본어	3,217	11,324	7,966	6,035	15,075	12,490		56,107
싱할라어	6,205	5,335	6,544	5,741	3,695	2,953		30,473
영어	4,261	7,332	6,578	4,467	6,136	559		29,333
러시아어	4,184	6,942	9,199	6,301	893			27,519
타이어	5,703	9,386	3,269	4,932	313	407		24,010
인도네시아어	1,621	3,119	4,104	4,162	3,704	3,721		20,431
우즈베크어	237	5,718	6,322	4,933	1,166	1,291		19,667
버마어	2,626	4,883	5,279	5,136				17,924
기타	8,401	12,051	15,907	12,451	10,525	1,955		61,290
합계	98,516	102,736	106,316	105,203	83,586	77,689	5,765	579,811

이렇게 구축된 국립국어원 말뭉치는 누구나 손쉽게 자료를 찾아볼 수 있도록 '한국어 학습자 말뭉치 나눔터(https://kcorpus.korean.go.kr/)' 검색 서비스를 통해 제공되고 있다.

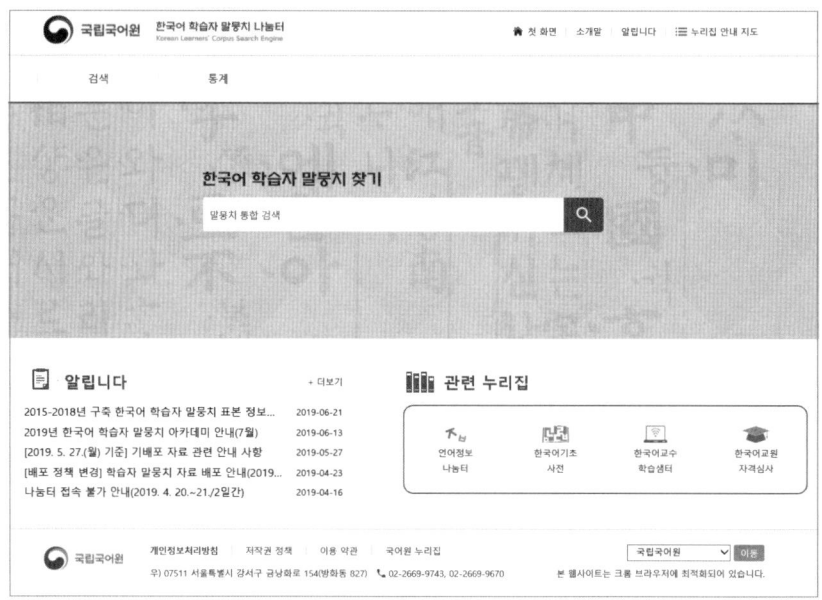

〈그림 3〉 '한국어 학습자 말뭉치 나눔터' 초기 화면

1.2.2. 외국어 교육에서의 학습자 말뭉치

　외국어 교육 분야에서는 영어 학습자 말뭉치를 중심으로 학습자 말뭉치가 구축되기 시작했으며, 이후 일본어 학습자, 중국어 학습자, 독일어 학습자 말뭉치로 확대되고 있다. 캠브리지 대학 출판사, 롱맨과 같은 연구 출판 기관, 홍콩 대학교, 루베인 대학교, 미시간 대학교 등의 대학 기관, 개인 연구자가 주축이 되어 구축하였으며, 일부 영어 학습자 말뭉치를 제외하고는 대부분 100만 어절 내외 규모의 말뭉치가 주를 이루고 있다. CLC(Cmbridge Learner Corpus)는 대표적인 대규모 영어 학습자 말뭉치로 3천만 어절 규모에 이르며, HKUST(The Hong Kong University of Science & Technology)는 약 2천 5백만 어절, LLC(The Longman Learner's Corpus)는 약 1천만 어절 규모에 달한다. 이 절에서는 외국어 교육 분야에서 구축된 대표적인 학습자 말뭉치를 소개하기로 한다.

1) The Cambridge Learner Corpus(CLC)

CLC는 KET(Key English Test), PET(Preliminary English Test), CAE(Certificate in Advanced English), CPE(Certificate of Proficiency in English), IELTS(International English Language Testing System), Skills for Life 등과 같은 대규모의 영어 능력 평가에서 산출된 작문 자료를 수집한 3천만 어절 규모의 말뭉치이며, 현재도 구축 작업이 진행 중에 있다. 약 130개 언어권, 190개 국가에서 수집한 자료로 구성되어 있다. 각 자료에는 학습자의 제1언어, 국적, 영어 숙달도, 나이 등과 같은 변인 정보가 부착되어 있으며, 전체 자료 중 3백만 어절에 오류 주석이 되어 있다.

2) The Hong Kong University of Science & Technology(HKUST) learner corpus

HKUST 말뭉치는 영어를 제2외국어로 학습하는 중국인 학습자의 작문 자료를 수집하여 구축한 2천 5백만 어절 규모의 말뭉치이다. 수집 대상은 대학생과 고급 수준의 고등학생이며, 수업 중 교실 활동으로 작성한 쓰기 작문과 졸업 시험 작문 자료를 수집하였다. 전체 자료 중 100만 어절에 품사 주석이 되어 있으며, 10만 어절에 오류 주석이 되어 있다. 중국인 영어 학습자의 언어 사용 양상을 분석하는 것 외에 교수 도구 개발에도 활용하는 것에 목표를 둔 말뭉치이다.

3) The Longman Learners' Corpus

LLC는 롱맨 출판사에서 1990년부터 2002년까지 구축한 1천만 어절 규모의 말뭉치이다. 20개 언어권의 영어 학습자 자료를 수집 대상으로 하였으며 미국 영어와 영국 영어, 호주 영어를 모두 수집하였다. 수집 과제로 자유 작문, 과제 활동, 프로젝트 활동을 활용하였으며 자료의 장르는 에세이, 편지, 광고, 보고서, 일기 등으로 구성되어 있다. 품사 주석은 하지 않았으나 부분적으로 오류 주석을 하였다.

4) International Corpus of Learner English (ICLE)

ICLE 말뭉치는 루베인 대학(University of Louvain)의 Sylviane Granger 교수에 의해 시작된 프로젝트에서 구축된 말뭉치로 외국어로서 영어를 학습하는 고급 학습자 자료를 수집 대상으로 하였다. 언어권에 따른 중간언어의 특성을 연구하기 위한 자료로 불가리아어, 체코어, 네덜란드어, 핀란드어, 불어, 독일어, 이탈리아어, 폴란드어, 러시아어, 스페인어, 스웨덴어를 제1언어로 하는 21개의 나라가 공동 참여하여 나라별로 약 20만 어절 내외의 자료를 수집하였으며, 현재도 구축이 계속되고 있다. 각 나라별로 구축한 말뭉치는 최소 200명의 학습자 자료로 구성되며, 자료의 평균 길이는 약 700어절로 학습자 1인당 최대 1,000어절까지 수집하도록 하여 특정 학습자의 언어 사용 양상이 말뭉치의 특성에 영향을 미치지 않도록 하고 있다. 수집 자료는 논설문과 수필로 이루어져 있으며 그중 논설문이 약 85%를 차지한다.[4]

5) The Japanese English as a Foreign Language Learner(JEFLL) Corpus

JEFLL 말뭉치는 약 70만 어절 규모로 구축된 일본인 영어 학습자 말뭉치이다. 초급에서 중급 수준의 중·고등학생과 일반인 영어 학습자 10,000명을 수집 대상으로 하였다. 과제의 유형이나 과제 수행 환경, 수준별 주제 등을 엄격하게 통제하여 자료를 수집하였다는 것이 특징적이다.

---

[4] 루베인 대학의 웹사이트(https://uclouvain.be/en/research-institutes/ilc/cecl)에서는 전 세계의 학습자 말뭉치, 학습자 말뭉치 관련 논저 등 학습자 말뭉치에 관련된 정보를 다양하게 소개하고 있어 참고할 만하다.

2. 연구 말뭉치의 구성

2.1. 말뭉치의 규모

이 연구는 국립국어원에서 2015년에서 2018년까지 구축하여 시범 서비스 중인 한국어 학습자 말뭉치 중 모국어가 중국어인 학습자의 쓰기 자료를 기반으로 하였다.[5] 말뭉치는 총 5,765개의 표본, 91,139개의 문장, 674,553어절로 이루어졌다. 다음은 말뭉치의 규모를 수준별로 나타낸 것이다.[6]

〈표 10〉 연구 말뭉치의 수준별 규모

구분	1급	2급	3급	4급	5급	6급	전체
표본 수	1,560	993	906	912	699	695	5,765
전체 문장 수	22,410	17,616	16,562	13,545	10,971	10,035	91,139
표본당 평균 문장 수	14.4	17.7	18.3	14.9	15.7	14.4	15.8
전체 어절 수	106,045	109,595	120,734	120,129	106,799	111,251	674,553
문장당 평균 어절 수	4.7	6.2	7.3	8.9	9.7	11.1	7.4

<표 4>에서 수준별 말뭉치의 구성을 살펴보면 전체 어절 수는 약 11만 어절 내외로 비슷한 수준을 보이는 데에 비해, 이에 따른 수준별 평균 문장 수와 표본 수는 수준별로 상이하게 나타남을 알 수 있다. 분석 결과, 학습자의 수준이 높아질 수록 한 문장당 어절 수가 점차 증가하였으며, 중급 이후에는 초급의 두 배 이상 증가하는 것으로 나타났다. 한 문장당 어절 수를 구체적으로 살펴보면 1급에서는

---

[5] 연구 자료에는 모국어가 중국어인 학습자와 함께 만다린어, 광둥어인 학습자가 포함되었다.
[6] 학습자 말뭉치는 수집한 자료의 수준별 산출량을 반영하되, 가능한 어절 수를 균등하게 설계하여 구축하였다.

4.7어절, 2급에서는 6.2어절, 3급에서는 7.3어절, 4급에서는 8.9어절, 5급에서는 9.7어절, 6급에서는 11.1어절로 한 단계의 수준이 올라갈 때마다 약 1어절에서 1.5어절 정도가 증가하였다. 이와 달리 한 표본당 평균 문장 수는 1급에서 14.4문장, 2급에서 17.7문장, 3급에서 18.3문장, 4급에서 14.9문장, 5급에서 15.7문장, 6급에서 14.4문장이었다. 학습자의 수준별 표본당 문장 수와 문장당 평균 어절 수를 비교해 보면 다음과 같다.

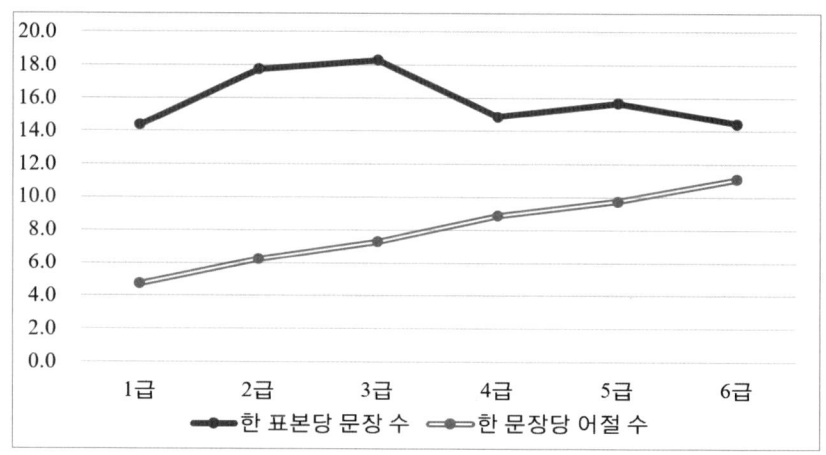

〈그림 4〉 표본당 문장 수와 문장당 어절 수

위의 그래프에서 보는 바와 같이, 수준이 올라갈수록 문장당 어절 수가 증가하고 있으며, 표본당 문장 수는 14문장에서 18문장 정도인 것을 알 수 있다.

2.2. 말뭉치 수집 과제

말뭉치 자료는 국내 한국어 교육기관의 학습 과정에서의 자료가 토대가 되었다. 참여 기관은 강남대, 경기대(수원), 경북대, 경희대(국제), 경희대(서울), 계명대, 고려대, 국민대, 동국대(경주), 동아대, 배재대, 부산외대, 서강대, 서울대, 송담대,

신라대, 연세대, 이화여대, 충남대, 한국외대, 한남대, 한양대, 호남대, 호원대, 홍익대로 총 25개 기관에서 수집되었으며, 수집 과제의 유형은 시험 작문, 기획 작문, 백일장, 과제 작문으로 구분된다. 다음은 수집 과제 유형별 말뭉치의 구성을 나타낸 것이다.

〈표11〉 수집 과제 유형별 말뭉치의 구성

수집	과제	1급	2급	3급	4급	5급	6급	합계
시험 작문	어절 수	100,057	100,232	107,050	105,485	80,777	101,069	594,670
	표본 수	1,452	884	812	828	566	647	5,189
기획 작문	어절 수	5,831	7,323	8,592	3,895	2,552	295	28,488
	표본 수	105	90	60	29	20	2	306
백일장	어절 수	0	2,040	4,743	7,495	17,782	9,112	41,172
	표본 수	0	19	32	45	98	42	236
과제 작문	어절 수	157	0	349	3,254	5,688	775	10,223
	표본 수	3	0	2	10	15	4	34
합계	어절 수	106,045	109,595	120,734	120,129	106,799	111,251	674,553
	표본 수	1,560	993	906	912	699	695	5,765

시험 작문은 교육 기관의 성취도 평가 자료를 수집한 것이고 5,189개의 표본, 59,670어절로 전체 말뭉치의 약 90%를 차지한다. 기획 작문은 제시된 과제에 따라 자료를 수집한 것으로 주로 초급 단계에서 고급 단계까지 특정 학습자의 언어 발달 과정을 추적하기 위해 2주 간격으로 30회에 걸쳐 수집한 종적 자료로 구성되며 전체 말뭉치의 5%를 차지하였다. 그 외에 외국인 백일장 자료를 수집한 자료가 4%, 수업 후 과제로 부과한 작문 자료가 1%를 차지하였다.[7]

2.3. 말뭉치의 장르

수집 말뭉치 자료의 장르는 한국어 교육 과정에서 주로 산출되는 생활문, 논설문, 설명문, 수필, 기사문, 평전, 보고서, 기행문, 감상문, 편지글, 안내문, 투고문, 광고문, 일기, 자기소개서로 구성되었다.

수준별 장르의 분포를 살펴보면 한국어 교육 과정에서 산출되는 작문의 장르 특징을 알 수 있다. 즉, 생활문과 설명문은 전 수준에 걸쳐 일정하게 산출되고 있으며, 편지글과 기행문은 주로 초급과 중급에 한정되어 있고, 감상문과 안내문은 중급 수준에서 다루어지고, 논설문은 중급 이후에 다루어진다. 그리고 평전과 취업용 자기소개서, 기사문, 투고문은 고급에서 작성되고 있음을 확인할 수 있다.

구체적인 장르별 표본의 비중을 살펴보면, 생활문이 3,245개 표본, 347,277어절로 전체 말뭉치의 52%를 차지하였으며, 논설문이 1,120개 표본, 152,365어절로 23%, 설명문이 880개 표본, 94,849어절로 14%, 수필이 171개 표본, 27,279어절로 4%를 차지하였다. 그 외에 각각 1-2% 내외로 비중은 높지 않지만 기사문, 평전, 보고서, 기행문 등의 다양한 장르가 포함되었다.

2.4. 말뭉치의 주제

말뭉치 자료의 주제는 장르에 따라 다채로웠으며, 특히 생활문과 설명문, 논설문의 주제가 다양했다. 생활문에서는 가족, 친구, 계절, 음식, 취미, 물건, 여행 등과 같이 초급에서 고급까지 두루 다루어지는 일상생활과 관련된 친근한 주제들이 주를 이루었다. 이와 달리 논설문에서는 CCTV 설치 의무화, SNS 사용, 결혼, 고령

---

7 백일장 자료는 1급 학습자가 참여하지 않으므로 해당 수준의 자료가 포함되지 않았으며, 과제 작문의 경우, 연구팀에서 국내 교육 기관의 과제 작문 제출을 통제하기 어려운 상황에서 제출된 과제 작문만을 구축 대상에 포함할 수밖에 없어 수준별 균형성을 갖추지 못했으나, 전체 자료의 1%에 지나지 않아 전체 말뭉치의 대표성에 큰 영향을 미치지는 않을 것으로 판단된다.

화, 저출산, 성형수술, 성 역할, 최저 임금제, 직업관, 대중문화 등 사회 현상 전반과 관련한 주제들이 주를 이루었다. 설명문은 명절 풍습, 문화유산, 문화 차이 등의 주제와 함께 생활문이나 논설문에서 다루어지는 주제들이 함께 다루어졌다. 다음은 본 연구 대상 말뭉치의 각 장르별 주제이다.

〈표12〉 말뭉치의 주제

장르	주제
생활문	10년 후 계획, 10년 후 나의 모습, 2015년에 하고 싶은 것, 5년 후에 내가 되고 싶은 사람, 가족, 친구, 갖고 싶은 직업, 결혼, 계절, 습관, 고향, 고향 친구에게 소개해 주고 싶은 한국, 과거, 관광, 교통, 규칙 위반 경험, 나에게 가장 큰 영향을 준 사람, 실수, 나의 꿈, 성격, 성공관, 소원, 시간 관리 방법, 나의 아버지, 나의 하루, 한국생활, 내가 닮고 싶은 사람, 내가 생각하는 행복, 내가 아끼는 물건, 내가 존경하는 사람, 내가 좋아하는 것, 내가 좋아하는 계절, 내가 좋아하는 곳, 내가 좋아하는 사람, 내가 좋아하는 음식, 내가 좋아하는 장소, 내가 좋아하는 책, 내가 좋아하는 친구, 취미로 배우고 싶은 것, 사회봉사 활동, 내년 계획, 내년 생일 계획, 내년(2016년) 계획, 내년에 하고 싶은 것, 내년에 하고 싶은 일, 노후 준비, 다시 가고 싶은 장소, 데이트, 돈을 모으는 방법, 한국 음식, 맛집 탐방, 명절 풍습, 물건, 미담, 미래, 미래의 세계, 미래의 직업, 미신, 받고 싶은 선물, 방송 프로그램, 방학, 주말, 생일, 쇼핑, 스트레스 관리, 시간 관리, 직업관, 식사 예절, 식습관, 약속, 어린 시절, 어제와 내일, 어제와 오늘, 목표, 외모와 성격, 외모지상주의, 진로, 친구에게 고마운 일, 타임머신, 여행, 학창 시절, 한국 문화, 한국사람, 문화 차이, 한국의 대중문화에 대한 의견, 한국생활, 한국어 공부, 한국어 배우기, 한국에 온 이유, 유학 생활, 한국의 음식, 행복하게 사는 법, 현대인들의 일상과 여가 생활
논설문	CCTV 설치 의무화, SNS, 결혼 기피 현상, 경제활동, 고령화 사회, 애완동물, 광고의 역할, 비행 청소년, 사교육, 왕따, 입시제도, 조기 교육, 조기 유학, 학교 폭력, 학벌주의, 교육열, 국가브랜드, 기여 입학제, 나눔의 삶, 나의 성공관, 나의 직업관, 성공, 다이어트, 남북통일, 남성 전업 주부, 내가 하고 싶은 봉사 활동, 노인 빈곤 문제, 님비현상, 다문화 가정, 대가족과 핵가족, 대중문화의 순기능 또는 역기능, 동성결혼 합법화, 모방범죄, 무역 자유화, 바람직한 성 역할, 바람직한 여성상, 봉사활동 의미, 부모 자식 관계, 선의의 거짓말, 성형 수술, 스마트폰, 스포츠와 과학, 시민 의식, 신문의 기능, 여성의 경제 활동, 연예인 기부 문화, 올바른 인터넷 사용 태도, 외모지상주의, 운명론, 유교 사상, 유치원의 아동학대, 음식 쓰레기, 인간 복제, 인성 교육의 필요성, 인터넷, 장애인의 사회 참여, 저출산 문제, 전통 문화의 보존, 줄임말 사용, 지역 이기주의, 직업관, 체벌, 최저 임금제, 층간 소음, 칭찬, 폭력 영화, 폭력 영화 모방

	범죄, 현대인의 여가 생활, 환경 문제, 효
설명문	SNS, 가족 소개, 가치관, 갖고 싶은 직업, 건강 관리법, 결혼 풍습, 계절, 고향, 관광 코스, 그림 설명, 기상이변, 미신, 나의 방, 나의 성격, 나의 집, 나의 취미, 남녀, 세대에 따른 가치관, 내가 생각하는 행복, 노후 준비, 님비 현상, 대만의 미신, 도서 대출 방법, 돈을 모으는 방법, 명절 풍습, 문화 차이, 문화유산, 바람직한 여가 활용 방법, 방학 계획, 버킷리스트, 부산의 축제, 사전, 사회적 사건, 살고 싶은 집, 생활의 변화, 세대 차이의 원인과 극복 방법, 숟가락과 젓가락, 스마트폰, 스트레스 관리법, 식사 예절, 언어, 역사적 사건, 자국의 가족 행사, 자국의 학교 행사, 유행, 자국 소개, 자국의 기념일, 자주 가는 장소, 직업관, 취미, 폭력 영화, 하숙, 한국 생활, 한국 소개, 한국의 난방법, 한국인, 한류, 새로운 가족의 형태, 화장, 환경 문제
보고서	가족의 탄생, 고민, 동물 실험, 답사 보고서(낙선재, 연경당, 운현궁, 종묘), 내가 한국에 온 이유, 대중문화, 물리 실험, 가족의 유형, 사람, 운동량과 충격량, 진정한 행복
감상문	공연 후기, 기억에 남는 문화생활, 영화평
광고문	외국인 친구 찾기
기사문	대학 입시, 저출산, 다이어트, 청소년 문제, 행복지수, 꿈, 음식 혁명, 장수의 비결, 미래 사회, 여행, 타임머신, 학교 폭력, 성형수술, 발명, 연예 등
기행문	기억에 남는 여행, 여행 이야기
수필	가을, 과거, 기대와 기다림, 남동생, 손님, 문, 미소, 여름, 웃음, 입사 포부, 자취생활, 좋아하는 노래, 좋아하는 색, 지금, 처음, 커피, 한국 여행, 독서
안내문	구청 주민 행사
일기	식사 예절, 학교 행사, 쇼핑
자기소개서	자기소개
투고문	대기 오염과 소음 공해, 물 부족, 수질 오염, 지구 온난화
편지글	감사의 글, 보고서 연장, 보고서 제출 기한 연장, 안부 편지, 이메일
평전	존경하는 사람, 좋아하는 사람

제3장
중국어권 학습자 말뭉치의
형태소별 사용 양상

1. 학습자 말뭉치 형태 분석의 원칙과 실제

형태 주석은 주석 대상이 되는 텍스트에 형태 단위의 문법 정보를 부착하는 작업이다. 학습자 말뭉치 구축 과정에서, 먼저 학습자의 작문 자료가 입력되거나 학습자의 음성 자료가 전사되어 일차적으로 원시 말뭉치가 만들어지면, 그다음 단계에서 형태 단위로 분할하여 형태 분석 표지를 부착하는 형태 주석 단계를 거치게 된다. 형태 주석은 다음 단계인 오류 주석의 기반이 된다.

학습자 말뭉치의 형태 주석은 일반적인 형태 주석에 비해 어려움이 많다. 학습자 말뭉치는 학습자의 언어에서 나타나는 중간언어 특성 때문에 모어 화자 말뭉치의 형태 주석보다 더 복잡한 양상을 보이기 때문이다. 학습자 오류로 인해 자동 분석의 정확도가 낮고, 따라서 주석자에 대한 의존도가 높을 수밖에 없다. 학습자의 언어를 형태 분석하기 위해서는 형태 분석 단계에서도 학습자 오류에 대한 고려가 필요하다. 학습자 말뭉치 형태 분석의 핵심적인 쟁점은 '학습자가 만들어 내는 오류 어절들을 어떻게 형태 분석의 단위로 분할할 것인가', '학습자의 오류형에 어떤 형태 표지를 부여할 것인가' 등이다. 이는 말뭉치 주석의 정확성과 일관성에 영향을 미치게 된다.

다음 절의 어휘 범주별 한국어 사용 양상 분석 결과에 대한 이해도를 높이기 위해 한국어 학습자 말뭉치 형태 분석의 원칙과 기준을 살펴본다. 국립국어원에서 구축하고 있는 한국어 학습자 말뭉치의 형태 분석 지침은 모어 화자 말뭉치와의 호환성을 위해 '21세기 세종 계획'의 '현대 문어 형태 분석 말뭉치 구축 지침'을 기반으로 하고 있다. 다음은 학습자 말뭉치의 형태 분석 표지이다.[1]

---

[1] 기존 세종 지침에 있었던 NF(명사추정범주), NV(용언추정범주)를 삭제하고 대부분 추정하여 해당 표지로 분석하거나 NA(분석불능범주)로 분석했다.

<표 13> 학습자 말뭉치의 형태 분석 표지

대분류	형태 주석 내용	학습자 말뭉치 표지	세종 표지
(1) 체언	일반명사	NNG	NNG
	고유명사	NNP	NNP
	의존명사	NNB	NNB
	대명사	NP	NP
	수사	NR	NR
(2) 용언	동사	VV	VV
	형용사	VA	VA
	보조용언	VX	VX
	지정사	VCP/VCN	VCP/VCN
(3) 수식언	관형사	MM	MM
	일반부사	MAG	MAG
	접속부사	MAJ	MAJ
(4) 독립언	감탄사	IC	IC
(5) 관계언	주격조사	JKS	JKS
	보격조사	JKC	JKC
	관형격조사	JKG	JKG
	목적격조사	JKO	JKO
	부사격조사	JKB	JKB
	호격조사	JKV	JKV
	인용격조사	JKQ	JKQ
	보조사	JX	JX
	접속조사	JC	JC
(6) 의존형태	선어말어미	EP	EP
	어말어미(연결)	EC	EC
	어말어미(종결)	EF	EF
	명사형 전성어미	ETN	ETN

대분류	형태 주석 내용	학습자 말뭉치 표지	세종 표지
	관형사형 전성어미	ETM	ETM
	체언접두사	XPN	XPN
	명사파생접미사	XSN	XSN
	동사파생접미사	XSV	XSV
	형용사파생접미사	XSA	XSA
	어근	XR	XR
(7) 기호	마침표, 물음표, 느낌표	SF	SF
	쉼표, 가운뎃점, 콜론, 빗금, 줄표, 물결	SP	SP
	따옴표, 괄호표	SS	SS
	줄임표	SE	SE
	붙임표(숨김, 빠짐)	SO	SO
	외국어	SL	SL
	한자	SH	SH
	기타 기호	SW	SW
	숫자	SN	SN
	분석불능범주	NA	NA

본 분석은 '형태소' 차원이 아닌 '형태' 차원의 분석이므로 이형태를 최대한 반영하고 있다. 그리고 분석 대상인 원시 말뭉치를 가급적 훼손하지 않는 것을 원칙으로 하고 있지만, 학습자의 띄어쓰기 오류는 예외적으로 어문 규범의 한글맞춤법에 맞게 수정해서 주석한다.

학습자 말뭉치의 분석 기준의 대원칙은 '21세기 세종 계획'의 '현대 문어 형태 분석 말뭉치 구축 지침'을 따르는 것이며, 이 지침을 통해 해결이 불가능한 분석은 국립국어원에서 편찬한 사전인 <표준국어대사전>을 따른다. 하지만 '21세기 세종 계획'의 형태 분석 지침은 모어 화자 말뭉치를 위한 분석 지침이기 때문에 학습자 언어에서 나타날 수 있는 형태에 대한 분석 기준은 없다. 따라서 학습자 말뭉치의 형태 분석을 위해서는 학습자의 특성이 나타나는 오류 어절에 대한 분석 기준을 추가로 마련하였다.

학습자 언어에서는 때로는 문맥에서 전혀 의미를 유추할 수 없는 경우가 나타난다. 이때 기존 형태 분석 표지 중 분석 범주인 'NA(분석 불가)'를 할당한다. 세종 형태 말뭉치에서의 분석 불가능은 '그러어엄, 으~어~이, 쪼매턴게'와 같은 형태에서 형식적인 분석이 불가한 유형을 처리하는 정도였다. 하지만 학습자 말뭉치에서는 이러한 형식적인 분석 불가의 유형뿐만 아니라 '의미적인 분석 불가 유형'까지 포함해서 분석 불가능으로 처리하였다.

(1) ㄱ. 그러므로 <u>부스르른</u> 광고는 물가를 인상한다. [부스르른/NA]
ㄴ. 그리고 경전철 타로 <u>필어</u> 50분쯤 경삭턱역 있습니다. [필어/NA]
ㄷ. 이번 방학에 저는 친주와 같이 <u>순열전 수열고</u> 싶어요.. [순열전/NA]
[순열/NA+고/EC]

(1ㄱ)~(1ㄷ)에서 밑줄 친 어절은 문맥에서 전혀 의미를 유추할 수 없어 학습자가 어떤 형태를 잘못 썼다고 추측하기도 어려운 경우이다. 따라서 이러한 경우에는 분석불능범주로 처리한다. 하지만 (1ㄷ)에서 '순열고' 어절에 대해서는 '고'의 형태를 분할해서 '연결어미(EC)'로 분석하였다. 분석 불가능 어절이 표현문형 구성과 인접하는 경우는 문맥상으로 전혀 교정 어절을 추측할 수 없다고 하더라도, 표현문형 구성에 포함되는 형태까지는 분리해서 분석하는 것을 원칙으로 하고 나머지 형태에 대해서 분석 불가능으로 처리한다.

다음으로 학습자의 오류 어절에 대한 형태 분석 기준은 크게 두 가지로 나뉜다. 첫째, 의미는 알지만 정확한 형태는 모르는 경우에는 교정 어절을 고려해 교정 어절이 취할 원래 품사의 형태 표지를 부여한다.

(2) ㄱ. 너 <u>때문내</u> 죽겠어.　　　　　[때문/NNB+내/JKB]
　　ㄴ. <u>여러까지</u> 문제가 생겼다.　　[여러/MM ‖ 까지/NNB]
　　ㄷ. 강에 <u>패수른</u> 버렸다.　　　　[패수/NNG+른/JKO]
　　ㄹ. 문제를 <u>쉬게</u> 풀어요.　　　　[쉬/VA+게/EC]

(2ㄱ)은 '때문에'를 '때문내'로 잘못 쓴 오류이다. 이때 이 학습자는 부사격조사인 '에'의 의미와 기능은 알고 있지만 '에'라는 정확한 형태를 쓰지 못하고 '내'라고 썼다. 이러한 오류 어절을 분석할 때는 학습자가 잘못 쓴 '에'의 오형태인 '내'의 형태는 그대로 살리고, 교정 어절을 고려해 '에'가 취할 형태 표지인 '부사격조사(JKB)'를 부여해 '내/JKB'로 분석한다. 다음 (2ㄴ)을 살펴보면, '여러까지'라는 어절을 학습자 언어라는 점을 고려하지 않고 드러난 형태로만 분석을 한다면 '여러/MM+까지/JX'가 되어 '까지'가 '보조사(JX)'로 분석될 것이다. 하지만 문장에서 학습자가 의도한 의미를 고려하면, 일차적으로는 띄어쓰기의 오류가 포함되어 있으며, '여러 가지'를 의도했지만 '가지'의 형태를 정확하게 알지 못한 것으로 보인다. 따라서 형태 분석에서는 학습자가 잘못 쓴 '가지'의 오형태인 '까지'의 형태는 살리고, 교정 형태인 '가지'가 취할 형태 표지인 '의존명사(NNB)'를 부여해 '까지/NNB'로 분석한다.

둘째, 형태와 의미를 모두 혼동한 경우에는, '오류 어절'만 고려해서 '보이는 대로' 분석한다.

(3) ㄱ. 내가 <u>고기가</u> 먹어요.　　　　　　　　　　　　[고기/NNG+가/JKS]
　　ㄴ. 입학하자마자 교과서를 <u>팔려고</u> 서점에 갔어요.　[팔/VV+려고/EC]

(3ㄱ)의 경우, 한국어 모어 화자라면 '내가 고기를 먹어요'라고 쓸 것이다. 하지만 학습자는 조사 '를'과 '가'의 형태와 의미를 둘 다 제대로 알지 못한다. 이러한 오류 어절을 형태 분석할 때는, 학습자가 잘못 쓴 '가'의 형태를 그대로 살리고

더불어 보이는 형태가 가질 수 있는 품사 표지를 그대로 부여해 '고기+가/JKS'로 분석한다. (3ㄴ)에서도 맥락상 교과서를 사려고 서점에 갔다는 것이 자연스럽다. 하지만 특정 어휘의 정확한 형태를 못 쓴 것이 아니라 형태와 의미를 모두 혼동하고 있기 때문에 보이는 그대로 '팔/VV'로 분석한다.

이러한 두 가지 분석 원칙하에서 학습자 오류 어절에 대해 실제적으로 분석 기준이 적용되는 사례를 살펴보기로 한다. 학습자 오류 어절에서 문맥적 의미가 추측이 가능할 때에는 교정 어절을 상정해 앞서 언급한 두 가지 분석 기준을 적용해 분석한다. 교정 어절 혹은 오류 어절을 기준으로 형태 표지를 부여하는데, 다음과 같은 경우에서는 또 다른 기준이 필요하다. 먼저 상정한 교정어절에 없는 형태가 추가된 경우의 분석이다.

(4) ㄱ. <u>학곡을</u> 다니다.　　　　[학곡/NNG+을/JKO]
　　 ㄴ. <u>학교른</u> 다니다.　　　　[학교/NNG+른/JKO]
　　 ㄷ. <u>학교고를</u> 다니다.　　　[학교/NNG+고/NA+를/JKO]

(5) ㄱ. 교실에 사람이 <u>만</u>다.　　[만/VA+다/EF]
　　 ㄴ. 내일은 행사가 더 <u>많타</u>.　[많/VA+타/EF]
　　 ㄷ. 오늘은 수업이 <u>많나다</u>.　[많/VA+나/NA+다/EF]

(4ㄱ)~(4ㄷ)의 경우, 모두 교정 어절을 '학교를'로 생각할 수 있다. 그리고 (5ㄱ)~(5ㄷ)은 각각 '많다'로 교정 어절을 상정할 수 있다. 먼저 체언과 조사 결합의 경우는 체언 또는 조사의 오형태로 형태 분석한다. (4ㄱ)에서는 '학교'의 오형태로 '학곡'이 산출된 것으로 간주하여 교정 형태인 '학교'가 취할 표지인 '명사(NNG)'의 품사를 부여해 '학곡/NNG'로 분석한다. (4ㄴ)에서는 '를'의 오형태인 '른'에 교정 형태가 취할 표지인 '목적격조사(JKO)'를 부여해 '른/JKO'로 분석한다. (4ㄷ)과 같이 명확하게 '학교'와 '를'이 분리되는데 '고'와 같은 정체를 알기 힘든 오류

형태가 어절 내에 있는 경우 분석불능범주(NA)를 할당한다. (5ㄱ)~(5ㄷ)과 같은 용언도 최대한 용언의 어간과 어미를 먼저 확보해 분리한 후, 잉여적 요소에 대해서는 분석불능범주(NA)로 처리한다. (5ㄱ)은 먼저 용언의 어간인 '많'의 오류형인 '만'을 확보해 '형용사(VA)'로 품사 주석하고, 다음 '다'를 '종결어미(EF)'로 주석한다. (5ㄴ)에 대해서도 '많다'라는 교정 어절을 고려했을 때 용언의 어간인 '많/VA'와 종결어미의 '다'의 오류형인 '타/EF'를 분리해 주석한다. (5ㄷ)의 경우 어간 '많'과 종결어미 '다'를 분리해 내고 남은 형태인 '나'에 대해서는 '분석불가능(NA)'의 표지를 부여한다.

다음은 조금 더 양상이 복잡한 용언의 활용과 관련한 오류 어절의 형태 분석이다.

(6) ㄱ. 한국말이 너무 <u>아렵다</u>.　　　　　　　[아렵/VA+다/EF]
　　ㄴ. 저녁식사도 준비하기가 <u>번거러워서</u>　　[번거/XR+럽/XSA+어서/EC]

(7) ㄱ. 한국말이 너무 <u>어려우다</u>.　　　　　　[어려우/VA+다/EF]
　　ㄴ. 친구들과 같이 <u>즐거우게</u> 칠 수 있으면　[즐거우/VA+게/EC]
　　ㄷ. 다른 사람이 다시 저에게 <u>도올</u> 수 있다.　[도오/VV+ㄹ/ETM]
　　ㄹ. 우리 나라하고 <u>다라서</u> 싫어지만　　　[다라/VA+아서/EC]

먼저 용언의 불규칙 활용과 관련된 경우를 살펴보면, (6ㄱ)과 (7ㄱ)은 모두 학습자가 '어렵다'를 제대로 사용하지 못해 오류가 나타난 경우이다. 하지만 본 분석에서는 위의 두 가지 경우에 대해서 용언의 형태를 다르게 분석하고 있다. 먼저 오류가 불규칙 활용과 직접적인 관련이 없는 경우는 기존의 '21세기 세종 계획'의 형태 분석 지침대로 어간을 복원해 형태를 부여한다. (6ㄱ)은 '어렵다'의 불규칙 활용과 관련된 오류라기보다는 '어렵다'는 형용사 어간의 정확한 형태를 알지 못한 오류로 볼 수 있다. 따라서 이때는 '아렵/VA'로 어간의 오류 형태를 존중해서 주석한다. (7ㄱ)은 용언 어간의 종성 'ㅂ'을 'ㅜ'로 변화시켜야 하는 환경에 대한 규칙을 제대로 알지 못해서 나타난 오류인데, 이때는 '어렵'으로 어간의 형태를 복원하지 않고 '어려우/VA'로 분석한다. (6)의 예시는 모두 불규칙 활용과 직접 관련이 없는 경우로 오류형의 어간을 살려 분석한 사례이며, (7)은 오류가 불규칙 활용과 관련되었다고 보고 어간의 형태를 복원하지 않고 주석한 경우이다.

그리고 다음과 같이 기존 형태 분석 방침을 따라 형태를 분석하기 어려운 활용 오류도 있다.

(8) ㄱ. 정말 신기하다고 <u>생각았다</u>.　　[생각/NNG+하/XSV+ㅆ/EP+다/EF]
　　ㄴ. 어제 영화를 <u>봈는데</u>　　　　　[보/VV+ㅆ/EP+는데/EC]

21세기 세종 형태 분석 지침에서는 '생각했다'라는 어절을 '생각/NNG+하/XSV+았/EP+다/EF'로 분석한다. (8ㄱ)에서 학습자는 '생각했다'를 '생각았다'라고 썼는데, 학습자가 '생각하다'는 용언과 과거 시제 선어말 어미 '았'을 모두 인식은 하고 있었던 것으로 보인다. 그러나 세종 지침대로 '생각/NNG+하/XSV+았/EP+다/EF'로 분석할 경우, 이 분석 결과는 '생각했다'는 원어절의 분석과 구별되지 않는다. 따라서 학습자의 오류가 형태 분석 결과에서도 드러날 수 있도록 이러한 경우 자모 단위로도 형태를 분할해 분석한다. 따라서 (8)과 같은 경우는 '았'이 아닌 'ㅆ'으로 형태를 주고 선어말어미로 분석한다.

용언의 활용형은 아래 (9)와 같이 경계를 분할하기 어려운 형태로도 나타난다.

(9) ㄱ. 쓰레기를 <u>버러도</u> 되면 좋겠습니다.　　[버러/VV+어도/EC]
　　ㄴ. 소치에 2시간 <u>걸레요</u>.　　　　　　　[걸레/VV+어요/EF]

이때는 분석한 형태의 결합이 원 어절의 형태가 되지 않더라도 기본적으로는 최대한 분할해서 분석하는 것을 원칙으로 한다. (9)의 경우 학습자가 어간의 형태를 몰랐는지, 어미의 형태를 몰랐는지, 혹은 둘 다 정확하게는 알지 못했는지 알 수 없으므로, 주석자 간의 분석의 일관성을 위해서 어간을 학습자가 잘못 쓴 오형태를 살려 분석하고 어미는 오류 어절이 취할 어미의 형태를 부여한다. (9ㄱ)을 보면 '버려도'의 오류 어절로 '버러도'가 나타났는데, 어간과 어미로 분할할 때 어간 부분에 '버러'라는 잘못 쓴 형태를 주고, 어미는 해당 오류 어절이 취할 어미의 형태인 '어도'로 분석했다. (9ㄴ)에서도 '걸려요'를 '걸레요'로 잘못 썼는데, 어간으로 '걸레'라는 잘못 쓴 형태를 주고 어미는 해당 오류 어절이 취할 어미의 형태를 부여해 '어요'로 형태 분석을 했다.

2. 형태소별 사용 분포

연구 말뭉치는 원시 말뭉치와 품사 주석이 부착된 형태 주석 말뭉치, 오류 주석 말뭉치로 구성되며, 본서에서는 형태 주석 말뭉치를 기반으로 하여 중국어권 학습자의 언어 사용 양상을 계량적으로 살펴보고자 하였다. 다음은 형태 주석이 부착된 말뭉치를 기반으로 하여 형태소별 분포를 분석한 결과이다.

〈표14〉 수준별 형태 범주 유형의 빈도

		1급	2급	3급	4급	5급	6급	전체
전체 어절 수		106,045	109,595	120,734	120,129	106,799	111,251	674,553
전체 표본 수		1,560	993	906	912	699	695	5,765
일반 명사	빈도	40,959	41,754	47,972	54,223	52,008	55,783	292,699
	1,000어절당 빈도	386.24	380.98	397.34	451.37	486.97	501.42	433.92
고유 명사	빈도	9,453	6,725	4,015	1,582	1,608	3,016	26,399
	1,000어절당 빈도	89.14	61.36	33.25	13.17	15.06	27.11	39.14
의존 명사	빈도	5,942	5,829	7,783	8,006	6,836	8,096	42,492
	1,000어절당 빈도	56.03	53.19	64.46	66.65	64.01	72.77	62.99
대명사	빈도	7,806	7,057	6,359	5,047	3,273	3,171	32,713
	1,000어절당 빈도	73.61	64.39	52.67	42.01	30.65	28.50	48.50
수사	빈도	880	383	463	342	325	282	2,675
	1,000어절당 빈도	8.30	3.49	3.83	2.85	3.04	2.53	3.97
긍정 지정사	빈도	3,424	2,512	2,913	3,070	3,128	3,375	18,422
	1,000어절당 빈도	32.29	22.92	24.13	25.56	29.29	30.34	27.31

		1급	2급	3급	4급	5급	6급	전체
전체 어절 수		106,045	109,595	120,734	120,129	106,799	111,251	674,553
전체 표본 수		1,560	993	906	912	699	695	5,765
부정 지정사	빈도	16	123	251	397	416	575	1,778
	1,000어절당 빈도	0.15	1.12	2.08	3.30	3.90	5.17	2.64
동사	빈도	18,465	19,401	23,068	22,652	18,475	18,539	120,600
	1,000어절당 빈도	174.12	177.02	191.06	188.56	172.99	166.64	178.79
형용사	빈도	6,286	8,646	8,271	7,892	6,874	5,501	43,470
	1,000어절당 빈도	59.28	78.89	68.51	65.70	64.36	49.45	64.44
보조 용언	빈도	2,762	3,188	4,368	4,594	3,836	4,162	22,910
	1,000어절당 빈도	26.05	29.09	36.18	38.24	35.92	37.41	33.96
관형사	빈도	1,276	1,986	3,185	2,998	2,873	3,027	15,345
	1,000어절당 빈도	12.03	18.12	26.38	24.96	26.90	27.21	22.75
일반 부사	빈도	8,578	11,318	11,997	10,322	8,351	7,735	58,301
	1,000어절당 빈도	80.89	103.27	99.37	85.92	78.19	69.53	86.43
접속 부사	빈도	3,172	2,885	2,757	2,166	1,463	1,338	13,781
	1,000어절당 빈도	29.91	26.32	22.84	18.03	13.70	12.03	20.43
감탄사	빈도	15	42	26	21	21	22	147
	1,000어절당 빈도	0.14	0.38	0.22	0.17	0.20	0.20	0.22
주격 조사	빈도	5,679	7,579	8,995	9,448	8,351	7,673	47,725
	1,000어절당 빈도	53.55	69.15	74.50	78.65	78.19	68.97	70.75

		1급	2급	3급	4급	5급	6급	전체
전체 어절 수		106,045	109,595	120,734	120,129	106,799	111,251	674,553
전체 표본 수		1,560	993	906	912	699	695	5,765
보격 조사	빈도	80	242	333	562	597	761	2,575
	1,000어절당 빈도	0.75	2.21	2.76	4.68	5.59	6.84	3.82
관형격 조사	빈도	1,477	1,816	1,879	2,766	3,053	3,668	14,659
	1,000어절당 빈도	13.93	16.57	15.56	23.03	28.59	32.97	21.73
목적격 조사	빈도	9,723	7,576	8,051	9,227	7,795	8,619	50,991
	1,000어절당 빈도	91.69	69.13	66.68	76.81	72.99	77.47	75.59
부사격 조사	빈도	15,406	12,205	11,699	10,360	9,422	9,926	69,018
	1,000어절당 빈도	145.28	111.36	96.90	86.24	88.22	89.22	102.32
호격 조사	빈도	0	20	6	6	4	0	36
	1,000어절당 빈도	0.00	0.18	0.05	0.05	0.04	0.00	0.05
인용격 조사	빈도	2	93	75	37	43	108	358
	1,000어절당 빈도	0.02	0.85	0.62	0.31	0.40	0.97	0.53
보조사	빈도	10,222	9,954	9,997	9,927	9,008	8,730	57,838
	1,000어절당 빈도	96.39	90.83	82.80	82.64	84.35	78.47	85.74
접속 조사	빈도	1,322	1,000	1,038	1,016	1,162	1,126	6,664
	1,000어절당 빈도	12.47	9.12	8.60	8.46	10.88	10.12	9.88
선어말 어미	빈도	5,095	5,460	6,002	3,829	2,797	4,250	27,433
	1,000어절당 빈도	48.05	49.82	49.71	31.87	26.19	38.20	40.67

		1급	2급	3급	4급	5급	6급	전체
전체 어절 수		106,045	109,595	120,734	120,129	106,799	111,251	674,553
전체 표본 수		1,560	993	906	912	699	695	5,765
연결어미	빈도	7,996	12,779	17,605	18,777	16,646	17,371	91,174
	1,000어절당 빈도	75.40	116.60	145.82	156.31	155.86	156.14	135.16
종결어미	빈도	22,216	17,635	16,740	13,979	11,074	10,401	92,045
	1,000어절당 빈도	209.50	160.91	138.65	116.37	103.69	93.49	136.45
명사형 전성어미	빈도	260	1,192	1,251	1,674	1,469	1,307	7,153
	1,000어절당 빈도	2.45	10.88	10.36	13.94	13.75	11.75	10.60
관형사형 전성어미	빈도	4,530	8,049	11,796	13,962	13,541	13,798	65,676
	1,000어절당 빈도	42.72	73.44	97.70	116.23	126.79	124.03	97.36
체언 접두사	빈도	10	17	31	336	230	300	924
	1,000어절당 빈도	0.09	0.16	0.26	2.80	2.15	2.70	1.37
명사 파생 접미사	빈도	1,293	1,991	2,304	3,893	3,805	4,900	18,186
	1,000어절당 빈도	12.19	18.17	19.08	32.41	35.63	44.04	26.96
동사 파생 접미사	빈도	2,918	4,003	5,798	7,000	7,269	8,376	35,364
	1,000어절당 빈도	27.52	36.53	48.02	58.27	68.06	75.29	52.43
형용사 파생 접미사	빈도	1,029	1,800	2,749	2,812	2,791	2,313	13,494
	1,000어절당 빈도	9.70	16.42	22.77	23.41	26.13	20.79	20.00
어근	빈도	456	588	684	708	919	819	4,174
	1,000어절당 빈도	4.30	5.37	5.67	5.89	8.60	7.36	6.19

위에서 보는 바와 같이 형태소별 사용 분포는 일반명사의 1,000어절당 빈도가 433.92개로 압도적으로 많았으며 그다음으로 동사가 178.79개, 종결어미가 136.45개, 연결어미가 135.16개로 문장 생성에서 핵심을 이루는 형태소가 가장 높은 비중을 차지하였다. 그다음으로 부사격조사가 102.32개, 관형사형 전성어미가 97.36개, 일반부사가 86.43개, 보조사가 85.74개, 목적격조사가 75.59개, 주격조사가 70.75개로 조사가 높은 비중을 차지하였다. 다음의 그래프는 1급에서 6급까지 전체 자료의 1,000어절당 빈도를 형태소별로 보인 것이다.

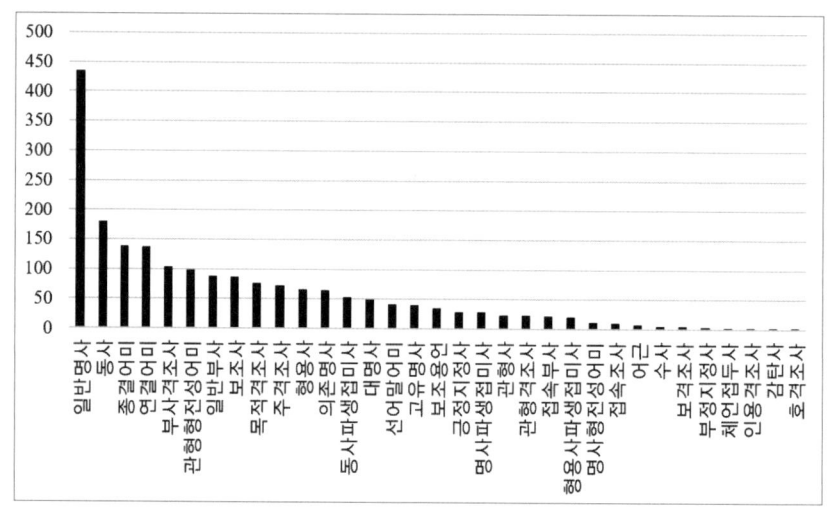

〈그림 5〉 전체 형태소의 1,000어절당 빈도

위의 그래프에 따르면 명사의 사용 비중이 압도적으로 높고 다음으로 동사가 높아 실질 형태소의 비중이 높고, 이어서 어미, 조사와 같은 문법 형태소의 사용 비중이 높음을 확인할 수 있다. 이를 더 자세히 확인하기 위하여 1,000어절당 빈도를 기준으로 실질 형태소와 문법 형태소의 사용 비중을 비교해 본 결과 실질 형태소는 1,132.42개, 문법 형태소가 780.06개로 나타났으며 그중 어미가 420.25개, 조사가 370.41개를 차지하였다.

3. 키워드 분석을 통해 살펴본 주요 형태소의 사용 양상

3.1. 키워드의 개념과 분석 방법

키워드(keyword)는 텍스트에서 중요하게 쓰인 핵심 단어를 가리키는 말로 해당 텍스트 안에서의 빈도가 높으면서 다른 텍스트의 어휘 목록과 비교했을 때 해당 텍스트 내에서 두드러지게 자주 쓰이는 어휘 목록을 말한다. 이때 두드러지게 자주 쓰인다는 것은 키워드가 해당 텍스트 안에서 어느 정도의 대표성(representative)을 가진다는 것을 의미한다.

키워드는 키워드를 추출하고자 하는 목표 말뭉치(target corpus)와 참조 말뭉치(reference corpus)의 어휘 목록을 비교하여 목표 말뭉치에서 통계적으로 유의미하게 높은 빈도로 나타나는 어휘 목록들을 가려내는 방식으로 추출한다. 예를 들어 수준별 키워드를 추출하기 위해 목표 말뭉치로 설정한 특정 수준의 말뭉치를 제외한 나머지를 참조 말뭉치로 설정한 후 이들을 비교하게 된다. 즉, 1급의 키워드를 추출할 때에는 1급 자료로 구성된 말뭉치를 목표 말뭉치로 설정하고, 1급을 제외한 2급-6급까지의 말뭉치가 참조 말뭉치로 설정한 후 1급의 말뭉치에서 통계적으로 유의미하게 자주 쓰이는 어휘 목록을 뽑아내는 것이다. 키워드는 여러 가지 방식으로 추출이 가능한데 이 연구에서는 말뭉치 분석 도구인 Antconc3.58의 키워드 분석 기능을 사용하였으며, 분석 텍스트에서 사용된 단어의 키워드성(keywordness)을 분석하기 위해 로그-라이클리후드(log-likelihood) 방식을 사용하여 목표 말뭉치와 참조 말뭉치의 빈도 차이를 통계적으로 검정하였다. 다음은 Antconc3.58에서의 분석 방법에 따라 키워드 추출 방법과 절차를 간략히 나타낸 것이다.

목표 말뭉치와 참조 말뭉치 설정
1급의 키워드를 분석하고자 할 경우, 1급 말뭉치가 목표 말뭉치, 1급을 제외한 2-6급 말뭉치가 참조 말뭉치가 됨

⇩

목표 말뭉치와 참조 말뭉치의 어휘 목록 추출
Antconc에서 키워드 분석의 중간 과정으로 목표 말뭉치와 참조 말뭉치의 어휘 목록을 추출

⇩

목표 말뭉치와 참조 말뭉치의 어휘 목록과 빈도 비교
1급의 어휘 목록과 2-6급의 어휘 목록을 비교

⇩

목표 말뭉치에서 통계적으로 유의미한 목록 추출
1급에서 통계적으로 유의미하게 높은 빈도로 사용된 어휘 목록을 추출

〈그림 6〉 키워드 추출 방법 및 절차

이렇게 추출한 키워드 목록은 단순히 텍스트에서 자주 사용되는 어휘 목록을 보여 주는 것은 넘어서 텍스트의 주제를 포함한 글의 특성을 파악하는 데에 용이하게 활용할 수 있다. 예를 들어, 학습자 말뭉치의 경우 특정 텍스트의 키워드 목록 안에 학습자가 산출한 오류형을 포함하게 되는데, 이를 인위적으로 교정하거나 제거하지 않고 키워드를 분석하면 특정한 오류형이 특정 수준에서 통계적으로 유의미하게 자주 사용될 경우 그것이 키워드로 분석이 되어 나온다. 분석 결과를 통해 특정 수준에서 흔히 사용되는 오류형을 파악할 수 있게 된다.

3.2. 수준별 키워드 분석

조사, 어미, 기호를 제외한 내용어를 중심으로 키워드를 추출하였다. 각 수준별로 나타난 키워드의 빈도와 유형은 아래와 같다.

<표 15> 수준별 키워드의 빈도 수와 유형 수

	1급	2급	3급	4급	5급	6급
전체 어절 수	106,045	109,595	120,734	120,129	106,799	111,251
전체 표본 수	1,560	993	906	912	699	695
빈도 수(token)	73,132	55,781	53,413	69,409	65,455	62,177
유형 수(type)	419	295	328	314	409	693

먼저 1급 106,045어절에서 통계적으로 유의미하게 많이 쓰인 키워드는 73,132개의 419개 유형, 2급 109,595어절에서는 55,781개의 295개로 1급에서 매우 다양한 유형의 키워드가 추출되었다. 3급 120,734어절에서 53,413개의 328개 유형, 4급 120,129어절에서는 69,409개의 314개 유형, 5급 106,799어절에서는 65,455개의 409개 유형, 6급 111,251어절에서는 62,177개의 693개 유형의 키워드가 추출되었다. 수준별 키워드의 빈도 수와 유형 수 분포를 그래프로 나타내면 아래와 같다.

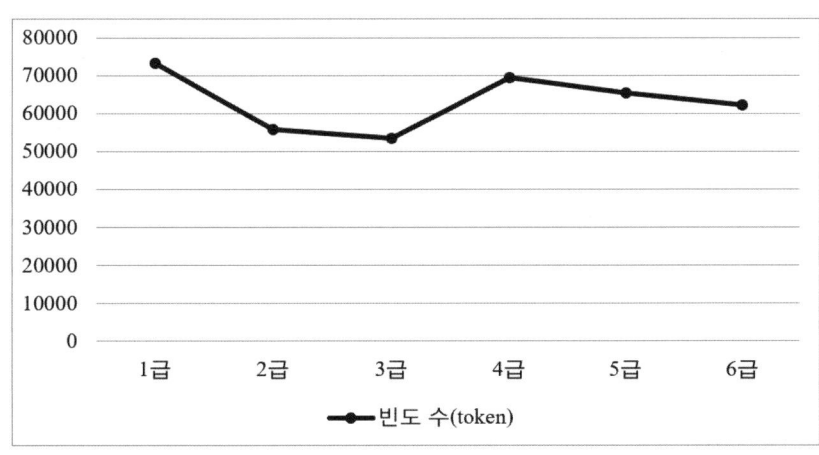

<그림 7> 수준별 키워드의 빈도 수

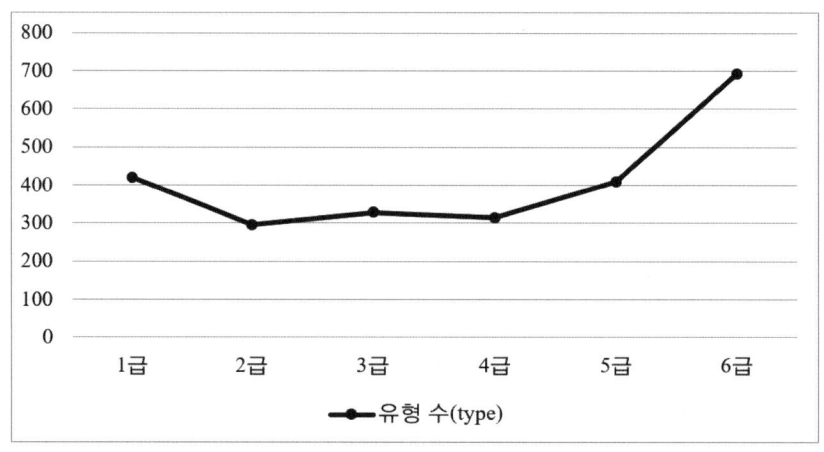

〈그림 8〉 수준별 키워드의 유형 수

위의 그래프에서 보는 바와 같이 키워드의 빈도 수는 1급이 가장 많고 2, 3급에서 줄었다가 4급에서 1급과 비슷한 수준으로 증가한 반면, 유형 수는 6급이 가장 많고 이어서 1급, 5급, 3급, 4급, 2급의 순으로 많음을 확인할 수 있다. 이를 통해 2급, 3급, 4급, 5급에서 동일한 키워드가 반복적으로 자주 사용됨을 알 수 있으며, 수준이 키워드의 빈도 수와 유형 수에 절대적인 영향을 미치지 않음을 알 수 있다.[2]

다음으로 수준별 키워드 목록을 수준별로 살펴보면 아래와 같다. 1급에서는 대명사 '저', 동사 '가다', '먹다', '좋아하다', 명사 '친구', '한국어', '명동', '주말', 부사 '같이'가 상위의 키워드에 포함되었으며, 2급에서는 대명사 '저', 명사 '동네', '고향', '한국', '방학', '여행', '규칙', 동사 '가다'가 상위의 키워드에 포함되었다. 이를 통해 1급에서는 주말, 2급에서는 고향이나 여행, 방학 계획 등에 관한 주제가

---

[2] 본 연구에서는 분석 결과에 대한 사실적 기술을 하는 것을 목표로 하므로 주관적인 해석은 하지 않는 것을 원칙으로 하나 키워드에 대한 이해를 돕기 위해 첨언을 하자면, 분석 결과에서 나타난 키워드의 유형 수와 빈도 수는 수준별 주제의 다양성과 주제별 텍스트의 수 등에 의해 차이를 보인 것이다. 키워드는 목표 텍스트에서 유의미하게 자주 쓰인 어휘 목록으로 말뭉치를 구성하고 있는 자료의 주제가 무엇인가가 중요한 변수가 되기 때문이다.

자주 다루어짐을 짐작해 볼 수 있다. 이와 달리 3급에서는 대명사 '나', '내', 동사 '살다', 명사 '공연', '행복', '연애결혼', '이사', '프로그램', '술', 부사 '혼자'가 상위의 키워드로 나타났고, 4급에서는 명사 '장애인', '애완동물', '스트레스', '직업', '이웃', '인간관계', '사용', '인터넷', 동사 '줄이다'가 상위의 키워드로 나타나 사적인 주제가 중심이 되었던 초급 단계와 달리 중급 단계에서는 주제가 사회적인 주제로 확장되고 있음을 볼 수 있었다. 5급에서는 명사 '외모', '복제', '인간', '외국어', '청소년', '직장', '광고', '인터넷', '생각', '체벌' 등이 상위 키워드로 분석되고, 6급에서는 '여성', '경제', '무역', '고령', '활동', '폭력', '자유', '국가', '사회' 등이 상위 키워드로 분석되어 보다 폭넓고 전문적인 영역의 주제들이 다루어지고 있음을 알 수 있다. 그 외에도 고급 단계에서는 동사파생접미사 '-하다', '-되다', 명사파생접미사 '-화', '-적' 등이 상위 빈도를 차지하여 복합어 사용의 비중이 높아짐을 확인할 수 있다.

〈표 16〉 순위별 키워드(1급, 2급) [QR 코드]

순위	1급				2급			
	빈도	키워드성	효과 (effect)	키워드	빈도	키워드성	효과 (effect)	키워드
1	5,163	7,736.45	0.0437	저/np	481	1,560.93	0.0042	동네/nng
2	1,393	3,544.54	0.0122	시/nnb	751	876.64	0.0065	고향/nng
3	3,231	3,277.04	0.0276	가다/vv	2,224	865.63	0.0188	한국/nnp
4	3,031	2,194.99	0.0258	친구/nng	2,057	679.01	0.0174	가다/vv
5	1,528	1,650.27	0.0133	먹다/vv	2,416	602.76	0.0203	저/np
6	1,807	1,609.28	0.0156	좋아하다/vv	459	541.69	0.004	방학/nng
7	1,505	1,534.31	0.0131	한국어/nnp	598	534.59	0.0052	여행/nng
8	554	1,504.95	0.0049	명동/nnp	198	521.53	0.0017	규칙/nng
9	777	1,408.88	0.0068	주말/nng	1,303	516.16	0.0112	좋아하다/vv

순위	1급				2급			
	빈도	키워드성	효과(effect)	키워드	빈도	키워드성	효과(effect)	키워드
10	1,724	1,394.56	0.0149	같이/mag	192	514.85	0.0017	형/xsn
11	869	1,243.74	0.0076	거/nnb	250	498.46	0.0022	어학원/nng
12	458	1,104.52	0.004	오후/nng	2,063	467.12	0.0174	친구/nng
13	2,341	1,083.18	0.02	한국/nnp	497	460.66	0.0043	수업/nng
14	392	1,014.61	0.0034	겨울/nng	672	428.96	0.0058	음식/nng
15	1,696	906.96	0.0146	싶다/vx	1,993	425.8	0.0168	좋다/va
16	897	832.62	0.0078	재미있다/va	2,131	408.25	0.0179	나/np
17	508	802.92	0.0045	옷/nng	477	376.64	0.0041	남자/nng
18	779	693.11	0.0068	음식/nng	801	365.8	0.0069	너무/mag
19	872	692.4	0.0076	아주/mag	118	350.69	0.001	어기다/vv
20	331	637.15	0.0029	날씨/nng	335	323.31	0.0029	시험/nng
21	701	635.35	0.0061	사다/vv	345	312.89	0.003	동안/nng
22	402	614.31	0.0035	쇼핑/nng	807	279.05	0.007	오다/vv
23	203	612.62	0.0018	일요일/nng	924	272.56	0.008	한국어/nnp
24	487	612.36	0.0043	맛있다/va	653	244.3	0.0057	아주/mag
25	212	584.79	0.0019	토요일/nng	229	243.54	0.002	바다/nng
26	220	578.09	0.0019	불고기/nng	105	243.15	0.0009	키/nng
27	298	566.95	0.0026	여름/nng	102	233.86	0.0009	공항/nng
28	1,196	555.1	0.0104	공부/nng	356	221.44	0.0031	다음/nng
29	412	546.08	0.0036	식당/nng	135	210.25	0.0012	공기/nng
30	1,050	529.52	0.0091	집/nng	606	209.3	0.0052	재미있다/va

<표 17> 순위별 키워드(3급, 4급) [QR 코드]

순위	3급				4급			
	빈도	키워드성	효과 (effect)	키워드	빈도	키워드성	효과 (effect)	키워드
1	1,531	1,146.29	0.012	살다/vv	1,413	4,727.54	0.0112	장애인/nng
2	2,761	1,003.95	0.0212	나/np	316	1,061.19	0.0025	애완동물/nng
3	928	847.91	0.0073	내/np	383	959.95	0.003	줄이다/vv
4	495	821.3	0.0039	혼자/mag	529	692.27	0.0042	스트레스/nng
5	362	815.49	0.0029	공연/nng	566	603.14	0.0045	직업/nng
6	761	665.91	0.006	행복/nng	214	603.09	0.0017	이웃/nng
7	185	639.21	0.0015	연애결혼/nng	200	511.61	0.0016	인간관계/nng
8	290	623.77	0.0023	이사/nng	212	475.54	0.0017	비/xpn
9	336	585.19	0.0027	프로그램/nng	490	473.48	0.0039	사용/nng
10	349	570.69	0.0028	술/nng	609	443.66	0.0048	인터넷/nng
11	428	557.5	0.0034	결혼/nng	150	429.01	0.0012	공동/nng
12	1,136	547.39	0.0089	집/nng	177	414.98	0.0014	세대/nng
13	263	408.74	0.0021	아르바이트/nng	2,528	405.25	0.0193	들/xsn
14	107	369.68	0.0008	중매결혼/nng	220	401.13	0.0017	키우다/vv
15	175	338.89	0.0014	실수/nng	2,680	398.54	0.0205	사람/nng
16	316	331.55	0.0025	방/nng	144	373.54	0.0011	주택/nng
17	85	293.66	0.0007	꽃씨/nng	112	348.31	0.0009	소음/nng
18	849	281.44	0.0067	후/nng	1,191	337.88	0.0093	일/nng
19	358	263.42	0.0028	마시다/vv	163	325.68	0.0013	관리/nng
20	100	248.42	0.0008	예절/nng	124	320.96	0.001	해소/nng
21	66	228.02	0.0005	강북구/nnp	225	319.92	0.0018	참여/nng
22	1,446	226.87	0.0112	때/nng	117	313.46	0.0009	명절/nng

순위	3급				4급			
	빈도	키워드성	효과 (effect)	키워드	빈도	키워드성	효과 (effect)	키워드
23	96	218.17	0.0008	관객/nng	198	303	0.0016	조건/nng
24	120	210.75	0.001	책상/nng	90	300.89	0.0007	층간/nng
25	123	204.54	0.001	주민/nng	117	285.68	0.0009	축제/nng
26	190	198.15	0.0015	지/nnb	295	283.63	0.0023	관심/nng
27	134	177.52	0.0011	습관/nng	115	273.4	0.0009	설날/nng
28	85	173.39	0.0007	무대/nng	722	260.48	0.0057	말/nng
29	83	163.28	0.0007	고맙다/va	134	247.24	0.0011	미신/nng
30	87	157.98	0.0007	방송/nng	672	243.22	0.0053	사회/nng

〈표 18〉 순위별 키워드(5급, 6급) [QR 코드]

순위	5급				6급			
	빈도	키워드성	효과 (effect)	키워드	빈도	키워드성	효과 (effect)	키워드
1	665	2,010.94	0.0059	외모/nng	505	1,071.28	0.0043	화/xsn
2	372	1338.18	0.0033	복제/nng	396	947.19	0.0034	여성/nng
3	397	1070.2	0.0035	인간/nng	7,820	926.85	0.058	하다/xsv
4	246	672.08	0.0022	외국어/nng	386	921.46	0.0033	경제/nng
5	292	661.39	0.0026	청소년/nng	247	783.74	0.0021	무역/nng
6	313	607.81	0.0028	직장/nng	188	594.62	0.0016	고령/nng
7	211	599.81	0.0019	광고/nng	837	586.34	0.007	적/xsn
8	629	595.67	0.0056	인터넷/nng	288	526.6	0.0024	활동/nng
9	1,504	566.76	0.0131	생각/nng	269	517.94	0.0023	폭력/nng
10	158	546.51	0.0014	체벌/nng	260	476.13	0.0022	자유/nng
11	334	519.1	0.003	교육/nng	203	474.14	0.0017	국가/nng

순위	5급				6급			
	빈도	키워드성	효과 (effect)	키워드	빈도	키워드성	효과 (effect)	키워드
12	6,956	507.45	0.0538	하다/xsv	766	471.38	0.0064	사회/nng
13	533	483.92	0.0047	아이/nng	458	448.34	0.0039	되다/xsv
14	129	455.68	0.0011	지상주의/nng	158	442.16	0.0013	출산/nng
15	376	454.41	0.0033	성격/nng	180	435.24	0.0015	수준/nng
16	180	448.42	0.0016	적성/nng	153	433.25	0.0013	율/xsn
17	193	411.15	0.0017	여가/nng	173	421.75	0.0015	범죄/nng
18	164	397.14	0.0015	현대인/nng	124	399.2	0.0011	모방/nng
19	2,355	389.64	0.0201	수/nnb	144	392.01	0.0012	연장/nng
20	128	369.16	0.0011	소비자/nng	124	388.19	0.0011	정년/nng
21	622	366.67	0.0055	중요/nng	548	372.85	0.0046	문제/nng
22	190	349.29	0.0017	가정/nng	115	362.24	0.001	기부/nng
23	699	348.68	0.0062	적/xsn	228	358.72	0.0019	노인/nng
24	267	331.17	0.0024	웃음/nng	108	349	0.0009	인생관/nng
25	123	321.44	0.0011	이혼/nng	119	343.25	0.001	인구/nng
26	503	298.81	0.0044	가족/nng	112	341.7	0.001	이동/nng
27	116	289.77	0.001	조기/nng	241	336.1	0.002	해결/nng
28	110	281.86	0.001	형태/nng	100	333.35	0.0008	별/xsn
29	820	272.16	0.0072	더/mag	92	330.64	0.0008	장유유서/nng
30	84	267.72	0.0007	전업주부/nng	182	305.56	0.0015	정부/nng

3.3. 품사별 키워드 분석

키워드의 빈도 수와 유형 수를 품사별로 살펴보면 아래와 같다.

〈표 19〉 품사별 키워드 빈도 수와 유형 수

품사	빈도	1급	2급	3급	4급	5급	6급	합계
일반 명사	빈도 수	27,841	20,230	18,284	25,402	27,136	25,527	144,420
	유형 수	244	140	196	195	289	495	1,559
고유 명사	빈도 수	7,101	4,869	640	200	81	703	13,594
	유형 수	63	72	40	15	9	52	251
의존 명사	빈도 수	3,444	964	1,569	5,842	5,384	5,717	22,920
	유형 수	8	8	13	13	8	15	65
대명사	빈도 수	6,880	6,177	3,689	1,897	801	685	20,129
	유형 수	8	6	2	4	7	4	31
수사	빈도 수	608	48	7	0	104	41	808
	유형 수	13	2	1	0	2	1	19
동사	빈도 수	11,041	6,709	13,093	12,742	9,480	5,202	58,267
	유형 수	21	16	33	45	39	53	207
형용사	빈도 수	2,617	4,172	3,478	3,073	3,521	846	17,707
	유형 수	19	15	13	10	15	7	79
보조 용언	빈도 수	1,704	1,076	1,248	2,722	1,796	3,054	11,600
	유형 수	2	2	2	6	4	5	21
부정 지정사	빈도 수	0	0	0	385	408	566	1,359
	유형 수	0	0	0	1	1	1	3
긍정 지정사	빈도 수	3,421	0	0	0	0	3,371	6,792
	유형 수	1	0	0	0	0	1	2
관형사	빈도 수	299	60	1,636	505	1,034	1,688	5,222
	유형 수	5	2	3	2	3	10	25
일반 부사	빈도 수	5,034	7,987	5,381	4,094	2,291	1,584	26,371
	유형 수	18	21	18	15	14	19	105

품사	빈도	1급	2급	3급	4급	5급	6급	합계
접속부사	빈도 수	2,679	2,420	1,590	0	48	203	6,940
	유형 수	10	6	3	0	1	3	23
어근	빈도 수	253	203	88	80	259	201	1,084
	유형 수	5	3	2	2	6	6	24
체언 접두사	빈도 수	0	0	0	243	23	182	448
	유형 수	0	0	0	2	1	4	7
명사 파생 접미사	빈도 수	210	866	0	2,663	3,139	4,235	11,113
	유형 수	2	2	0	2	6	14	26
동사 파생 접미사	빈도 수	0	0	0	6,826	7,220	8,372	22,418
	유형 수	0	0	0	1	2	3	6
형용사 파생 접미사	빈도 수	0	0	2,710	2,735	2,730	0	8,175
	유형 수	0	0	2	1	2	0	5

품사별 키워드는 일반명사가 144,420개의 1,559개 유형으로 압도적으로 많았으며, 그다음으로 고유명사가 13,594개의 251개 유형, 동사가 58,267개의 207개 유형, 일반부사가 26,371개의 105개 유형으로 많았다. 품사별 키워드의 유형 수 분포를 그래프로 나타내면 아래와 같다.

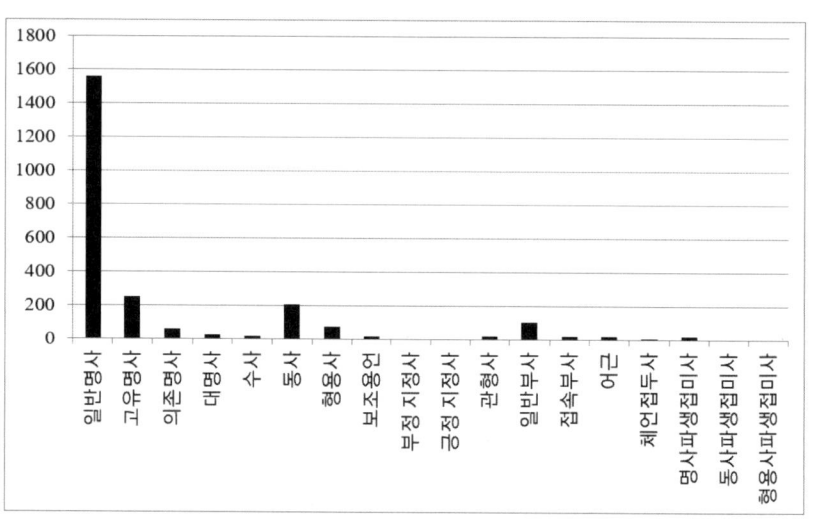

〈그림 9〉 품사별 키워드의 유형 수

키워드의 비중이 압도적으로 높은 일반명사의 경우는 6급에서 가장 다양한 유형의 키워드가 사용되었으며, '가치관', '개발', '건설', '경로사상', '경제', '고령', '국제', '남녀평등', '군사', '노인', '무역', '복지', '사회', '수출', '의료', '정치' 등과 같이 정치, 경제, 사회 영역과 관련된 어휘가 다양하게 등장하였다. 반면, 1급에서는 '일요일', '일월', '오전', '김치찌개', '여름', '지하철', '학교', '식당' 등 요일이나 월, 때, 계절을 나타내는 명사, 음식 이름이나 일상적인 생활 영역을 나타내는 명사의 비중이 높았다. 한편, 중급 단계인 3급과 4급에서는 '술', '결혼', '신랑', '신부', '뮤지컬', '대중문화', '아르바이트', '월급', '가계부', '집들이', '선물', '이웃', '애완동물', '인터넷' 등의 어휘가 키워드로 사용되었다. 키워드 목록을 품사별, 수준별로 구분하여 나타내면 아래와 같다[3].

---

[3] 제시한 키워드 목록에는 학습자가 산출한 오류형이 포함되어 있다. 예를 들어 일반명사 중 3급에서 많이 사용된 키워드 중에는 '관객'의 오류형 '괜객', '기숙사'의 오류형 '기속사' 등이 포함되어 있다. 이처럼 특정한 형태의 오류형이 특정 등급에서 변별적으로 나타나는 현상을 통해 학습자들의 언어 발달 특성을 포착해

<표 20> 품사별 키워드 목록

품사	수준	키워드
일반 명사	1급	일요일, 월요일, 화요일, 일월, 이월, 삼월, 오월, 수요일, 유월, 팔월, 구월, 십일월, 목요일, 금요일, 토요일, 가게, 가름, 가방, 가을, 갈비, 갈비탕, 거실, 겨름, 겨울, 경치, 계울, 계절, 계획, 고행, 고향, 고형, 공부, 공원, 공항, 과일, 관광, 교실, 교통, 구경, 구경거리, 구두, 구향, 궁부, 극장, 근저, 근처, 기념품, 기숙사, 기온, 기타, 김밥, 김치, 김치찌개, 깁, 꽃, 꽃구경, 낙엽, 날씨, 남동생, 남향, 내년, 냉면, 노래, 노래방, 노트북, 누나, 눈, 눈사람, 눈싸움, 다음, 단풍, 닭고기, 도서과, 도서관, 도서권, 된장찌개, 드라마, 등산, 딸기, 떡볶이, 라면, 마중, 만두, 맞은편, 매일, 맥주, 메일, 모자, 목걸이, 목욕, 바나나, 바다, 바닷가, 바지, 반, 밥, 방, 방학, 백화장, 백화전, 백화점, 버스, 별장, 보고서, 볼고기, 봄, 부엌, 북문, 불고기, 비곤, 비빔밥, 비항기, 비행기, 빌라, 빙수, 빨래, 빵, 빵집, 사계절, 사과, 사진, 산, 산책, 삼계탕, 생선, 생일, 샤브샤브, 샤워, 서점, 선글라스, 선물, 세수, 셔워, 소풍, 쇼필, 쇼핑, 수료식, 수박, 수영, 수영장, 숙제, 순두부찌개, 스키, 스키장, 시내, 시당, 시장, 식당, 식사, 신발, 아버지, 아이스크림, 아침, 아파트, 안녕, 앨범, 야시장, 어머니, 어화관, 언니, 여동생, 여름, 여행, 영행, 영화, 영화과, 영화관, 영화권, 오늘, 오빠, 오전, 오호, 오후, 올해, 옷, 요리, 우유, 우체구, 우체국, 우후, 운동, 운동장, 운동화, 은행, 음시, 음식, 음악, 이름, 이번, 일과, 자기소개, 자전거, 잠, 장소, 저녁, 점심, 정류장, 주, 주말, 주부, 주스, 준비, 지갑, 지난주, 지하철, 진구, 집, 찜닭, 책, 청소, 초대, 축하, 춤, 치마, 칙구, 친구, 친국, 친절, 칩, 카디건, 커피, 커피숍, 컴퓨터, 케이크, 코스, 크리스마스, 태권도, 택시, 텍시, 텔레비전, 토끼, 파티, 표, 피곤, 하숙집, 학교, 학교생활, 한식, 한식당, 한식집, 향수, 화장품, 회사원, 후
	2급	가이드, 값, 걱정, 경치, 고등학교, 고향, 곳, 공기, 공부, 공원, 공항, 과일, 과일값, 교통, 구경, 규칙, 근처, 급, 기말, 기말고사, 기말시험, 기분, 기차, 길, 까만색, 나무, 남부, 남자, 노래, 노래방, 노선, 농구, 다음, 당구, 대중교통, 덕분, 데, 도시, 도착, 동, 동네, 동안, 동에, 드라마, 듣기, 등산, 마트, 말하기, 머리, 모델, 문법, 물건값, 바다, 반, 받아쓰기, 방학, 배, 배달, 배드민턴, 백화점, 버스, 불편, 비행기, 사무실, 산, 산책, 선생, 소개, 쇼핑, 수업, 수영, 수영장, 숙제, 슈퍼마켓, 시간, 시험, 식당, 식사, 쓰기, 아침, 안경, 애니메이션, 약국, 약속, 어학원, 여기저기, 여행, 여행지, 영화배우, 예매, 예약, 오토바이, 요리, 운동, 유면, 유명, 음식, 음악, 이번, 이상, 이야기, 일출, 읽기, 전, 전화, 주말, 주중, 중간고사, 중간시험, 중국요리,

볼 수 있다.

품사	수준	키워드
		지각, 지금, 지하철, 지하철역, 차, 친구, 친절, 친철, 퀴즈, 키, 택시, 통학, 통화, 특기, 파마, 편의, 편의점, 평일, 표, 하얀색, 학교, 학기, 한국말, 할인, 해물, 해산물, 해외여행, 호텔, 후, 휴대
	3급	술, 감동, 거주, 걱정, 검색대, 결혼, 결혼식, 경험, 계리사, 계획, 고시원, 공연, 공연장, 공주, 관객, 괜객, 국경절, 그날, 그동안, 그때, 근처, 급, 기간, 기념일, 기분, 기속사, 기숙사, 기억, 꽃, 꽃씨, 꿈, 꿈풀이, 낙천, 난쟁이, 남편, 내장고, 냉장고, 농구화, 높임말, 단점, 대사, 대출대, 대학교, 도서, 도트, 디자이너, 때, 룸메이트, 마녀, 마비, 마음, 마자, 마트, 만약, 멤버, 무대, 무대극, 무료, 문법, 물건, 뮤지컬, 미담, 박수, 반역기, 반지, 발음, 밤, 방, 방값, 방송, 배우, 보고서, 보수, 보증금, 복지과, 봉선화, 부동산, 부엌, 분꽃, 불편, 불행, 빚, 사랑, 사화자, 사회자, 생활관, 선물, 세탁기, 소리, 손님, 쇼, 수자, 숫자, 습관, 시계, 시급, 식용유, 식초, 신분증, 신청, 실수, 십자수, 아르바이트, 아를바이트, 악기, 안, 알콜, 앞, 애인, 여자, 연기, 연애, 연애결혼, 연예, 연출, 옆, 예의, 예절, 오락, 옷장, 외할아버지, 요금, 용돈, 울쿨렐레, 웃어른, 원룸, 월세, 위, 유리병, 은손으로, 음주, 응원, 의자, 이사, 이삿짐, 인사, 인형, 일기장, 입학, 잔, 잠, 장면, 장소, 장점, 전기, 전등, 전화, 제일, 주민, 주방, 주의, 주인, 주인공, 중개사, 중매, 중매결혼, 지금, 지주, 진로, 짐, 집, 집들이, 집주인, 채송화, 책상, 청구, 청년절, 추억, 추천, 층, 친구, 친대, 침대, 콘서트, 타임머신, 탈춤, 텔레비전, 패키지, 팬, 포함, 풍선, 프로그램, 필통, 학기, 한드폰, 행복, 행사, 혼자, 화면, 화분, 화장실, 확인, 효대폰, 후, 휴대폰, 흥
	4급	일, 가계부, 갈등, 건강, 검색, 결제, 경마, 계발, 고급문화, 고민, 공동, 관계, 관람, 관리, 관리법, 관심, 궁합, 그때, 극복, 기상, 기성세대, 낭비, 냄새, 노력, 노후, 눈물, 뉴스, 다양, 단오, 단오절, 단점, 담임, 대중문화, 대중음악, 대화, 덕담, 돈, 돈까스, 동물, 등롱, 때, 뛰, 마음, 말, 망토, 명절, 모래, 몸싸움, 문, 문제, 미신, 민속, 민신, 박스, 발생, 발전, 방법, 방시, 방해, 배려심, 보호, 봉투, 분리, 불꽃, 불면증, 사람, 사용, 사이, 사회, 사회생활, 산더미, 삶, 상담, 새해, 생각, 생태, 생활, 선택, 설, 설날, 세대, 세배, 세뱃돈, 세상, 소비, 소음, 스트레스, 시간, 신랑, 신부, 신세대, 실생활, 쓰레기, 아빠, 아파트, 악용, 애완동물, 애원동물, 어려움, 어른, 어휘력, 엄마, 엄마님, 여유, 영양사, 영화제, 옆집, 예, 오염, 온난, 왕자, 용주, 원소절, 월금, 월급, 월병, 위험, 유익, 유채꽃, 유치원, 유행, 음력, 의욕, 이번, 이용, 이웃, 이유, 이제, 이해, 인간관계, 인터넷, 인테넷, 일회용품, 자신, 자연재해, 장단점, 장애, 장애우, 장애인, 장에인, 재해, 전당, 전용, 절약, 절제, 접수, 정도, 정보, 조각, 조건, 주식, 주택, 중요, 중추절, 지구, 지진, 직업, 진심, 질병, 쫑쯔, 차례, 차이, 참여, 채팅, 첼로, 최근, 최대, 추석, 축제, 춘절, 층간, 치료, 친지, 탓, 통역자, 투명, 투자, 폐수, 폭죽, 풍습, 필요, 하루, 할머니, 해소, 해소법, 해수욕장, 행복, 현금, 형제, 호감,

품사	수준	키워드
		홍수, 환경, 활용, 효율, 휴식
	5급	일, 인, 가구, 가장, 가정, 가족, 감시, 강체, 개인, 건축, 건축물, 결과, 결론, 결정, 경우, 경쟁, 경향, 고려, 고통, 공간, 공교육, 과외, 과장, 과제, 과학, 과학자, 관성, 광고, 교육, 교육열, 구별, 구사, 국그릇, 국제결혼, 권리, 근무, 급여, 긍정, 기공, 기관, 기능, 기러기, 기술, 기인, 난방법, 난치병, 남, 논란, 농도, 느낌, 능력, 다람쥐, 다문화, 다양, 답사, 대안, 대중, 대중문화, 대화, 도움, 돌, 돌석, 동거, 동료, 동성, 동성애, 동성애자, 마음, 말, 매체, 면, 면접, 모국어, 모멘트, 모습, 문명, 문제, 문제점, 문화, 물체, 미소, 미혼모, 반대, 반환, 발달, 발명, 발명품, 발전, 방식, 배우자, 배치, 법칙, 변화, 보람, 보수, 보존, 보편, 복제, 부모, 부부, 부부간, 부분, 부작용, 부정, 분석, 분위기, 불치병, 비중, 비행, 사교육, 사람, 사생활, 사용, 사합원, 사회, 산수, 살림, 상대방, 상사, 상처, 상품, 상황, 생각, 생활, 선택, 설치, 성격, 성공, 성형, 세상, 세포, 센서, 소비자, 소신, 속, 손님, 수면, 수술, 순기능, 스마트폰, 습득, 시기, 식물, 식습관, 신경, 신중, 실험, 심리, 십상, 아이, 애정, 야근, 억양, 언어, 얼굴, 여가, 역기능, 역할, 열풍, 엽집, 영향, 예, 예방, 예전, 옛날, 온돌, 왕따, 외국어, 외모, 외무, 외적, 요소, 요즘, 운동량, 운명, 웃음, 원림, 원인, 월급, 위주, 유사, 의견, 의모, 의사소통, 이때, 이모티콘, 이용, 이유, 이점, 이혼, 인간, 인도, 인류, 인상, 인생, 인정, 인터넷, 일상, 일상생활, 입시, 입양, 입자, 자녀, 자신, 자연, 작용, 적성, 전업주부, 전통, 점, 정보, 정신, 정원, 정형, 정확, 제조사, 조건, 조경, 조기, 존중, 주거, 주장, 중시, 중요, 중정, 증가, 지붕, 지상주의, 지상주의자, 지식, 직업, 직업관, 직장, 직장인, 진정, 질, 질량, 집안일, 찬성, 창조, 책임, 처음, 첫인상, 청소년, 체벌, 체벌, 쳇바퀴, 축선, 충격량, 측면, 측정, 치열, 카메라, 카트, 칸, 타인, 태도, 통계청, 트랙, 특징, 편부모, 평가, 폭력, 피로, 학력, 학벌, 학벌주의, 학원, 한, 한마디, 한옥, 합법, 해체, 핵가족, 행위, 현대, 현대인, 현상, 현실, 현태, 형태, 혜택, 화제, 확대, 회사, 회식, 회전, 효과, 힘
	6급	수, 인, 기사, 가난, 가능, 가량, 가사, 가운데, 가치, 가치관, 각국, 간난, 감소, 감수, 강력, 강화, 개고기, 개발, 개방, 개선, 거래, 거짓말, 건립, 건설, 게시, 격차, 결과, 결승전, 경기, 경로사상, 경우, 경재, 경쟁, 경쟁력, 경제, 경찰, 계속, 고령, 고령자, 고발, 고생, 고속, 고아원, 고정, 고정관념, 고통, 공경, 공사, 공장, 공평, 공학, 공헌, 과목, 과정, 과학, 관년, 관념, 관련, 관세, 교육, 교육부, 교잡, 교훈, 국가, 국내, 국민, 국제, 군사, 군인, 권사, 규제, 극복, 근본, 글, 금연, 급속, 급증, 기계, 기능, 기대, 기록, 기부, 기술, 기업, 기여, 기자, 기존, 기피, 꿈, 끝, 나라, 나이, 낙후, 날차, 남, 남녀, 남녀평등, 남북통일, 남성, 납골, 노동, 노동력, 노동자, 노력, 노령, 노인, 논란, 논문, 농민, 님비, 당시, 대기, 대책, 대표, 대학, 대회, 덕목, 도상국, 도시, 도움, 도전, 독자, 동기, 동시, 동일, 동참, 둔화, 디지털, 로

품사	수준	키워드
		봇, 마련, 마을, 만무, 만점, 만점자, 말, 망고, 맞벌이, 머신, 메이크업, 명예, 모방, 모범, 모순, 모습, 목표, 무역, 문제, 물질, 미래, 박사, 반대, 반려동물, 반면, 발견, 발전, 발표, 방식, 방안, 배출, 번죄, 범인, 범죄, 법, 법죄, 벼, 병행, 보도, 보장, 보호, 복지, 본질, 봉사, 부담, 부상, 부자유친, 부작용, 부족, 분노, 분단, 분야, 불만, 불문, 브랜드, 비용, 빈곤, 사건, 사상, 사업, 사용자, 사회, 사회봉사, 삭제, 산업, 살인, 삼촌, 상승, 상태, 상품, 상황, 생각, 생리대, 생명, 생명체, 생산, 선배, 선수, 선의, 선진국, 설립, 설문, 설정, 성, 성공, 성과, 성장, 성적, 세계, 세금, 소외감, 속도, 수능, 수도, 수명, 수입, 수입품, 수준, 수질, 수출, 수학, 순간, 숭배, 슈퍼, 스노우, 스포츠, 시대, 시련, 시민, 시설, 시스템, 시위, 시작, 시행, 식량, 신고, 신문, 신약, 실시, 실업, 실패, 실행, 심의, 심의위, 심화, 아버지, 아이, 아이디어, 악조건, 안전, 안정감, 알약, 암, 압도, 앵무새, 양노원, 양도, 양로원, 양말, 양보, 양성관, 어학당, 에너지, 여성, 여성상, 역할, 연구, 연구소, 연금, 연령, 연애인, 연예인, 연장, 영향, 영향력, 영화, 예, 예상, 예술, 예정, 예측, 오염, 외계인, 외국, 용서, 우려, 우수, 우주선, 운동선수, 원자력, 위기, 위화감, 유교, 유발, 유입, 유지, 육아, 윤리, 은퇴, 의견, 의료, 의료비, 의무, 의식, 이기주의, 이동, 이미지, 이어폰, 이익, 인공, 인구, 인구수, 인권, 인력, 인생, 인생관, 인성, 인식, 인용, 인원, 인정, 일보, 일자리, 임금, 입금, 입대, 자가, 자기만족, 자료, 자리, 자식, 자신, 자유, 잘못, 장기, 장려, 장벽, 장유유서, 재능, 재생, 재정, 재정난, 저작, 저하, 적극, 전국, 전쟁, 전체, 전환점, 점진, 정년, 정보, 정부, 정서, 정책, 정치, 정확, 제공, 제도, 제품, 조사, 조성, 존경, 존재, 존중, 좌우명, 좌절, 주요, 주장, 중, 중소기업, 중시, 증가, 지구, 지능, 지속, 지수, 지역, 지위, 지지, 지출, 진실, 진출, 진학, 진행, 질, 집사, 집안, 집안일, 집중, 집중력, 차별, 차원, 차지, 찬반, 참고, 참여, 창립, 창출, 철폐, 체결, 초래, 최저, 최조, 최초, 추구, 추세, 추진, 출산, 출생, 출시, 충, 취업, 측면, 침략, 침해, 칭찬, 커피콩, 타격, 타자, 태도, 통계, 통일, 퇴직, 투입, 특정, 파괴, 파크, 판단, 판매, 평균, 평등, 포기, 폭력, 표절, 표현, 푹력, 프린터, 피크, 피해, 필연, 하늘, 학당, 학생, 학습, 학업, 학자, 한국인, 할아버지, 합계, 항의, 해결, 해당, 해양, 해저, 행동, 행위, 향상, 혁명, 현대, 현모양처, 현상, 현재, 혐오, 협정, 협회, 형상, 형성, 홍보, 화성, 화장대, 화장장, 확충, 환경, 환자, 활동, 활력, 효, 효과, 효녀, 효도, 효자, 후원, 후자, 훈련, 희망, 힘
동사	1급	가다, 걸리다, 끝나다, 내리다, 마시다, 만나다, 먹다, 배우다, 사다, 쉬다, 오다, 일어나다, 읽다, 자다, 좋아다, 좋아하다, 지나다, 찍다, 좋아하다, 타다, 피다
	2급	가다, 가르치다, 갈아타다, 걸리다, 기다리다, 끝나다, 놀다, 다니다, 만나다, 먹다, 사귀다, 어기다, 오다, 잘생기다, 좋아하다, 타다

품사	수준	키워드
	3급	갚다, 고르다, 고치다, 구하다, 굽히다, 남다, 내다, 놓이다, 눕다, 달리다, 도와주다, 두근거리다, 드리다, 듣다, 떨다, 마시다, 모르다, 바라다, 배우다, 보다, 빌리다, 사귀다, 사다, 살다, 신나다, 아끼다, 오다, 웃다, 있다, 자다, 찾다, 취하다, 하다
	4급	갖다, 나가다, 나다, 나빠지다, 나서다, 넓히다, 녹다, 느끼다, 달리다, 닮다, 더러워지다, 더우다, 도와주다, 되다, 뒤떨어지다, 들다, 말다, 맺다, 모으다, 모이다, 믿다, 받다, 버리다, 뵈다, 빠뜨리다, 새우다, 생기다, 세우다, 쌓이다, 쓰다, 얻다, 없어지다, 열다, 위하다, 이루어지다, 있다, 주다, 죽다, 줄이다, 즐기다, 커우다, 키우다, 터뜨리다, 풀다, 하다
	5급	가꾸다, 가지다, 끼치다, 나오다, 나타나다, 느끼다, 닫히다, 당하다, 대하다, 되다, 들다, 따르다, 때우다, 많아지다, 맞다, 못생기다, 미치다, 바꾸다, 반하다, 받다, 변하다, 보내다, 보이다, 빠지다, 살펴보다, 생기다, 시달리다, 시키다, 알다, 얻다, 웃다, 위하다, 의하다, 있다, 잘생기다, 접하다, 주다, 지내다, 통하다
	6급	가지다, 겪다, 깨다, 끌다, 끼치다, 나누다, 나타나다, 높아지다, 늘다, 늘어나다, 당하다, 대하다, 돌보다, 되다, 따르다, 떨어지다, 말미암다, 맡다, 미치다, 받다, 밝혀지다, 밝히다, 벌어지다, 벗어나다, 베끼다, 변하다, 보이다, 뽑다, 살아오다, 생기다, 숨기다, 시키다, 알리다, 얻다, 없애다, 없애지다, 올리다, 위하다, 이루다, 일어서다, 일으키다, 잃다, 잡다, 저지르다, 접어들다, 줄어들다, 찾아오다, 커지다, 태어나다, 통하다, 펼치다, 피하다, 향하다
형용사	1급	덥다, 마시다, 마싯다, 맑다, 맛있다, 맛있다, 맵다, 비사다, 비싸다, 싸다, 어렵다, 여쁘다, 예쁘다, 재미이다, 재미있다, 제미있다, 좋다, 추다, 춥다
	2급	가깝다, 맛있다, 맵다, 멋있다, 변하다, 비싸다, 상관없다, 싫다, 싸다, 아름답다, 예쁘다, 재미있다, 좋다, 친하다, 편하다
	3급	같다, 고맙다, 나쁘다, 낫다, 늦다, 멀다, 시끄럽다, 아프다, 어렵다, 외롭다, 이렇다, 좋다, 힘들다
	4급	그렇다, 나쁘다, 다름없다, 많다, 무섭다, 쉽다, 슬프다, 없다, 이렇다, 틀림없다
	5급	같다, 곱다, 그렇다, 나쁘다, 다르다, 많다, 새롭다, 쉽다, 심하다, 아름답다, 알차다, 어리다, 없다, 올바르다, 지나치다
	6급	강하다, 낮다, 새롭다, 심하다, 어리다, 젊다, 크다
일반 부사	1급	같이, 깊이, 내일, 너무, 마니, 매일, 보통, 빵, 아주, 어제, 영심히, 오늘, 자주, 정말, 조금, 지금, 같이, 한번

품사	수준	키워드
	2급	같이, 너무, 많이, 매일, 모두, 못, 별로, 아주, 안, 열심이, 열심히, 자주, 잘, 정말, 제일, 조금, 좀, 지금, 진짜, 참, 하도
	3급	같이, 꼭, 너무, 다, 더구나, 마음대로, 매일, 못, 벌써, 아무리, 언제나, 열심히, 오래, 일찍, 정말, 제일, 지금, 혼자
	4급	가장, 계속, 그냥, 나날이, 다, 더, 또는, 많이, 보다, 서로, 얼마나, 왜냐하면, 잘, 점점, 훌훌
	5급	거의, 게다가, 대부분, 더, 또한, 먼저, 물론, 바로, 잘, 잘못, 점점, 제대로, 주로, 훨씬
	6급	결국, 끊임없이, 너무나, 당연히, 더, 드디어, 또한, 무조건, 바로, 심지어, 없이, 오히려, 이미, 점점, 점차, 즉, 차라리, 최대한, 현재
접속부사	1급	고래서, 고리고, 그래고, 그래서, 그러면, 그러서, 그렇지만, 그레서, 그리고, 그리서
	2급	그래서, 그러지만, 그런데, 그렇데, 그렇지만, 그리고
	3급	그래서, 그런데, 하지만
	5급	그러므로
	6급	그러나, 그러므로, 따라서
관형사	1급	네, 세, 스물네, 열두, 열한
	2급	네, 타른
	3급	그, 두, 이
	4급	어떤, 여러
	5급	다른, 어떤, 이런
	6급	각, 다른, 몇, 모든, 어떤, 이, 이런, 전, 총, 현
어근	1급	깨끗, 따뜻, 선선, 시원, 쌀쌀
	2급	복잡, 심심, 활발
	3급	심심, 익속
	4급	꾸준, 활발
	5급	불고, 불구, 비롯, 소중, 이러, 진정
	6급	바람직, 뿌듯, 시급, 심각, 이러, 평범
체언	4급	무, 비

품사	수준	키워드
접두사	5급	고
	6급	대, 불, 저, 처
명사 파생 접미사	1급	니, 쯤
	2급	님, 형
	4급	들, 째
	5급	들, 률, 상, 성, 적, 째
	6급	화, 계, 권, 들, 률, 별, 산, 성, 시, 여, 율, 적, 제, 층
동사 파생 접미사	4급	하다
	5급	되다, 하다
	6급	되다, 시키다, 하다
형용사 파생 접미사	3급	되다, 하다
	4급	하다
	5급	스럽다, 하다

4. 어휘 범주별 사용 양상

4.1. 체언

4.1.1. 일반명사

1) 일반명사의 빈도

일반명사의 사용 빈도는 1,000어절당 433.9개로 확인되어, 다른 품사들과 비교했을 때 가장 높은 빈도로 사용되고 있는 것으로 나타났다. 이들의 각 수준에서의 사용 빈도는 아래의 표와 같다.[4]

〈표 21〉 일반명사의 사용 빈도

		1급	2급	3급	4급	5급	6급
전체 어절 수		106,045	109,595	120,734	120,129	106,799	111,251
전체 표본 수		1,560	993	906	912	699	695
일반 명사	빈도	40,959	41,754	47,972	54,223	52,008	55,783
	1,000어절당 빈도	386.2	381.0	397.3	451.4	487.0	501.4

---

[4] 이 장에서는 일반명사를 비롯해 모든 어휘 범주별 사용 양상을 기술하면서 제시하는 표에 '빈도'와 '1,000어절당 빈도'를 함께 제시하였다. 이는 수준별로 학습자 말뭉치의 양이 다르기 때문으로 '빈도'로 표현한 실제 출현 빈도(token)를 1,000어절을 기준으로 출현하는 빈도(token)로 변환하여 상대적으로 비교할 수 있도록 하기 위한 것이다.

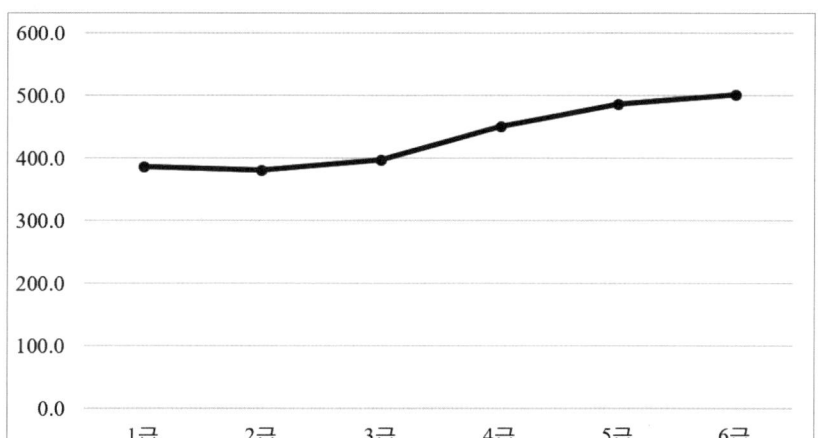

〈그림 10〉 일반명사의 수준별 1,000어절당 빈도

수준에 따른 일반명사 사용을 봤을 때, 수준이 올라감에 따라 일반명사의 사용이 증가하는 경향을 보였다.

다음은 일반명사 사용 분포를 나타낸 것으로 674,553어절 중 사용된 일반명사의 유형(type)은 13,646개에 이른다.[5] 이를 좀 더 상세히 표로 보이면 아래와 같다.[6] 아래 표에서 사용 비율은 일반명사 중에 사용된 비율이다.

〈표 22〉 순위별 일반명사의 빈도 및 누적 사용 비율 [QR 코드]

순위	일반명사	빈도	1,000어절당 빈도	사용 비율	누적 사용비율
1	사람	10,511	15.6	3.6	3.6
2	친구	8,087	12.0	2.8	6.4

---

[5] 이들 유형(type)의 수에는 철자 오류나 발음 오류 등에 의한 형태적인 오류형이 포함되어 있다.
[6] 이에서는 상위 30위까지만 제시한다. 사용된 전체 일반명사의 빈도는 QR 코드를 통해 확인하기 바란다.

순위	일반명사	빈도	1,000어절당 빈도	사용 비율	누적 사용비율
3	때	5,592	8.3	1.9	8.3
4	생각	5,198	7.7	1.8	10.0
5	일	4,030	6.0	1.4	11.4
6	공부	3,816	5.7	1.3	12.7
7	집	3,249	4.8	1.1	13.8
8	후	2,741	4.1	0.9	14.8
9	생활	2,628	3.9	0.9	15.7
10	시간	2,350	3.5	0.8	16.5
11	말	2,279	3.4	0.8	17.2
12	사회	2,119	3.1	0.7	18.0
13	학교	1,884	2.8	0.6	18.6
14	음식	1,877	2.8	0.6	19.3
15	중요	1,825	2.7	0.6	19.9
16	행복	1,692	2.5	0.6	20.5
17	부모	1,646	2.4	0.6	21.0
18	학생	1,606	2.4	0.5	21.6
19	고향	1,550	2.3	0.5	22.1
20	인터넷	1,479	2.2	0.5	22.6
21	가족	1,471	2.2	0.5	23.1
22	돈	1,462	2.2	0.5	23.6
23	문제	1,452	2.2	0.5	24.1
24	장애인	1,429	2.1	0.5	24.6
25	여행	1,427	2.1	0.5	25.1
26	처음	1,403	2.1	0.5	25.6
27	이야기	1,294	1.9	0.4	26.0
28	아이	1,281	1.9	0.4	26.4

순위	일반명사	빈도	1,000어절당 빈도	사용 비율	누적 사용비율
29	마음	1,279	1.9	0.4	26.9
30	영화	1,272	1.9	0.4	27.3

<표 22>에서 상위 30위까지의 일반명사 누적 비율은 전체의 27.3%에 달해 특정 일반명사의 사용 비중이 높음을 알 수 있다.

2) 수준에 따른 일반명사 사용의 차이

일반명사 사용 양상을 수준별로 살펴보면, 사용된 일반명사의 빈도와 유형은 아래와 같다.

⟨표 23⟩ 일반명사의 빈도 수 및 유형 수

		1급	2급	3급	4급	5급	6급
전체 어절 수		106,045	109,595	120,734	120,129	106,799	111,251
전체 표본 수		1,560	993	906	912	699	695
일반 명사	빈도 수 (token)	40,959	41,754	47,972	54,223	52,008	55,783
	유형 수 (type)	2,925	3,173	3,970	4,496	4,794	5,570
	사용률	38.62	38.10	39.73	45.14	48.70	50.14

먼저 1급 106,045어절 중 사용된 일반명사는 40,959개의 2,925개 유형, 2급 109,595어절 41,754개의 3,173개 유형의 일반명사가 사용되고 있어, 1급에 비하면 2급에서는 사용된 일반명사의 유형 수가 많아짐을 알 수 있다. 3급 120,734어절에서 47,972개의 3,970개 유형의 일반명사가 사용되었으며, 4급 120,129어절 54,223개의 4,496개 유형의 일반명사, 5급 106,799어절에서는 52,008개의 4,794개 유형의 일반

명사가, 6급 111,251어절에서는 55,783개의 5,570개 유형의 일반명사가 사용되었다. 이를 볼 때 일반명사의 유형 수는 수준이 높을수록 더 많아짐을 확인할 수 있다.

다음으로 각 수준별로 상위 빈도의 일반명사 사용률을 비교해 보면, 1급에서는 상위 10위까지의 일반명사가 전체 일반명사 사용의 23.9%였으며, 2급에서는 21.2%, 3급에서는 22.3%, 4급에서는 20.6%, 5급에서는 18.0%, 6급에서는 13.2%로, 수준이 올라감에 따라서 상위 빈도 일반명사의 사용 비율이 줄어드는 것을 알 수 있다. 전체 일반명사 사용 중 상위 30위까지의 사용 일반명사의 누적 사용률을 그래프로 보이면 아래와 같다.[7]

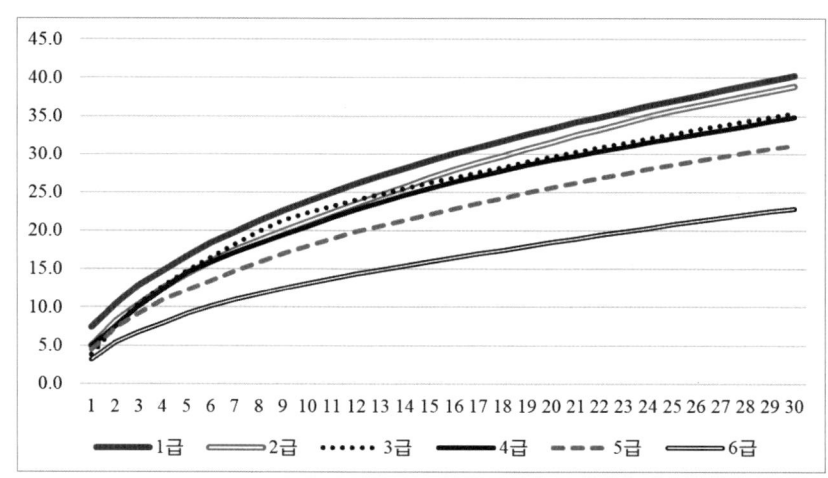

〈그림 11〉 수준별 상위 빈도 일반명사의 누적 사용률

위의 그래프에서 보는 바와 같이 상위 빈도 일반명사의 누적 사용률을 보면 전반적으로 수준이 높을수록 누적 사용률이 낮은 것을 볼 수 있다. 이는 다시 말하면 초급에서는 전체 일반명사 사용에서 상위 빈도 일반명사를 더 많이 사용하고 이러

---

[7] x축은 상위 빈도 순위, y축은 누적 일반명사 사용률이다.

한 경향은 중급, 고급으로 가면서 차차 줄어들면서 다양한 일반명사를 사용한다는 것을 의미한다. 각 수준별 상위 30위까지의 일반명사의 사용을 구체적으로 살펴보면 다음과 같다.

〈표 24〉 순위별 상위 빈도의 일반명사(1급, 2급) [QR 코드]

순위	1급	빈도	1,000 어절당 빈도	사용 비율	누적 비율	2급	빈도	1,000 어절당 빈도	사용 비율	누적 비율
1	친구	3,031	28.58	7.40	7.40	친구	2,063	18.82	4.94	4.94
2	공부	1,196	11.28	2.92	10.32	사람	1,328	12.12	3.18	8.12
3	집	1,050	9.90	2.56	12.88	때	948	8.65	2.27	10.39
4	음식	779	7.35	1.90	14.79	공부	912	8.32	2.18	12.58
5	주말	777	7.33	1.90	16.68	고향	751	6.85	1.80	14.37
6	사람	704	6.64	1.72	18.40	음식	672	6.13	1.61	15.98
7	학교	585	5.52	1.43	19.83	여행	598	5.46	1.43	17.42
8	후	574	5.41	1.40	21.23	시간	547	4.99	1.31	18.73
9	고향	571	5.38	1.39	22.63	후	535	4.88	1.28	20.01
10	옷	508	4.79	1.24	23.87	수업	497	4.53	1.19	21.20
11	영화	483	4.55	1.18	25.04	동네	481	4.39	1.15	22.35
12	오후	458	4.32	1.12	26.16	학교	477	4.35	1.14	23.49
13	식당	412	3.89	1.01	27.17	남자	477	4.35	1.14	24.63
14	방학	410	3.87	1.00	28.17	집	467	4.26	1.12	25.75
15	쇼핑	402	3.79	0.98	29.15	방학	459	4.19	1.10	26.85
16	겨울	392	3.70	0.96	30.11	생활	452	4.12	1.08	27.94
17	요리	347	3.27	0.85	30.96	전	392	3.58	0.94	28.87
18	밥	342	3.23	0.83	31.79	기분	390	3.56	0.93	29.81
19	여행	334	3.15	0.82	32.61	선생	384	3.50	0.92	30.73

순위	1급	빈도	1,000 어절당 빈도	사용 비율	누적 비율	2급	빈도	1,000 어절당 빈도	사용 비율	누적 비율
20	날씨	331	3.12	0.81	33.41	이야기	373	3.40	0.89	31.62
21	이번	312	2.94	0.76	34.18	다음	356	3.25	0.85	32.47
22	반	298	2.81	0.73	34.90	일	345	3.15	0.83	33.30
23	여름	298	2.81	0.73	35.63	동안	345	3.15	0.83	34.13
24	커피숍	282	2.66	0.69	36.32	시험	335	3.06	0.80	34.93
25	학생	280	2.64	0.68	37.00	지금	306	2.79	0.73	35.66
26	생활	271	2.56	0.66	37.66	학생	291	2.66	0.70	36.36
27	어머니	270	2.55	0.66	38.32	요리	272	2.48	0.65	37.01
28	다음	263	2.48	0.64	38.97	주말	270	2.46	0.65	37.66
29	공원	262	2.47	0.64	39.61	말	258	2.35	0.62	38.27
30	수영	261	2.46	0.64	40.24	생각	252	2.30	0.60	38.88

〈표 25〉 순위별 상위 빈도의 일반명사(3급, 4급) **[QR 코드]**

순위	3급	빈도	1,000 어절당 빈도	사용 비율	누적 비율	4급	빈도	1,000 어절당 빈도	사용 비율	누적 비율
1	친구	1,793	14.85	3.74	3.74	사람	2,680	22.31	4.94	4.94
2	사람	1,772	14.68	3.69	7.43	장애인	1,413	11.76	2.61	7.55
3	때	1,446	11.98	3.01	10.45	때	1,407	11.71	2.59	10.14
4	집	1,136	9.41	2.37	12.81	생각	1,207	10.05	2.23	12.37
5	생각	950	7.87	1.98	14.79	일	1,191	9.91	2.20	14.57
6	후	849	7.03	1.77	16.56	말	722	6.01	1.33	15.90
7	일	810	6.71	1.69	18.25	사회	672	5.59	1.24	17.14
8	공부	769	6.37	1.60	19.86	생활	636	5.29	1.17	18.31

순위	3급	빈도	1,000 어절당 빈도	사용 비율	누적 비율	4급	빈도	1,000 어절당 빈도	사용 비율	누적 비율
9	행복	761	6.30	1.59	21.44	친구	623	5.19	1.15	19.46
10	결혼	428	3.54	0.89	22.33	인터넷	609	5.07	1.12	20.58
11	생활	426	3.53	0.89	23.22	시간	608	5.06	1.12	21.70
12	시간	382	3.16	0.80	24.02	직업	566	4.71	1.04	22.75
13	공연	362	3.00	0.75	24.77	스트레스	529	4.40	0.98	23.72
14	기분	357	2.96	0.74	25.52	중요	496	4.13	0.91	24.64
15	술	349	2.89	0.73	26.24	사용	490	4.08	0.90	25.54
16	프로그램	336	2.78	0.70	26.94	돈	434	3.61	0.80	26.34
17	마음	332	2.75	0.69	27.64	공부	433	3.60	0.80	27.14
18	돈	327	2.71	0.68	28.32	문제	410	3.41	0.76	27.90
19	말	321	2.66	0.67	28.99	행복	396	3.30	0.73	28.63
20	방	316	2.62	0.66	29.65	발전	320	2.66	0.59	29.22
21	중요	311	2.58	0.65	30.29	애완동물	316	2.63	0.58	29.80
22	지금	291	2.41	0.61	30.90	부모	312	2.60	0.58	30.37
23	이사	290	2.40	0.60	31.51	마음	312	2.60	0.58	30.95
24	이야기	280	2.32	0.58	32.09	후	309	2.57	0.57	31.52
25	부모	277	2.29	0.58	32.67	노력	309	2.57	0.57	32.09
26	전	268	2.22	0.56	33.23	필요	301	2.51	0.56	32.64
27	아르바이트	263	2.18	0.55	33.77	가족	296	2.46	0.55	33.19
28	대학교	260	2.15	0.54	34.32	관심	295	2.46	0.54	33.73
29	학교	255	2.11	0.53	34.85	선택	293	2.44	0.54	34.28
30	여자	242	2.00	0.50	35.35	집	290	2.41	0.53	34.81

〈표 26〉 순위별 상위 빈도의 일반명사(5급, 6급) **[QR 코드]**

순위	5급	빈도	1,000 어절당 빈도	사용 비율	누적 비율	6급	빈도	1,000 어절당 빈도	사용 비율	누적 비율
1	사람	2,295	21.49	4.41	4.41	사람	1,732	15.57	3.10	3.10
2	생각	1,504	14.08	2.89	7.30	생각	1,247	11.21	2.24	5.34
3	때	1,000	9.36	1.92	9.23	사회	766	6.89	1.37	6.71
4	일	912	8.54	1.75	10.98	때	692	6.22	1.24	7.95
5	외모	665	6.23	1.28	12.26	일	667	6.00	1.20	9.15
6	인터넷	629	5.89	1.21	13.47	문제	548	4.93	0.98	10.13
7	중요	622	5.82	1.20	14.67	말	467	4.20	0.84	10.97
8	사회	609	5.70	1.17	15.84	학생	435	3.91	0.78	11.75
9	생활	603	5.65	1.16	17.00	여성	396	3.56	0.71	12.46
10	아이	533	4.99	1.02	18.02	경제	386	3.47	0.69	13.15
11	가족	503	4.71	0.97	18.99	영화	341	3.07	0.61	13.76
12	말	487	4.56	0.94	19.92	나라	335	3.01	0.60	14.36
13	인간	397	3.72	0.76	20.69	아이	309	2.78	0.55	14.92
14	처음	390	3.65	0.75	21.44	중요	300	2.70	0.54	15.45
15	성격	376	3.52	0.72	22.16	부모	294	2.64	0.53	15.98
16	시간	373	3.49	0.72	22.88	활동	288	2.59	0.52	16.50
17	복제	372	3.48	0.72	23.59	후	282	2.53	0.51	17.00
18	문제	367	3.44	0.71	24.30	처음	282	2.53	0.51	17.51
19	친구	355	3.32	0.68	24.98	영향	270	2.43	0.48	17.99
20	부모	337	3.16	0.65	25.63	인생	270	2.43	0.48	18.48
21	교육	334	3.13	0.64	26.27	폭력	269	2.42	0.48	18.96
22	직장	313	2.93	0.60	26.87	발전	265	2.38	0.48	19.43
23	영향	304	2.85	0.58	27.46	공부	260	2.34	0.47	19.90

순위	5급	빈도	1,000 어절당 빈도	사용 비율	누적 비율	6급	빈도	1,000 어절당 빈도	사용 비율	누적 비율
24	청소년	292	2.73	0.56	28.02	자유	260	2.34	0.47	20.37
25	마음	288	2.70	0.55	28.57	무역	247	2.22	0.44	20.81
26	행복	285	2.67	0.55	29.12	해결	241	2.17	0.43	21.24
27	선택	276	2.58	0.53	29.65	생활	240	2.16	0.43	21.67
28	사용	268	2.51	0.52	30.17	세계	236	2.12	0.42	22.09
29	웃음	267	2.50	0.51	30.68	돈	232	2.09	0.42	22.51
30	직업	261	2.44	0.50	31.18	노인	228	2.05	0.41	22.92

4.1.2. 의존명사

1) 의존명사의 빈도

의존명사 사용 빈도는 1,000어절당 62.99개를 사용하고 있는 것으로 나타났다. 이들의 각 수준에서의 사용 빈도는 아래의 표와 같다.

〈표 27〉 의존명사의 사용 빈도

		1급	2급	3급	4급	5급	6급
전체 어절 수		106,045	109,595	120,734	120,129	106,799	111,251
전체 표본 수		1,560	993	906	912	699	695
의존 명사	빈도	5,942	5,829	7,783	8,006	6,836	8,096
	1,000어절 당 빈도	56.0	53.2	64.5	66.6	64.0	72.8

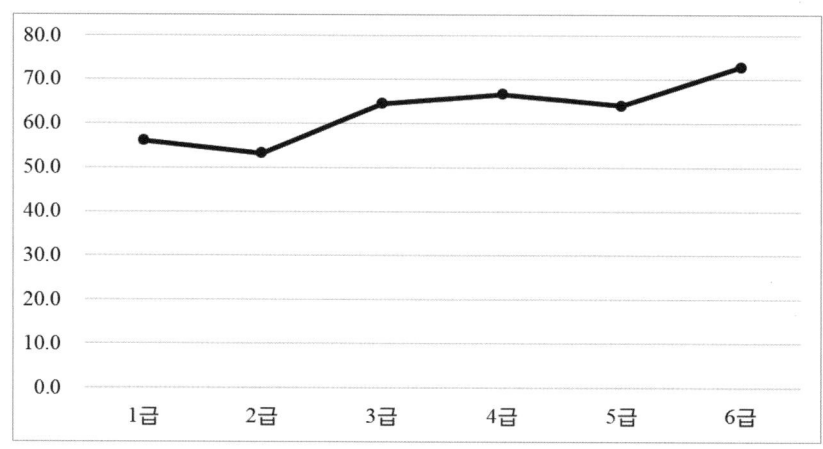

〈그림 12〉 의존명사의 수준별 1,000어절당 빈도

위의 그래프에서 보는 바와 같이 수준에 따른 의존명사 사용을 보면 전반적으로 고급으로 갈수록 빈도가 높아짐을 알 수 있다. 수준별 변화 양상을 살펴보면 3급과 4급에서 사용 빈도가 급격하게 높아졌다가 5급까지 비슷한 수준을 유지하고 6급에서 다시 큰 폭으로 증가하는 것을 볼 수 있다.

다음은 의존명사의 사용 분포를 나타낸 것으로 674,553어절 중 사용된 의존명사의 유형(type)은 252개였다.[8] 이를 좀 더 상세히 표로 보이면 아래와 같다.[9]

〈표 28〉 순위별 의존명사 빈도 및 누적 사용 비율 [QR 코드]

순위	의존명사	빈도	1,000어절당 빈도	사용비율	누적비율
1	것	10,365	15.37	24.39	24.39
2	수	10,073	14.93	23.71	48.10

---

[8] 이들 유형(type)의 수에는 철자 오류나 발음 오류 등에 의한 형태적인 오류형이 포함되어 있다.

[9] 이에서는 상위 30위까지만 제시한다. 사용된 전체 의존명사의 빈도는 QR 코드를 통해 확인하기 바란다.

순위	의존명사	빈도	1,000어절당 빈도	사용비율	누적비율
3	때문	2,996	4.44	7.05	55.15
4	시	1,724	2.56	4.06	59.21
5	년	1,703	2.52	4.01	63.21
6	거	1,595	2.36	3.75	66.97
7	중	1,316	1.95	3.10	70.06
8	씨	1,064	1.58	2.50	72.57
9	번	992	1.47	2.33	74.90
10	월	794	1.18	1.87	76.77
11	일	730	1.08	1.72	78.49
12	가지	669	0.99	1.57	80.06
13	등	601	0.89	1.41	81.48
14	분	581	0.86	1.37	82.85
15	뿐	523	0.78	1.23	84.08
16	데	445	0.66	1.05	85.12
17	명	443	0.66	1.04	86.17
18	지	386	0.57	0.91	87.08
19	편	373	0.55	0.88	87.95
20	개	369	0.55	0.87	88.82
21	개월	328	0.49	0.77	89.59
22	살	318	0.47	0.75	90.34
23	적	293	0.43	0.69	91.03
24	줄	280	0.42	0.66	91.69
25	달	263	0.39	0.62	92.31
26	시간	222	0.33	0.52	92.83
27	원	177	0.26	0.42	93.25

순위	의존명사	빈도	1,000어절당 빈도	사용비율	누적비율
28	대	157	0.23	0.37	93.62
29	간	149	0.22	0.35	93.97
30	마련	130	0.19	0.31	94.27

위의 표에서 보는 바와 같이 의존명사의 사용은 94.27%가 상위 30개의 의존명사로 이루어지고 있음을 알 수 있다. 그중 70.06%가 '것, 수, 때문, 시, 년, 거, 중'으로 나타나 상위 의존명사의 비중이 매우 높은 것으로 나타났다.

2) 수준에 따른 의존명사 사용의 차이

의존명사 사용 양상을 수준에 따라 살펴보면, 각 수준별로 사용된 의존명사의 빈도와 유형은 아래와 같다.

〈표 29〉 의존명사의 빈도 수 및 유형 수

		1급	2급	3급	4급	5급	6급
전체 어절 수		106,045	109,595	120,734	120,129	106,799	111,251
전체 표본 수		1,560	993	906	912	699	695
의존명사	빈도 수 (token)	5,942	5,829	7,783	8,006	6,836	8,096
	유형 수 (type)	95	110	111	113	108	125
	사용률	5.60	5.32	6.45	6.66	6.40	7.28

먼저 1급 106,045어절 중 사용된 의존명사는 5,942개의 95개 유형, 2급 109,595어절에서는 5,829개의 110개 유형의 의존명사를 사용되고 있어, 1급이 2급에 비해 사용 의존명사의 유형 수가 약간 적음을 알 수 있다. 3급 120,734어절에서 7,783개

의 111개 유형의 의존명사가 사용되었으며, 4급 120,129어절에서는 8,006개의 113개 유형의 의존명사, 5급 106,799어절에서는 6,836개의 108개 유형의 의존명사가, 6급 111,251어절에서는 8,096개의 125개 유형의 의존명사가 사용되었다. 이를 볼 때 의존명사 사용 빈도는 1급에서 4급까지 조금씩 증가하다가 5급에서 약간 감소하고 6급에서 다소 큰 폭으로 증가함을 알 수 있다.

다음으로 각 수준별로 상위 빈도의 의존명사 사용률을 비교해 보면, 1급에서는 상위 10위까지의 의존명사가 전체 의존명사 사용의 86.82%였으며, 2급에서는 76.46%, 3급에서는 72.03%, 4급에서는 81.12%, 5급에서는 87.01%, 6급에서는 80.18%로, 5급을 제외한 나머지 수준에서 상위 빈도의 의존명사 사용 비중이 상대적으로 낮음을 알 수 있다. 전체 의존명사 사용 중 상위 30위까지의 사용 의존명사의 누적 사용률을 그래프로 보이면 아래와 같다.

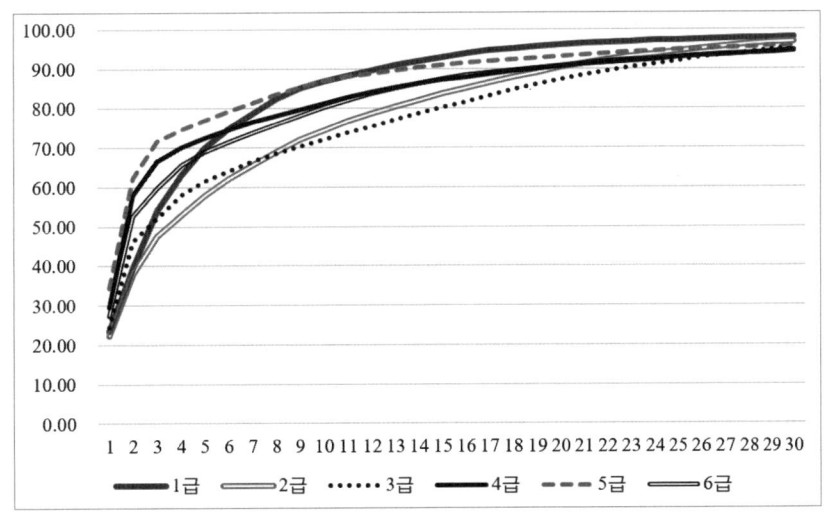

〈그림 13〉 수준별 상위 빈도 의존명사의 누적 사용률

위의 그래프에서 보는 바와 같이 상위 빈도 의존명사의 누적 사용률을 보면 1급

에서 6급까지 모든 수준에서 20위 이내의 의존명사가 90% 이상의 사용률을 보임을 알 수 있다. 그런 가운데 1급에서 상위 빈도 의존명사의 누적 사용률이 다른 수준에 비해 현저하게 높으며, 수준별로 조금씩 차이가 있기는 하지만 2급 이후부터는 상위 빈도 의존명사의 누적 사용률이 전반적으로 낮아지면서 유사한 분포를 나타내는 것을 볼 수 있다. 이는 1급에서 쓰인 의존명사의 수가 다른 수준에 비해 한정적이라는 것을 의미한다.

다음으로 많이 나타나는 의존명사들의 목록을 살펴보면, '것, 수'는 모든 수준에서 상위 빈도를 차지하며 높은 비중으로 쓰였고, 초급에서는 '시, 분, 일, 월, 살, 년, 번, 개, 적' 등이 많이 쓰였으며, 중급에서는 '중, 번, 지, 줄, 마련, 편, 겸, 법' 등이 많이 쓰였다. 고급에서는 '데, 간, 듯' 등이 고빈도로 사용되어 초급에서는 주로 단위성 의존명사를 중심으로 한 의존명사, 그중에서도 특히 시간을 나타내는 의존명사의 쓰임이 많고 중·고급 단계로 갈수록 추상적인 의미를 나타내며 다른 형태소와 결합해 표현문형을 이루는 의존명사의 쓰임이 많아짐을 알 수 있다. 상위 30위까지의 의존명사의 사용을 구체적으로 보이면 아래와 같다.

〈표 30〉 순위별 상위 빈도의 의존명사(1급, 2급) **[QR 코드]**

순위	1급	빈도	1,000 어절당 빈도	사용 비율	누적 비율	2급	빈도	1,000 어절당 빈도	사용 비율	누적 비율
1	시	1,393	13.14	23.44	23.44	것	1,304	11.90	22.37	22.37
2	것	953	8.99	16.04	39.48	수	902	8.23	15.47	37.85
3	거	869	8.19	14.62	54.11	때문	569	5.19	9.76	47.61
4	수	526	4.96	8.85	62.96	씨	309	2.82	5.30	52.91
5	씨	417	3.93	7.02	69.98	년	284	2.59	4.87	57.78
6	분	288	2.72	4.85	74.82	거	248	2.26	4.25	62.03
7	일	230	2.17	3.87	78.69	중	209	1.91	3.59	65.62

순위	1급	빈도	1,000 어절당 빈도	사용 비율	누적 비율	2급	빈도	1,000 어절당 빈도	사용 비율	누적 비율
8	월	223	2.10	3.75	82.45	시	197	1.80	3.38	69.00
9	년	152	1.43	2.56	85.01	번	174	1.59	2.99	71.98
10	번	108	1.02	1.82	86.82	개월	144	1.31	2.47	74.46
11	개	85	0.80	1.43	88.25	지	131	1.20	2.25	76.70
12	중	83	0.78	1.40	89.65	분	118	1.08	2.02	78.73
13	때문	72	0.68	1.21	90.86	월	98	0.89	1.68	80.41
14	살	68	0.64	1.14	92.01	적	96	0.88	1.65	82.06
15	시간	58	0.55	0.98	92.98	달	94	0.86	1.61	83.67
16	달	50	0.47	0.84	93.82	편	86	0.78	1.48	85.14
17	명	48	0.45	0.81	94.63	가지	80	0.73	1.37	86.52
18	가지	30	0.28	0.50	95.14	줄	79	0.72	1.36	87.87
19	등	28	0.26	0.47	95.61	일	70	0.64	1.20	89.07
20	원	28	0.26	0.47	96.08	시간	70	0.64	1.20	90.27
21	주	19	0.18	0.32	96.40	뿐	66	0.60	1.13	91.41
22	마리	15	0.14	0.25	96.65	개	55	0.50	0.94	92.35
23	개월	14	0.13	0.24	96.89	터	41	0.37	0.70	93.05
24	호선	14	0.13	0.24	97.12	살	40	0.36	0.69	93.74
25	박	9	0.08	0.15	97.27	데	38	0.35	0.65	94.39
26	종	9	0.08	0.15	97.43	원	38	0.35	0.65	95.04
27	벌	9	0.08	0.15	97.58	명	35	0.32	0.60	95.64
28	게	8	0.08	0.13	97.71	등	31	0.28	0.53	96.17
29	면	7	0.07	0.12	97.83	주	22	0.20	0.38	96.55
30	주일	7	0.07	0.12	97.95	면	12	0.11	0.21	96.76

〈표 31〉 순위별 상위 빈도의 의존명사(3급, 4급) **[QR 코드]**

순위	3급	빈도	1,000 어절당 빈도	사용 비율	누적 비율	4급	빈도	1,000 어절당 빈도	사용 비율	누적 비율
1	것	1,895	15.70	24.35	24.35	수	2,364	19.68	29.53	29.53
2	수	1,705	14.12	21.91	46.25	것	2,276	18.95	28.43	57.96
3	때문	461	3.82	5.92	52.18	때문	686	5.71	8.57	66.53
4	년	454	3.76	5.83	58.01	중	284	2.36	3.55	70.07
5	중	270	2.24	3.47	61.48	번	191	1.59	2.39	72.46
6	번	205	1.70	2.63	64.11	년	168	1.40	2.10	74.56
7	지	190	1.57	2.44	66.56	가지	159	1.32	1.99	76.54
8	씨	145	1.20	1.86	68.42	데	128	1.07	1.60	78.14
9	월	144	1.19	1.85	70.27	월	123	1.02	1.54	79.68
10	줄	137	1.13	1.76	72.03	등	123	1.02	1.54	81.21
11	거	133	1.10	1.71	73.74	거	120	1.00	1.50	82.71
12	일	131	1.09	1.68	75.42	뿐	120	1.00	1.50	84.21
13	편	129	1.07	1.66	77.08	마련	89	0.74	1.11	85.32
14	가지	123	1.02	1.58	78.66	편	75	0.62	0.94	86.26
15	뿐	118	0.98	1.52	80.17	간	72	0.60	0.90	87.16
16	명	116	0.96	1.49	81.67	일	61	0.51	0.76	87.92
17	살	115	0.95	1.48	83.14	명	60	0.50	0.75	88.67
18	개월	114	0.94	1.46	84.61	겸	53	0.44	0.66	89.33
19	개	107	0.89	1.37	85.98	뻔	47	0.39	0.59	89.92
20	분	98	0.81	1.26	87.24	적	46	0.38	0.57	90.49
21	데	87	0.72	1.12	88.36	시	44	0.37	0.55	91.04
22	법	80	0.66	1.03	89.39	개	39	0.32	0.49	91.53
23	원	70	0.58	0.90	90.29	분	35	0.29	0.44	91.97

순위	3급	빈도	1,000어절당 빈도	사용비율	누적비율	4급	빈도	1,000어절당 빈도	사용비율	누적비율
24	적	69	0.57	0.89	91.17	리	35	0.29	0.44	92.41
25	등	64	0.53	0.82	92.00	시간	34	0.28	0.42	92.83
26	달	64	0.53	0.82	92.82	까지[10]	32	0.27	0.40	93.23
27	시	53	0.44	0.68	93.50	지경	30	0.25	0.37	93.60
28	만	50	0.41	0.64	94.14	살	29	0.24	0.36	93.97
29	대로	49	0.41	0.63	94.77	대	29	0.24	0.36	94.33
30	뻔	46	0.38	0.59	95.36	척	27	0.22	0.34	94.67

〈표 32〉 순위별 상위 빈도의 의존명사(5급, 6급) [QR 코드]

순위	5급	빈도	1,000어절당 빈도	사용비율	누적비율	6급	빈도	1,000어절당 빈도	사용비율	누적비율
1	수	2,355	22.05	34.45	34.45	수	2,221	19.96	27.43	27.43
2	것	1,897	17.76	27.75	62.20	것	2,040	18.34	25.20	52.63
3	때문	639	5.98	9.35	71.55	때문	569	5.11	7.03	59.66
4	중	201	1.88	2.94	74.49	년	483	4.34	5.97	65.63
5	가지	165	1.54	2.41	76.90	중	269	2.42	3.32	68.95
6	년	162	1.52	2.37	79.27	등	205	1.84	2.53	71.48
7	등	150	1.40	2.19	81.47	일	187	1.68	2.31	73.79
8	번	145	1.36	2.12	83.59	월	179	1.61	2.21	76.00
9	거	120	1.12	1.76	85.34	씨	169	1.52	2.09	78.09
10	데	114	1.07	1.67	87.01	번	169	1.52	2.09	80.18

---

[10] '까지'는 '방법은 두 까지 알려 드린다'와 같이 사용된 오류형이다.

순위	5급	빈도	1,000 어절당 빈도	사용 비율	누적 비율	6급	빈도	1,000 어절당 빈도	사용 비율	누적 비율
11	뿐	75	0.70	1.10	88.11	뿐	142	1.28	1.75	81.93
12	편	53	0.50	0.78	88.88	명	140	1.26	1.73	83.66
13	일	51	0.48	0.75	89.63	가지	112	1.01	1.38	85.04
14	개	47	0.44	0.69	90.32	거	105	0.94	1.30	86.34
15	명	44	0.41	0.64	90.96	대	89	0.80	1.10	87.44
16	만큼	39	0.37	0.57	91.53	데	76	0.68	0.94	88.38
17	적	32	0.30	0.47	92.00	간	52	0.47	0.64	89.02
18	월	27	0.25	0.39	92.39	세	50	0.45	0.62	89.64
19	대	26	0.24	0.38	92.77	살	49	0.44	0.61	90.24
20	까지	25	0.23	0.37	93.14	적	49	0.44	0.61	90.85
21	듯	25	0.23	0.37	93.50	위	47	0.42	0.58	91.43
22	지	24	0.22	0.35	93.86	개	36	0.32	0.44	91.87
23	간	23	0.22	0.34	94.19	분	29	0.26	0.36	92.23
24	법	22	0.21	0.32	94.51	시	28	0.25	0.35	92.58
25	마련	20	0.19	0.29	94.81	편	28	0.25	0.35	92.92
26	줄	18	0.17	0.26	95.07	원	26	0.23	0.32	93.24
27	살	17	0.16	0.25	95.32	만큼	24	0.22	0.30	93.54
28	개월	14	0.13	0.20	95.52	만	24	0.22	0.30	93.84
29	시간	14	0.13	0.20	95.73	년대	23	0.21	0.28	94.12
30	분	13	0.12	0.19	95.92	개월	21	0.19	0.26	94.38

4.1.3. 대명사

1) 대명사의 빈도

대명사 사용 빈도는 1,000어절당 48.5개로 확인되었다. 이들의 각 수준에서의 사용 빈도는 아래의 표와 같다.

〈표 33〉 대명사의 사용 빈도

		1급	2급	3급	4급	5급	6급
전체 어절 수		106,045	109,595	120,734	120,129	106,799	111,251
전체 표본 수		1,560	993	906	912	699	695
대명사	빈도	7,806	7,057	6,359	5,047	3,273	3,171
	1,000어절당 빈도	73.6	64.4	52.7	42.0	30.6	28.5

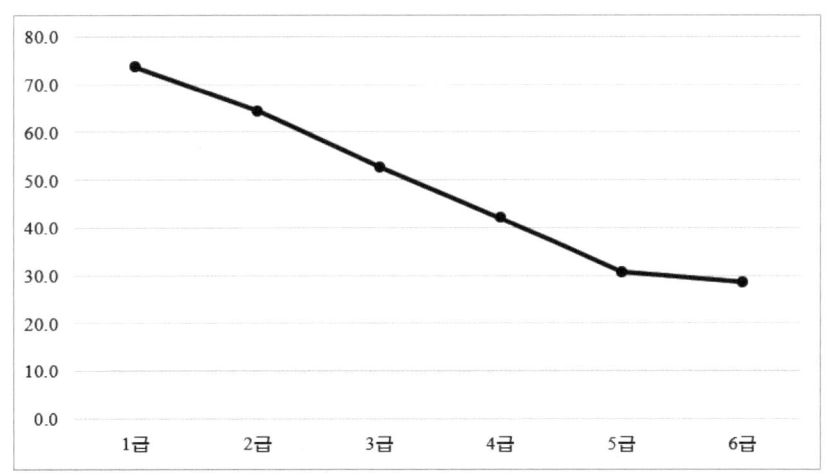

〈그림 14〉 대명사의 수준별 1,000어절당 빈도

수준에 따른 대명사 사용을 봤을 때, 수준이 올라감에 따라서 대명사 사용 빈도가 점차 감소하는 경향이 나타났다.

다음은 대명사의 사용 분포를 나타낸 것으로 674,553어절 중 사용된 대명사의 유형(type)은 124개였다.[11] 이를 좀 더 상세히 표로 보이면 아래와 같다.[12]

〈표 34〉 순위별 대명사의 빈도 및 누적 사용 비율 [QR 코드]

순위	대명사	빈도	1,000어절당 빈도	사용 비율	누적비율
1	저	9,248	13.71	28.27	28.27
2	나	8,683	12.87	26.54	54.81
3	우리	6,027	8.93	18.42	73.24
4	내	2,020	2.99	6.17	79.41
5	자기	1,586	2.35	4.85	84.26
6	제	947	1.40	2.89	87.15
7	무엇	420	0.62	1.28	88.44
8	이것	382	0.57	1.17	89.61
9	그	361	0.54	1.10	90.71
10	누구	312	0.46	0.95	91.66
11	여기	276	0.41	0.84	92.51
12	거기	262	0.39	0.80	93.31
13	이	249	0.37	0.76	94.07
14	여러분	245	0.36	0.75	94.82
15	그것	217	0.32	0.66	95.48
16	어디	191	0.28	0.58	96.07
17	너	185	0.27	0.57	96.63
18	뭐	160	0.24	0.49	97.12

---

[11] 이들 유형(type)의 수에는 철자 오류나 발음 오류 등에 의한 형태적인 오류형이 포함되어 있다.
[12] 이에서는 상위 30위까지만 제시한다. 사용된 전체 대명사의 빈도는 QR 코드를 통해 확인하기 바란다.

순위	대명사	빈도	1,000어절당 빈도	사용 비율	누적비율
19	그녀	85	0.13	0.26	97.38
20	언제	81	0.12	0.25	97.63
21	네	74	0.11	0.23	97.85
22	당신	60	0.09	0.18	98.04
23	아무	57	0.08	0.17	98.21
24	그곳	50	0.07	0.15	98.36
25	저기	46	0.07	0.14	98.51
26	이거	35	0.05	0.11	98.61
27	쟤	34	0.05	0.10	98.72
28	지기[13]	32	0.05	0.10	98.81
29	저희	30	0.04	0.09	98.91
30	그대	27	0.04	0.08	98.99

위의 표에서 보는 바와 같이 98.99%의 대명사 사용이 상위 30개의 대명사로 이루어지고 있다. 특히 '저'와 '나'가 합쳐서 사용된 대명사의 50% 이상을 차지하는 것을 알 수 있다.

2) 수준에 따른 대명사 사용의 차이

대명사 사용 양상을 수준에 따라 살펴보면, 각 수준별로 사용된 일반명사의 빈도와 유형은 아래와 같다.

---

[13] '지기'는 '정부나 기업들이 지기 이익을 위해서 노동자들에게 돈을 많이 주지 않는다'와 같이 사용된 오류형이다.

〈표 35〉 대명사의 빈도 수 및 유형 수

		1급	2급	3급	4급	5급	6급
전체 어절 수		106,045	109,595	120,734	120,129	106,799	111,251
전체 표본 수		1,560	993	906	912	699	695
대명사	빈도 수 (token)	7,806	7,057	6,359	5,047	3,273	3,171
	유형 수 (type)	59	54	58	55	57	54
	사용률	7.36	6.44	5.27	4.20	3.06	2.85

먼저 1급 106,045어절 중 사용된 대명사는 7,806개의 59개 유형이며, 2급 109,595어절 중 사용된 대명사는 7,057개의 54개 유형이었다. 3급 120,734어절에서는 6,359개의 58개 유형의 대명사가 사용되었으며, 4급 120,129어절에서는 5,047개의 55개 유형의 대명사가 사용되었다. 5급 106,799어절에서는 3,273개의 57개 유형의 대명사가, 6급 111,251어절에서는 3,171개의 54개 유형의 대명사가 사용되었다. 이를 볼 때 대명사의 빈도 수는 수준이 올라감에 따라서 감소하는 경향이 있음을 알 수 있으며, 대명사의 유형 수는 수준별로 큰 차이가 없다는 것을 확인할 수 있다.

다음으로 수준별로 상위 10위 안에 드는 상위 빈도 대명사가 대명사 사용에서 차지하는 비율을 살펴보면, 1급에서는 전체 대명사 사용의 97.6%를 차지하였으며, 2급에서는 전체 대명사 사용의 95.2%, 3급에서는 전체 대명사 사용의 94.2%, 4급에서는 전체 대명사 사용의 90.3%, 5급에서는 전체 대명사 사용의 86.5%를 차지하여 1급에서 5급까지는 학습자의 수준이 올라감에 따라서 상위 빈도 대명사의 사용 비율이 조금씩 줄어드는 것을 알 수 있다. 6급에서는 상위 10위 안에 드는 상위 빈도 대명사가 전체 대명사 사용 중 차지하는 비율이 87.5%인 것으로 나타났다. 전체 대명사 사용 중 상위 30위까지의 사용 대명사의 누적 사용률을 그래프로 보이면 아래와 같다.

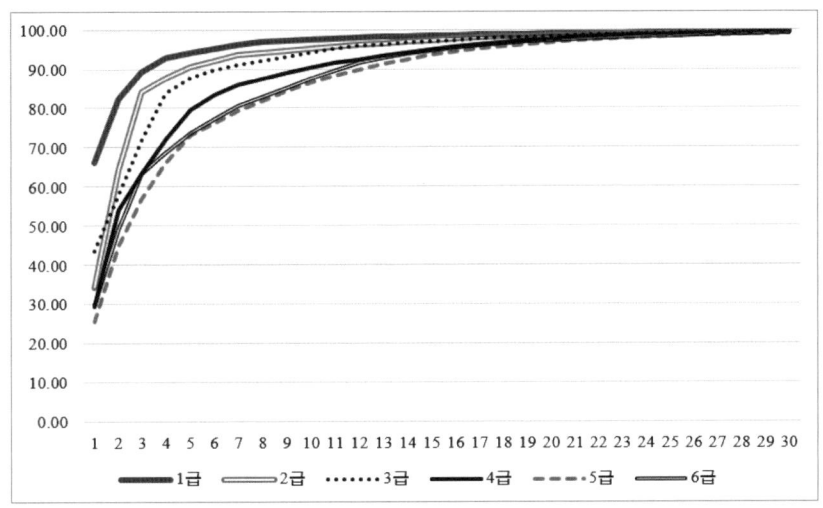

⟨그림 15⟩ 수준별 상위 빈도 대명사의 누적 사용률

위의 그래프에서 보는 바와 같이 상위 빈도 30위 대명사의 누적 사용률은 모든 수준에서 거의 100%에 가까운 높은 수치를 보였다. 1~3급에서는 최상위 빈도의 대명사 사용률이 4~6급에 비해서 상대적으로 높은 것을 확인할 수 있다.

다음으로 수준별로 많이 나타나는 대명사들을 살펴보면, 수준에 관계없이 1인칭 대명사의 사용이 상위 빈도를 차지하였는데, 1~2급에서는 '저'의 사용이 '나'의 사용보다 많은 데 비해, 3~6급에서는 '저'보다 '나'의 사용이 더 많은 것으로 나타났다.

〈표 36〉 순위별 상위 빈도의 대명사(1급, 2급) [QR 코드]

순위	1급	빈도	1,000 어절당 빈도	사용 비율	누적 비율	2급	빈도	1,000 어절당 빈도	사용 비율	누적 비율
1	저	5,163	7.65	66.14	66.14	저	2,416	3.58	34.24	34.24
2	우리	1,272	1.89	16.30	82.44	나	2,131	3.16	30.20	64.43
3	나	531	0.79	6.80	89.24	우리	1,386	2.05	19.64	84.07
4	제	281	0.42	3.60	92.84	내	249	0.37	3.53	87.60
5	거기	105	0.16	1.35	94.18	제	205	0.30	2.90	90.51
6	내	82	0.12	1.05	95.23	여기	116	0.17	1.64	92.15
7	여러분	66	0.10	0.85	96.08	거기	96	0.14	1.36	93.51
8	여기	65	0.10	0.83	96.91	여러분	43	0.06	0.61	94.12
9	이것	26	0.04	0.33	97.25	이것	40	0.06	0.57	94.69
10	저기	25	0.04	0.32	97.57	너	34	0.05	0.48	95.17
11	그	18	0.03	0.23	97.80	그것	33	0.05	0.47	95.64
12	오리[14]	15	0.02	0.19	97.99	그곳	32	0.05	0.45	96.09
13	처	13	0.02	0.17	98.16	누구	31	0.05	0.44	96.53
14	그것	12	0.02	0.15	98.31	어디	30	0.04	0.43	96.95
15	무엇	10	0.01	0.13	98.44	무엇	25	0.04	0.35	97.31
16	너	9	0.01	0.12	98.55	자기	25	0.04	0.35	97.66
17	재	9	0.01	0.12	98.67	아무	19	0.03	0.27	97.93
18	그녀	7	0.01	0.09	98.76	뭐	16	0.02	0.23	98.16
19	네	7	0.01	0.09	98.85	그녀	11	0.02	0.16	98.31
20	서	6	0.01	0.08	98.92	저기	11	0.02	0.16	98.47
21	어디	6	0.01	0.08	99.00	저희	11	0.02	0.16	98.63
22	거	5	0.01	0.06	99.06	그	10	0.01	0.14	98.77
23	그기	5	0.01	0.06	99.13	당신	9	0.01	0.13	98.89

순위	1급	빈도	1,000 어절당 빈도	사용 비율	누적 비율	2급	빈도	1,000 어절당 빈도	사용 비율	누적 비율
24	니	5	0.01	0.06	99.19	언제	8	0.01	0.11	99.01
25	그곳	4	0.01	0.05	99.24	이거	8	0.01	0.11	99.12
26	무리	4	0.01	0.05	99.30	네	7	0.01	0.10	99.22
27	이거	4	0.01	0.05	99.35	이	7	0.01	0.10	99.32
28	이곳	4	0.01	0.05	99.40	이곳	6	0.01	0.09	99.40
29	자기	4	0.01	0.05	99.45	오리	5	0.01	0.07	99.48
30	게	3	0.00	0.04	99.49	그분	4	0.01	0.06	99.53

〈표 37〉 순위별 상위 빈도의 대명사(3급, 4급) **[QR 코드]**

순위	3급	빈도	1,000 어절당 빈도	사용 비율	누적 비율	4급	빈도	1,000 어절당 빈도	사용 비율	누적 비율
1	나	2,761	4.09	43.42	43.42	나	1,486	2.20	29.44	29.44
2	내	928	1.38	14.59	58.01	우리	1,242	1.84	24.61	54.05
3	우리	877	1.30	13.79	71.80	자기	466	0.69	9.23	63.29
4	저	769	1.14	12.09	83.90	저	444	0.66	8.80	72.08
5	자기	240	0.36	3.77	87.67	내	372	0.55	7.37	79.45
6	제	132	0.20	2.08	89.75	제	196	0.29	3.88	83.34
7	이것	78	0.12	1.23	90.97	무엇	129	0.19	2.56	85.89
8	무엇	77	0.11	1.21	92.18	이것	79	0.12	1.57	87.46
9	누구	66	0.10	1.04	93.22	누구	77	0.11	1.53	88.98
10	여러분	60	0.09	0.94	94.17	그	66	0.10	1.31	90.29

---

14 '오리'는 '오리 반이 재미있는 친구이 많아요.'와 같이 사용된 오류형이다.

순위	3급	빈도	1,000 어절당 빈도	사용 비율	누적 비율	4급	빈도	1,000 어절당 빈도	사용 비율	누적 비율
11	어디	57	0.08	0.90	95.06	너	60	0.09	1.19	91.48
12	그	48	0.07	0.75	95.82	이	46	0.07	0.91	92.39
13	그것	27	0.04	0.42	96.24	뭐	43	0.06	0.85	93.24
14	여기	26	0.04	0.41	96.65	여러분	42	0.06	0.83	94.08
15	너	25	0.04	0.39	97.04	어디	41	0.06	0.81	94.89
16	언제	19	0.03	0.30	97.34	그것	40	0.06	0.79	95.68
17	아무	17	0.03	0.27	97.61	네	25	0.04	0.50	96.18
18	거기	16	0.02	0.25	97.86	당신	23	0.03	0.46	96.63
19	뭐	16	0.02	0.25	98.11	여기	23	0.03	0.46	97.09
20	이거	12	0.02	0.19	98.30	거기	22	0.03	0.44	97.52
21	쟤	12	0.02	0.19	98.49	언제	19	0.03	0.38	97.90
22	이	10	0.01	0.16	98.65	그녀	17	0.03	0.34	98.24
23	네	9	0.01	0.14	98.79	지기	15	0.02	0.30	98.53
24	당신	9	0.01	0.14	98.93	우라[15]	8	0.01	0.16	98.69
25	저희	8	0.01	0.13	99.06	니	6	0.01	0.12	98.81
26	저기	6	0.01	0.09	99.15	그거	5	0.01	0.10	98.91
27	그거	4	0.01	0.06	99.21	아무	5	0.01	0.10	99.01
28	그곳	4	0.01	0.06	99.28	이거	5	0.01	0.10	99.11
29	지기[16]	4	0.01	0.06	99.34	이곳	5	0.01	0.10	99.21
30	그녀	3	0.00	0.05	99.39	그분	4	0.01	0.08	99.29

[15] '우라'는 '우라 나라는 해마다 나무를 심는 축제가 있다.'와 같이 사용된 오류형이다.
[16] '지기'는 '요즘 사람들은 지기 개발을 위해서 여러 가지 방안을 찾고 있는데'와 같이 사용된 오류형이다.

<표 38> 순위별 상위 빈도의 대명사(5급, 6급) [QR 코드]

순위	5급	빈도	1,000 어절당 빈도	사용 비율	누적 비율	6급	빈도	1,000 어절당 빈도	사용 비율	누적 비율
1	나	833	1.23	25.45	25.45	나	941	1.39	29.68	29.68
2	우리	631	0.94	19.28	44.73	우리	619	0.92	19.52	49.20
3	자기	401	0.59	12.25	56.98	자기	450	0.67	14.19	63.39
4	저	303	0.45	9.26	66.24	내	169	0.25	5.33	68.72
5	내	220	0.33	6.72	72.96	저	153	0.23	4.82	73.54
6	무엇	105	0.16	3.21	76.17	그	116	0.17	3.66	77.20
7	그	103	0.15	3.15	79.32	이	101	0.15	3.19	80.38
8	이	83	0.12	2.54	81.85	누구	76	0.11	2.40	82.78
9	이것	83	0.12	2.54	84.39	이것	76	0.11	2.40	85.18
10	제	68	0.10	2.08	86.47	무엇	74	0.11	2.33	87.51
11	누구	60	0.09	1.83	88.30	제	65	0.10	2.05	89.56
12	뭐	50	0.07	1.53	89.83	그것	60	0.09	1.89	91.45
13	그것	45	0.07	1.37	91.20	너	43	0.06	1.36	92.81
14	그녀	40	0.06	1.22	92.42	뭐	33	0.05	1.04	93.85
15	어디	38	0.06	1.16	93.58	여러분	27	0.04	0.85	94.70
16	여기	27	0.04	0.82	94.41	어디	19	0.03	0.60	95.30
17	네	21	0.03	0.64	95.05	여기	19	0.03	0.60	95.90
18	언제	21	0.03	0.64	95.69	모	18	0.03	0.57	96.47
19	그대	19	0.03	0.58	96.27	언제	14	0.02	0.44	96.91
20	너	14	0.02	0.43	96.70	거기	10	0.01	0.32	97.22
21	거기	13	0.02	0.40	97.10	그분	9	0.01	0.28	97.51
22	당신	12	0.02	0.37	97.46	그녀	7	0.01	0.22	97.73
23	그거	9	0.01	0.27	97.74	그대	7	0.01	0.22	97.95

순위	5급	빈도	1,000 어절당 빈도	사용 비율	누적 비율	6급	빈도	1,000 어절당 빈도	사용 비율	누적 비율
24	아무	8	0.01	0.24	97.98	당신	6	0.01	0.19	98.14
25	여러분	7	0.01	0.21	98.20	아무	6	0.01	0.19	98.33
26	지기[17]	7	0.01	0.21	98.41	쟤	6	0.01	0.19	98.52
27	그곳	6	0.01	0.18	98.59	지기	6	0.01	0.19	98.71
28	이곳	4	0.01	0.12	98.72	네	5	0.01	0.16	98.86
29	모	3	0.00	0.09	98.81	그거	4	0.01	0.13	98.99
30	이거	3	0.00	0.09	98.90	이거	3	0.00	0.09	99.09

4.2. 용언

4.2.1. 동사

1) 동사의 빈도

중국인 학습자 동사 사용 빈도를 살펴보면 1,000어절당 178.8개의 동사를 사용하는 것으로 나타났다. 이들의 각 수준에서의 사용 빈도는 아래의 표와 같다.

---

[17] '지기'는 '드디어 남 대신에 지기 적접 무대에서 노래를 부를 수 있어서 가수의 꿈을 이루어 냈다.'와 같이 사용된 오류형이다.

⟨표 39⟩ 동사의 사용 빈도

		1급	2급	3급	4급	5급	6급
전체 어절 수		106,045	109,595	120,734	120,129	106,799	111,251
전체 표본 수		1,560	993	906	912	699	695
동사	빈도	18,465	19,401	23,068	22,652	18,475	18,539
	1,000어절당 빈도	174.1	177.0	191.1	188.6	173.0	166.6

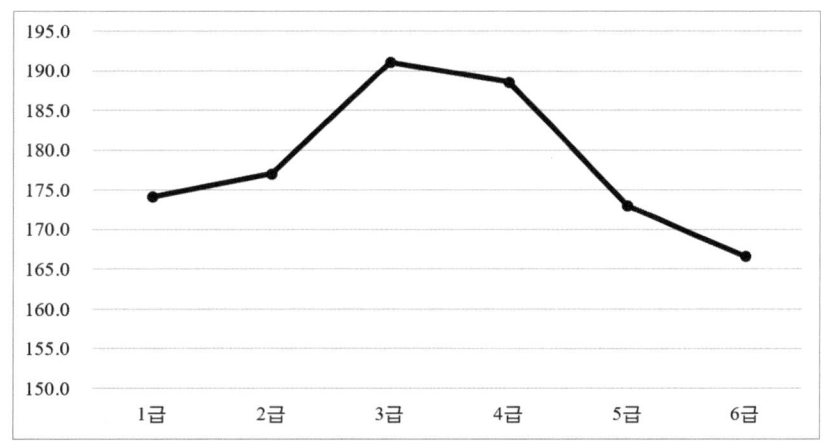

⟨그림 16⟩ 동사의 수준별 1,000어절당 빈도

수준에 따른 동사 사용을 봤을 때, 3급에서 사용 빈도가 가장 높았고 다음으로 4급에서 높게 나타났다. 동사 사용 빈도가 가장 낮은 수준은 6급으로 나타났다.[18] 다음은 동사의 사용 분포를 나타낸 것으로 674,553어절 중 사용된 동사의 유형

---

[18] 고급으로 갈수록 파생어를 많이 사용하게 되는데, 학습자 말뭉치의 형태 주석 지침상 접사를 분리해서 분석하는 것으로 인해 '어근 명사+하다', '어근 명사+되다'와 같은 파생 동사는 동사로 분석되지 않고 각각 명사와 동사파생접미사로 분석되었다. 따라서 중·고급에서의 동사 사용 빈도는 여기서 제시한 수치에 비해 더 높게 나타날 것으로 추측된다.

(type)은 2,020개의 유형이었다.[19] 이를 좀 더 상세히 표로 보이면 아래와 같다[20].

〈표 40〉 순위별 동사의 빈도 및 누적 사용 비율 [QR 코드]

순위	동사	빈도	1,000어절당 빈도	사용 비율	누적 비율
1	있다	20,015	29.67	16.60	16.60
2	하다	13,061	19.36	10.83	27.43
3	가다	7,287	10.80	6.04	33.47
4	되다	5,322	7.89	4.41	37.88
5	보다	4,433	6.57	3.68	41.56
6	좋아하다	4,357	6.46	3.61	45.17
7	살다	3,666	5.43	3.04	48.21
8	먹다	3,322	4.92	2.75	50.96
9	오다	2,816	4.17	2.33	53.30
10	위하다	1,961	2.91	1.63	54.93
11	배우다	1,806	2.68	1.50	56.42
12	대하다	1,760	2.61	1.46	57.88
13	만나다	1,750	2.59	1.45	59.33
14	받다	1,700	2.52	1.41	60.74
15	사다	1,673	2.48	1.39	62.13
16	주다	1,391	2.06	1.15	63.28
17	알다	1,273	1.89	1.06	64.34
18	만들다	1,136	1.68	0.94	65.28
19	들다	1,054	1.56	0.87	66.16
20	생기다	938	1.39	0.78	66.93

[19] 이들 유형(type)의 수에는 철자 오류나 발음 오류 등에 의한 형태적인 오류형이 포함되어 있다.
[20] 이에서는 상위 30위까지만 제시한다. 사용된 전체 동사의 빈도는 QR 코드를 통해 확인하기 바란다.

순위	동사	빈도	1,000어절당 빈도	사용 비율	누적 비율
21	모르다	904	1.34	0.75	67.68
22	마시다	863	1.28	0.72	68.40
23	듣다	842	1.25	0.70	69.10
24	가지다	829	1.23	0.69	69.78
25	찾다	812	1.20	0.67	70.46
26	타다	802	1.19	0.67	71.12
27	쓰다	793	1.18	0.66	71.78
28	따르다	763	1.13	0.63	72.41
29	자다	630	0.93	0.52	72.93
30	끝나다	588	0.87	0.49	73.42

중국인 학습자는 73.42%의 동사 사용이 상위 30개의 동사로 이루어지고 있다. 학습자들이 사용한 동사 중에 '있다, 하다, 가다, 되다, 보다, 좋아하다, 살다, 먹다'의 8개 동사가 전체 동사 사용의 약 50%를 차지하고 있었다.

2) 수준에 따른 동사 사용의 차이

동사 사용 양상을 수준에 따라 살펴보면, 각 수준별로 사용된 동사의 빈도와 유형은 아래와 같다.

〈표 41〉 동사의 빈도 수 및 유형 수

		1급	2급	3급	4급	5급	6급
전체 어절 수		106,045	109,595	120,734	120,129	106,799	111,251
전체 표본 수		1,560	993	906	912	699	695
동사	빈도 수 (token)	18,465	19,401	23,068	22,652	18,475	18,539
	유형 수 (type)	436	590	752	866	823	880
	사용률	17.41	17.70	19.11	18.86	17.30	16.66

먼저 1급 106,045어절 중 사용된 동사는 18,465개의 436개 유형, 2급 109,595어절에서는 19,401개의 590개 유형, 3급 120,734어절에서는 23,068개의 752개 유형, 4급 120,129어절에서는 22,652개의 866개 유형의 동사가 사용되었다. 1급부터 4급까지는 사용 동사의 빈도와 유형 수가 증가하는 양상을 보였다. 5급 106,799어절에서는 18,475개의 823개 유형, 6급 111,251어절에서는 18,539개의 880개 유형의 동사가 사용되었다. 5급에서는 4급에 비해 동사의 빈도와 유형 수가 다소 줄어들었으나 6급에서 다시 증가하는 추이를 보였다.

다음으로 각 수준별로 상위 빈도 동사의 사용률을 비교해 보면, 1급에서는 상위 10위까지의 동사가 전체 동사 사용의 74.44%였으며, 2급에서는 65.89%, 3급에서는 57.04%, 4급에서는 50.94%, 5급에서는 50.72%, 6급에서는 49.13%로, 중·고급으로 가면서 상위 빈도 동사를 집중적으로 사용하는 경향이 줄어들고 있음을 알 수 있다.

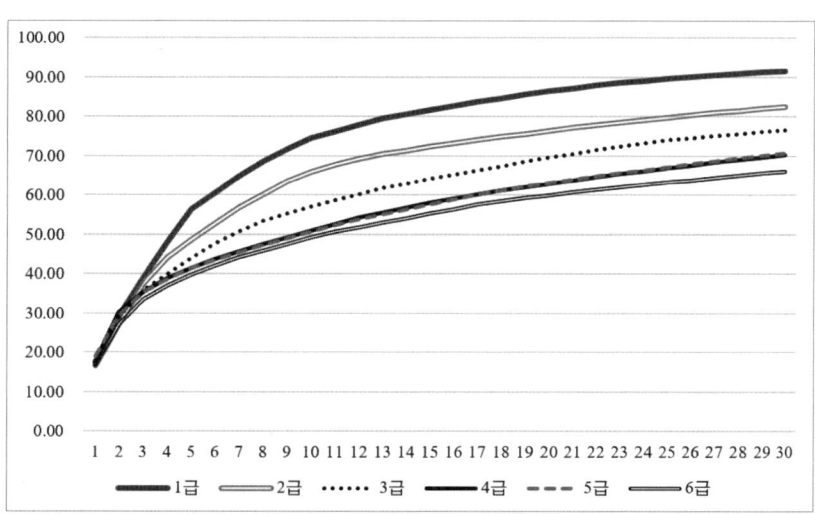

〈그림 17〉 수준별 상위 빈도 동사의 누적 사용률

위의 그래프는 전체 동사 사용 중 상위 30위까지의 사용 동사의 누적 사용률을 보인 것이다. 상위 30위 상위 빈도 동사의 누적 사용률을 보면 초급에서 고급으로 갈수록 누적 사용률이 낮아지는 것을 확인할 수 있다. 초급에서는 전체 동사 사용에서 상위 빈도 동사들을 더 집중적으로 사용하고 중·고급으로 가면서 상위 빈도 동사의 사용이 차차 줄어든다는 것이다.

다음으로 많이 나타나는 동사들을 학습자의 수준별로 살펴보면 아래와 같다. 1급에서는 '가다'가 상위 빈도 동사 1위로 나타났고, 2급부터 5급까지에서는 '있다'[21]가 상위 빈도 동사 1위로 나타났다. 초급에서는 고빈도로 나타났던 '가다, 좋아하다'는 중급 이후부터는 상위 빈도 3위에서 벗어나는 모습을 보였다. 그리고 4급부터는 '있다, 하다, 되다' 순으로 상위 빈도 어휘의 순위가 동일하게 나타나는 모습을 보였다.

---

[21] 본 연구에서는 형태 분석 지침에 따라 '있다'가 모두 동사로 분석되었다.

〈표 42〉 순위별 상위 빈도의 동사(1급, 2급) [QR 코드]

순위	1급	빈도	1,000 어절당 빈도	사용 비율	누적 비율	2급	빈도	1,000 어절당 빈도	사용 비율	누적 비율
1	가다	3,231	30.47	17.50	17.50	있다	3,225	29.43	16.62	16.62
2	있다	2,155	20.32	11.67	29.17	가다	2,057	18.77	10.60	27.23
3	좋아하다	1,807	17.04	9.79	38.95	하다	1,985	18.11	10.23	37.46
4	하다	1,690	15.94	9.15	48.11	좋아하다	1,303	11.89	6.72	44.17
5	먹다	1,528	14.41	8.28	56.38	먹다	837	7.64	4.31	48.49
6	보다	780	7.36	4.22	60.61	되다	817	7.45	4.21	52.70
7	오다	779	7.35	4.22	64.83	오다	807	7.36	4.16	56.86
8	사다	701	6.61	3.80	68.62	보다	647	5.90	3.33	60.19
9	만나다	579	5.46	3.14	71.76	살다	645	5.89	3.32	63.52
10	배우다	495	4.67	2.68	74.44	만나다	461	4.21	2.38	65.89
11	살다	331	3.12	1.79	76.23	배우다	351	3.20	1.81	67.70
12	타다	307	2.89	1.66	77.89	사다	295	2.69	1.52	69.22
13	마시다	302	2.85	1.64	79.53	타다	232	2.12	1.20	70.42
14	되다	202	1.90	1.09	80.62	알다	189	1.72	0.97	71.39
15	끝나다	198	1.87	1.07	81.70	모르다	174	1.59	0.90	72.29
16	지나다	189	1.78	1.02	82.72	끝나다	168	1.53	0.87	73.16
17	자다	188	1.77	1.02	83.74	위하다	166	1.51	0.86	74.01
18	받다	170	1.60	0.92	84.66	다니다	156	1.42	0.80	74.82
19	만들다	170	1.60	0.92	85.58	대하다	155	1.41	0.80	75.61
20	일어나다	151	1.42	0.82	86.40	듣다	150	1.37	0.77	76.39
21	찍다	146	1.38	0.79	87.19	만들다	144	1.31	0.74	77.13
22	읽다	125	1.18	0.68	87.86	받다	135	1.23	0.70	77.83
23	걸리다	114	1.08	0.62	88.48	놀다	134	1.22	0.69	78.52

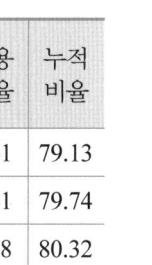

순위	1급	빈도	1,000 어절당 빈도	사용 비율	누적 비율	2급	빈도	1,000 어절당 빈도	사용 비율	누적 비율
24	듣다	111	1.05	0.60	89.08	가르치다	119	1.09	0.61	79.13
25	쉬다	102	0.96	0.55	89.63	어기다	118	1.08	0.61	79.74
26	돌아가다	85	0.80	0.46	90.09	마시다	113	1.03	0.58	80.32
27	주다	83	0.78	0.45	90.54	사귀다	111	1.01	0.57	80.89
28	놀다	81	0.76	0.44	90.98	찾다	103	0.94	0.53	81.42
29	입다	53	0.50	0.29	91.27	쓰다	103	0.94	0.53	81.95
30	보내다	49	0.46	0.27	91.54	걸리다	99	0.90	0.51	82.46

〈표 43〉 순위별 상위 빈도의 동사(3급, 4급) [QR 코드]

순위	3급	빈도	1,000 어절당 빈도	사용 비율	누적 비율	4급	빈도	1,000 어절당 빈도	사용 비율	누적 비율
1	있다	4,052	33.56	17.57	17.57	있다	3,997	33.27	17.65	17.65
2	하다	2,641	21.87	11.45	29.01	하다	2,855	23.77	12.60	30.25
3	살다	1,531	12.68	6.64	35.65	되다	1,147	9.55	5.06	35.31
4	가다	971	8.04	4.21	39.86	보다	797	6.63	3.52	38.83
5	보다	931	7.71	4.04	43.90	위하다	577	4.80	2.55	41.38
6	되다	902	7.47	3.91	47.81	살다	527	4.39	2.33	43.70
7	오다	672	5.57	2.91	50.72	가다	442	3.68	1.95	45.66
8	좋아하다	617	5.11	2.67	53.39	받다	410	3.41	1.81	47.47
9	배우다	440	3.64	1.91	55.30	좋아하다	401	3.34	1.77	49.24
10	먹다	401	3.32	1.74	57.04	주다	387	3.22	1.71	50.94
11	사다	379	3.14	1.64	58.68	줄이다	383	3.19	1.69	52.64
12	마시다	358	2.97	1.55	60.23	대하다	367	3.06	1.62	54.26

순위	3급	빈도	1,000 어절당 빈도	사용 비율	누적 비율	4급	빈도	1,000 어절당 빈도	사용 비율	누적 비율
13	위하다	356	2.95	1.54	61.78	생기다	303	2.52	1.34	55.59
14	알다	266	2.20	1.15	62.93	먹다	271	2.26	1.20	56.79
15	만나다	263	2.18	1.14	64.07	알다	267	2.22	1.18	57.97
16	모르다	261	2.16	1.13	65.20	들다	252	2.10	1.11	59.08
17	찾다	260	2.15	1.13	66.33	쓰다	246	2.05	1.09	60.17
18	만들다	248	2.05	1.08	67.41	키우다	220	1.83	0.97	61.14
19	듣다	248	2.05	1.08	68.48	만나다	209	1.74	0.92	62.06
20	받다	243	2.01	1.05	69.53	만들다	205	1.71	0.90	62.97
21	대하다	237	1.96	1.03	70.56	도와주다	187	1.56	0.83	63.79
22	들다	215	1.78	0.93	71.49	가지다	178	1.48	0.79	64.58
23	주다	199	1.65	0.86	72.36	따르다	175	1.46	0.77	65.35
24	자다	197	1.63	0.85	73.21	오다	173	1.44	0.76	66.11
25	도와주다	175	1.45	0.76	73.97	배우다	169	1.41	0.75	66.86
26	나오다	133	1.10	0.58	74.54	찾다	169	1.41	0.75	67.61
27	사귀다	121	1.00	0.52	75.07	사다	164	1.37	0.72	68.33
28	나다	120	0.99	0.52	75.59	모르다	162	1.35	0.72	69.04
29	끝나다	113	0.94	0.49	76.08	나다	146	1.22	0.64	69.69
30	가지다	108	0.89	0.47	76.55	듣다	136	1.13	0.60	70.29

〈표 44〉 순위별 상위 빈도의 동사(5급, 6급) [QR 코드]

순위	5급	빈도	1,000 어절당 빈도	사용 비율	누적 비율	6급	빈도	1,000 어절당 빈도	사용 비율	누적 비율
1	있다	3,486	32.64	18.87	18.87	있다	3,100	27.86	16.72	16.72
2	하다	1,965	18.40	10.64	29.50	하다	1,925	17.30	10.38	27.11
3	되다	1,063	9.95	5.75	35.26	되다	1,191	10.71	6.42	33.53
4	보다	638	5.97	3.45	38.71	보다	640	5.75	3.45	36.98
5	대하다	492	4.61	2.66	41.37	대하다	502	4.51	2.71	39.69
6	위하다	391	3.66	2.12	43.49	위하다	453	4.07	2.44	42.13
7	받다	364	3.41	1.97	45.46	받다	378	3.40	2.04	44.17
8	주다	342	3.20	1.85	47.31	따르다	315	2.83	1.70	45.87
9	살다	322	3.02	1.74	49.06	살다	310	2.79	1.67	47.54
10	가다	307	2.87	1.66	50.72	주다	294	2.64	1.59	49.13
11	알다	305	2.86	1.65	52.37	가다	279	2.51	1.50	50.63
12	생기다	262	2.45	1.42	53.79	생기다	222	2.00	1.20	51.83
13	가지다	248	2.32	1.34	55.13	만들다	215	1.93	1.16	52.99
14	들다	247	2.31	1.34	56.47	들다	215	1.93	1.16	54.15
15	배우다	232	2.17	1.26	57.72	가지다	214	1.92	1.15	55.31
16	오다	227	2.13	1.23	58.95	통하다	210	1.89	1.13	56.44
17	따르다	218	2.04	1.18	60.13	알다	208	1.87	1.12	57.56
18	통하다	190	1.78	1.03	61.16	쓰다	168	1.51	0.91	58.47
19	맞다	186	1.74	1.01	62.17	오다	158	1.42	0.85	59.32
20	모르다	165	1.54	0.89	63.06	먹다	131	1.18	0.71	60.02
21	많아지다	157	1.47	0.85	63.91	모르다	128	1.15	0.69	60.72
22	먹다	154	1.44	0.83	64.74	나타나다	123	1.11	0.66	61.38
23	만들다	154	1.44	0.83	65.58	배우다	119	1.07	0.64	62.02

순위	5급	빈도	1,000어절당 빈도	사용 비율	누적 비율	6급	빈도	1,000어절당 빈도	사용 비율	누적 비율
24	나오다	145	1.36	0.78	66.36	만나다	116	1.04	0.63	62.65
25	찾다	144	1.35	0.78	67.14	미치다	111	1.00	0.60	63.25
26	좋아하다	143	1.34	0.77	67.91	보이다	109	0.98	0.59	63.83
27	쓰다	141	1.32	0.76	68.68	얻다	108	0.97	0.58	64.42
28	미치다	124	1.16	0.67	69.35	나오다	106	0.95	0.57	64.99
29	만나다	122	1.14	0.66	70.01	많아지다	102	0.92	0.55	65.54
30	느끼다	115	1.08	0.62	70.63	들다	100	0.90	0.54	66.08

4.2.2. 형용사

1) 형용사의 빈도

형용사 사용 빈도를 살펴보면 1,000어절당 64.4개의 형용사가 사용되고 있는 것으로 나타났다. 동사의 사용 빈도와 비교했을 때는 형용사가 약 1/3가량 더 적게 사용되고 있었다. 형용사의 각 수준에서의 사용 빈도는 아래의 표와 같다.

〈표 45〉 형용사의 사용 빈도

		1급	2급	3급	4급	5급	6급
전체 어절 수		106,045	109,595	120,734	120,129	106,799	111,251
전체 표본 수		1,560	993	906	912	699	695
형용사	빈도	6,286	8,646	8,271	7,892	6,874	5,501
	1,000어절당 빈도	59.3	78.9	68.5	65.7	64.4	49.5

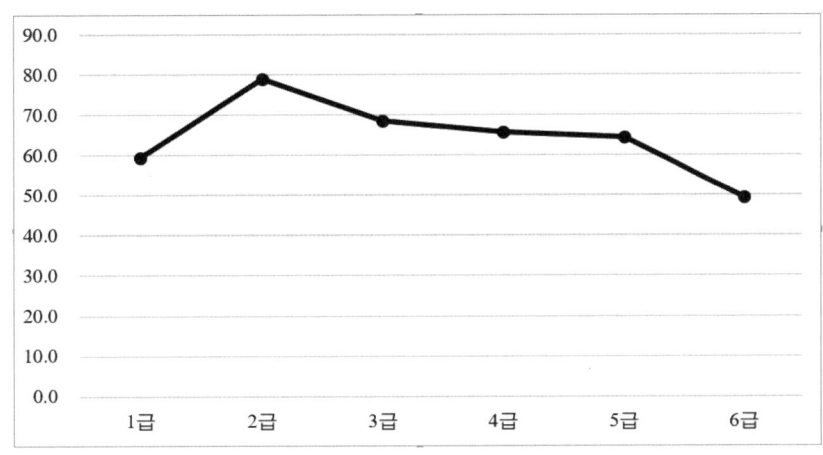

〈그림 18〉 형용사의 수준별 1,000어절당 빈도

수준에 따른 형용사 사용을 봤을 때, 2급에서 사용 빈도가 가장 높았다. 2급 이후부터는 다시 형용사 사용이 줄어드는 양상을 보였다.[22]

다음은 형용사의 사용 분포를 나타낸 것으로 674,553어절 중 사용된 형용사의 유형(type)은 815개의 유형이었다.[23] 이를 좀 더 상세히 표로 보이면 아래와 같다.[24]

---

[22] 고급으로 갈수록 파생어를 많이 사용하게 되는데, 학습자 말뭉치의 형태 주석 지침상 접사를 분리해서 분석하는 것으로 인해 '어근 명사+하다', '어근 명사+되다'와 같은 파생 형용사는 형용사로 분석되지 않고 각각 명사와 형용사파생접미사로 분석되었다. 따라서 중·고급에서의 형용사 사용 빈도는 여기서 제시한 수치에 비해 더 높게 나타날 것으로 추측된다.

[23] 이들 유형(type)의 수에는 철자 오류나 발음 오류 등에 의한 형태적인 오류형이 포함되어 있다.

[24] 이에서는 상위 30위까지만 제시한다. 사용된 전체 형용사의 빈도는 QR 코드를 통해 확인하기 바란다.

〈표 46〉 순위별 형용사의 빈도 및 누적 사용 비율 [QR 코드]

순위	형용사	빈도	1,000어절당 빈도	사용 비율	누적 비율
1	좋다	7,921	11.74	18.22	18.22
2	많다	4,667	6.92	10.74	28.96
3	없다	4,580	6.79	10.54	39.49
4	재미있다	2,115	3.14	4.87	44.36
5	같다	1,796	2.66	4.13	48.49
6	크다	1,548	2.29	3.56	52.05
7	나쁘다	1,025	1.52	2.36	54.41
8	어렵다	992	1.47	2.28	56.69
9	힘들다	987	1.46	2.27	58.96
10	맛있다	968	1.44	2.23	61.19
11	예쁘다	964	1.43	2.22	63.41
12	이렇다	929	1.38	2.14	65.54
13	아름답다	704	1.04	1.62	67.16
14	쉽다	684	1.01	1.57	68.74
15	다르다	667	0.99	1.53	70.27
16	어리다	636	0.94	1.46	71.73
17	어떻다	510	0.76	1.17	72.91
18	편하다	505	0.75	1.16	74.07
19	그렇다	490	0.73	1.13	75.20
20	비싸다	421	0.62	0.97	76.17
21	친하다	392	0.58	0.90	77.07
22	작다	356	0.53	0.82	77.89
23	바쁘다	330	0.49	0.76	78.65
24	즐겁다	327	0.48	0.75	79.40
25	싸다	283	0.42	0.65	80.05

순위	형용사	빈도	1,000어절당 빈도	사용 비율	누적 비율
26	높다	273	0.40	0.63	80.68
27	새롭다	267	0.40	0.61	81.29
28	젊다	256	0.38	0.59	81.88
29	싫다	230	0.34	0.53	82.41
30	적다	226	0.34	0.52	82.93

중국인 학습자는 82.93%의 형용사 사용이 상위 30개의 형용사로 이루어짐을 알 수 있다. 상위 30개의 형용사가 쓰인 누적 사용률 82.93%로 상위 30개의 동사가 쓰인 누적 사용률 73.42%보다 더 높다. 이는 학습자들이 동사보다 형용사에서 상위 빈도 형용사를 더 집중적으로 사용하고 있는 것을 보여준다. 사용한 형용사 중에 '좋다, 많다, 없다, 재미있다, 같다, 크다'의 6개 형용사가 전체 형용사 사용의 약 50%를 차지하고 있었다.

2) 수준에 따른 형용사 사용의 차이

형용사 사용 양상을 수준에 따라 살펴보면, 각 수준별로 사용된 형용사의 빈도와 유형은 아래와 같다.

〈표 47〉 형용사의 빈도 수 및 유형 수

		1급	2급	3급	4급	5급	6급
전체 어절 수		106,045	109,595	120,734	120,129	106,799	111,251
전체 표본 수		1,560	993	906	912	699	695
형용사	빈도 수 (token)	6,286	8,646	8,271	7,892	6,874	5,501
	유형 수 (type)	292	308	289	256	262	259
	사용률	5.93	7.89	6.85	6.57	6.44	4.94

먼저 1급 106,045어절 중 사용된 형용사는 6,286개의 292개 유형, 2급 109,595어절에서는 8,646개의 308개 유형의 형용사가 사용되었다. 1급에서 2급까지는 형용사의 빈도와 유형 수가 모두 증가하는 양상을 보였다. 하지만 3급 120,734어절에서는 8,271개의 289개 유형, 4급 120,129어절에서는 7,892개의 256개 유형, 5급 106,799어절에서는 6,874개의 262개 유형, 6급 111,251어절에서는 5,501개의 259개 유형의 형용사가 사용되었다. 2급 이후부터는 형용사의 빈도와 유형의 수가 줄어들면서 6급에 이르면 오히려 1급보다 형용사 빈도와 유형의 수가 더 줄어드는 것으로 나타났다.

다음으로 각 수준별로 고빈도 형용사의 사용률을 비교해 보면, 1급에서는 상위 10위까지의 형용사가 전체 형용사 사용의 70.09%였으며, 2급에서는 65.73%, 3급에서는 63.95%, 4급에서는 67.13%, 5급에서는 63.34%, 6급에서는 61.57%로 나타났다. 상위 10위까지는 1급과 6급을 비교했을 때 누적 사용률이 약 8.52%의 차이가 나면서 고급으로 갈수록 상위 빈도 형용사를 집중적으로 사용하는 경향이 줄어들었다. 하지만 상위 30위까지의 사용 형용사의 누적 사용률에서는, 1급이 87.26%, 2급이 86.42%, 3급이 84.85%, 4급이 87.37%, 5급이 85.90%, 6급이 84.62%로, 1급과 6급을 비교했을 때 누적 사용률이 약 2.64%의 차이가 나면서, 1급과 6급의 상위 빈도 형용사 사용이 크게 다르지 않은 것으로 나타났다.

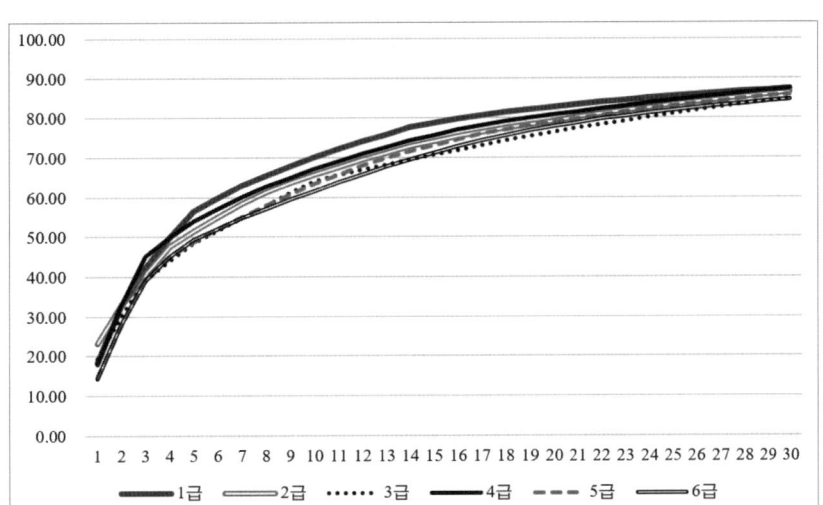

〈그림 19〉 수준별 상위 빈도 형용사의 누적 사용률

다음으로 많이 나타나는 형용사들을 학습자의 수준별로 살펴보면 아래와 같다. 1급에서 5급까지는 '좋다'가 상위 빈도 형용사 1위로 나타나고, 6급에서는 '없다'가 상위 빈도 형용사 1위로 나타났다. 전반적으로 '좋다, 많다, 없다'의 형용사가 고빈도로 사용되는 모습을 보였다.

〈표 48〉 순위별 상위 빈도의 형용사(1급, 2급) **[QR 코드]**

순위	1급	빈도	1,000 어절당 빈도	사용 비율	누적 비율	2급	빈도	1,000 어절당 빈도	사용 비율	누적 비율
1	좋다	1,147	10.82	18.25	18.25	좋다	1,993	18.19	23.05	23.05
2	재미있다	897	8.46	14.27	32.52	많다	845	7.71	9.77	32.82
3	많다	612	5.77	9.74	42.25	없다	671	6.12	7.76	40.59
4	맛있다	487	4.59	7.75	50.00	재미있다	606	5.53	7.01	47.59
5	예쁘다	411	3.88	6.54	56.54	같다	328	2.99	3.79	51.39
6	어렵다	207	1.95	3.29	59.83	맛있다	319	2.91	3.69	55.08

순위	1급	빈도	1,000 어절당 빈도	사용 비율	누적 비율	2급	빈도	1,000 어절당 빈도	사용 비율	누적 비율
7	없다	203	1.91	3.23	63.06	크다	291	2.66	3.37	58.44
8	비싸다	154	1.45	2.45	65.51	예쁘다	240	2.19	2.78	61.22
9	춥다	150	1.41	2.39	67.90	힘들다	211	1.93	2.44	63.66
10	아름답다	138	1.30	2.20	70.09	아름답다	179	1.63	2.07	65.73
11	덥다	132	1.24	2.10	72.19	편하다	164	1.50	1.90	67.63
12	맵다	116	1.09	1.85	74.04	친하다	158	1.44	1.83	69.45
13	크다	113	1.07	1.80	75.84	나쁘다	146	1.33	1.69	71.14
14	싸다	109	1.03	1.73	77.57	어렵다	145	1.32	1.68	72.82
15	같다	73	0.69	1.16	78.73	비싸다	116	1.06	1.34	74.16
16	즐겁다	63	0.59	1.00	79.73	이렇다	104	0.95	1.20	75.36
17	바쁘다	53	0.50	0.84	80.58	다르다	90	0.82	1.04	76.41
18	멋있다	53	0.50	0.84	81.42	맵다	84	0.77	0.97	77.38
19	어떻다	46	0.43	0.73	82.15	쉽다	81	0.74	0.94	78.31
20	힘들다	40	0.38	0.64	82.79	싸다	80	0.73	0.93	79.24
21	기쁘다	35	0.33	0.56	83.34	작다	77	0.70	0.89	80.13
22	귀엽다	35	0.33	0.56	83.90	싫다	77	0.70	0.89	81.02
23	가깝다	33	0.31	0.52	84.43	멋있다	69	0.63	0.80	81.82
24	빠르다	31	0.29	0.49	84.92	어떻다	64	0.58	0.74	82.56
25	편하다	30	0.28	0.48	85.40	즐겁다	64	0.58	0.74	83.30
26	작다	28	0.26	0.45	85.84	가깝다	56	0.51	0.65	83.95
27	맛있다[25]	25	0.24	0.40	86.24	괜찮다	55	0.50	0.64	84.58
28	멀다	22	0.21	0.35	86.59	바쁘다	54	0.49	0.62	85.21
29	다르다	21	0.20	0.33	86.92	어리다	53	0.48	0.61	85.82
30	맑다	21	0.20	0.33	87.26	기쁘다	52	0.47	0.60	86.42

〈표 49〉 순위별 상위 빈도의 형용사(3급, 4급) [QR 코드]

순위	3급	빈도	1,000 어절당 빈도	사용 비율	누적 비율	4급	빈도	1,000 어절당 빈도	사용 비율	누적 비율
1	좋다	1,598	13.24	19.32	19.32	좋다	1,410	11.74	17.87	17.87
2	없다	893	7.40	10.80	30.12	없다	1,185	9.86	15.02	32.88
3	많다	750	6.21	9.07	39.19	많다	963	8.02	12.20	45.08
4	같다	410	3.40	4.96	44.14	같다	388	3.23	4.92	50.00
5	재미있다	359	2.97	4.34	48.48	크다	310	2.58	3.93	53.93
6	크다	267	2.21	3.23	51.71	이렇다	248	2.06	3.14	57.07
7	나쁘다	263	2.18	3.18	54.89	나쁘다	243	2.02	3.08	60.15
8	이렇다	257	2.13	3.11	58.00	힘들다	201	1.67	2.55	62.70
9	힘들다	253	2.10	3.06	61.06	쉽다	176	1.47	2.23	64.93
10	어렵다	242	2.00	2.93	63.98	어렵다	174	1.45	2.20	67.13
11	예쁘다	137	1.13	1.66	65.64	재미있다	154	1.28	1.95	69.08
12	편하다	108	0.89	1.31	66.94	어리다	141	1.17	1.79	70.87
13	다르다	107	0.89	1.29	68.24	다르다	136	1.13	1.72	72.59
14	늦다	103	0.85	1.25	69.48	그렇다	130	1.08	1.65	74.24
15	어리다	101	0.84	1.22	70.70	어떻다	110	0.92	1.39	75.63
16	그렇다	99	0.82	1.20	71.90	편하다	108	0.90	1.37	77.00
17	비싸다	99	0.82	1.20	73.10	친하다	88	0.73	1.12	78.12
18	쉽다	97	0.80	1.17	74.27	바쁘다	74	0.62	0.94	79.05
19	맛있다	92	0.76	1.11	75.38	젊다	74	0.62	0.94	79.99
20	고맙다	83	0.69	1.00	76.39	빠르다	63	0.52	0.80	80.79
21	어떻다	82	0.68	0.99	77.38	작다	60	0.50	0.76	81.55
22	아름답다	77	0.64	0.93	78.31	새롭다	57	0.47	0.72	82.27
23	작다	77	0.64	0.93	79.24	아름답다	56	0.47	0.71	82.98

순위	3급	빈도	1,000 어절당 빈도	사용 비율	누적 비율	4급	빈도	1,000 어절당 빈도	사용 비율	누적 비율
24	즐겁다	77	0.64	0.93	80.17	싫다	56	0.47	0.71	83.69
25	친하다	75	0.62	0.91	81.08	적다	56	0.47	0.71	84.40
26	아프다	69	0.57	0.83	81.91	심하다	53	0.44	0.67	85.07
27	멀다	69	0.57	0.83	82.75	즐겁다	49	0.41	0.62	85.69
28	바쁘다	58	0.48	0.70	83.45	슬프다	48	0.40	0.61	86.30
29	싸다	58	0.48	0.70	84.15	무섭다	43	0.36	0.54	86.85
30	괜찮다	58	0.48	0.70	84.85	높다	41	0.34	0.52	87.37

〈표 50〉 순위별 상위 빈도의 형용사(5급, 6급) [QR 코드]

순위	5급	빈도	1,000 어절당 빈도	사용 비율	누적 비율	6급	빈도	1,000 어절당 빈도	사용 비율	누적 비율
1	좋다	1,013	9.49	14.74	14.74	없다	782	7.03	14.22	14.22
2	많다	884	8.28	12.86	27.60	좋다	760	6.83	13.82	28.03
3	없다	846	7.92	12.31	39.90	많다	613	5.51	11.14	39.17
4	같다	368	3.45	5.35	45.26	크다	334	3.00	6.07	45.25
5	나쁘다	242	2.27	3.52	48.78	같다	229	2.06	4.16	49.41
6	크다	233	2.18	3.39	52.17	어리다	151	1.36	2.74	52.15
7	아름답다	198	1.85	2.88	55.05	다르다	146	1.31	2.65	54.81
8	쉽다	194	1.82	2.82	57.87	힘들다	129	1.16	2.35	57.15
9	이렇다	193	1.81	2.81	60.68	어렵다	122	1.10	2.22	59.37
10	어리다	183	1.71	2.66	63.34	이렇다	121	1.09	2.20	61.57

---

25 '맜있다'는 '맛있다'의 오류형이다.

순위	5급	빈도	1,000 어절당 빈도	사용 비율	누적 비율	6급	빈도	1,000 어절당 빈도	사용 비율	누적 비율
11	다르다	167	1.56	2.43	65.77	쉽다	119	1.07	2.16	63.73
12	힘들다	153	1.43	2.23	68.00	나쁘다	111	1.00	2.02	65.75
13	예쁘다	126	1.18	1.83	69.83	어떻다	108	0.97	1.96	67.71
14	그렇다	122	1.14	1.77	71.60	젊다	100	0.90	1.82	69.53
15	어렵다	102	0.96	1.48	73.09	심하다	91	0.82	1.65	71.19
16	어떻다	100	0.94	1.45	74.54	그렇다	90	0.81	1.64	72.82
17	새롭다	95	0.89	1.38	75.92	새롭다	77	0.69	1.40	74.22
18	올바르다	77	0.72	1.12	77.04	높다	71	0.64	1.29	75.51
19	높다	67	0.63	0.97	78.02	작다	68	0.61	1.24	76.75
20	심하다	63	0.59	0.92	78.94	강하다	58	0.52	1.05	77.80
21	바쁘다	62	0.58	0.90	79.84	아름답다	56	0.50	1.02	78.82
22	재미있다	59	0.55	0.86	80.70	적다	48	0.43	0.87	79.69
23	편하다	55	0.51	0.80	81.50	빠르다	42	0.38	0.76	80.46
24	젊다	51	0.48	0.74	82.24	재미있다	40	0.36	0.73	81.19
25	작다	46	0.43	0.67	82.91	편하다	40	0.36	0.73	81.91
26	즐겁다	46	0.43	0.67	83.58	낮다	35	0.31	0.64	82.55
27	적다	46	0.43	0.67	84.24	바쁘다	29	0.26	0.53	83.08
28	친하다	41	0.38	0.60	84.84	낫다	29	0.26	0.53	83.60
29	빠르다	38	0.36	0.55	85.39	즐겁다	28	0.25	0.51	84.11
30	지나치다	35	0.33	0.51	85.90	기쁘다	28	0.25	0.51	84.62

4.2.3. 보조 용언

1) 보조 용언의 빈도

보조 용언 사용 빈도를 살펴보면 1,000어절당 34개의 보조 용언이 사용되고 있는 것으로 나타났다. 이들의 각 수준에서의 사용 빈도는 아래의 표와 같다.

〈표 51〉 보조 용언의 사용 빈도

		1급	2급	3급	4급	5급	6급
전체 어절 수		106,045	109,595	120,734	120,129	106,799	111,251
전체 표본 수		1,560	993	906	912	699	695
보조 용언	빈도	2,762	3,188	4,368	4,594	3,836	4,162
	1,000어절당 빈도	26.0	29.1	36.2	38.2	35.9	37.4

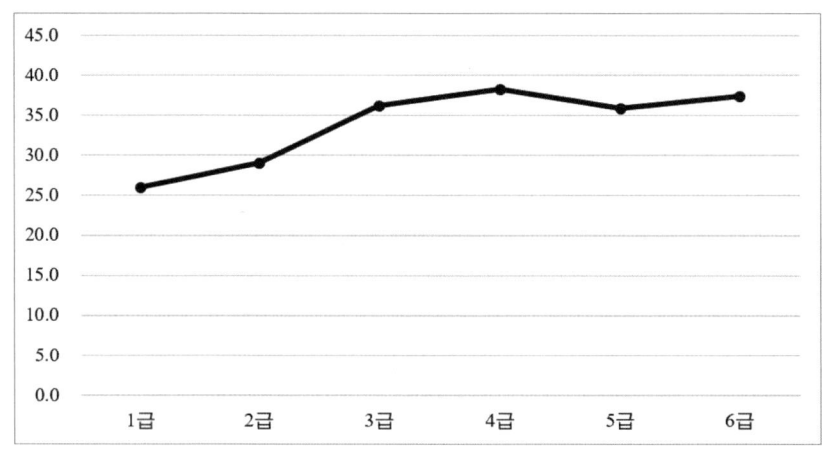

〈그림 20〉 보조 용언의 수준별 1,000어절당 빈도

수준에 따른 보조 용언 사용을 봤을 때, 4급에서 사용 빈도가 가장 높았다. 초급에서 중급으로 가면서 사용 빈도가 증가하며, 중급 이후에는 일정한 빈도를 계속

유지하는 양상을 보였다.

다음은 보조 용언의 사용 분포를 나타낸 것으로 674,553어절 중 사용된 보조 용언의 유형(type)은 86개의 유형이었다.[26] 이를 좀 더 상세히 표로 보이면 아래와 같다.[27]

〈표 52〉 순위별 보조 용언의 빈도 및 누적 사용 비율 [QR 코드]

순위	보조 용언	빈도	1,000어절당 빈도	사용 비율	누적 비율
1	싶다	5,135	7.61	22.41	22.41
2	하다	4,700	6.97	20.52	42.93
3	않다	3,733	5.53	16.29	59.22
4	있다	3,621	5.37	15.81	75.03
5	지다	1,677	2.49	7.32	82.35
6	보다	1,378	2.04	6.01	88.36
7	주다	885	1.31	3.86	92.23
8	못하다	412	0.61	1.80	94.02
9	말다	402	0.60	1.75	95.78
10	나다	216	0.32	0.94	96.72
11	오다	103	0.15	0.45	97.17
12	가다	97	0.14	0.42	97.59
13	버리다	61	0.09	0.27	97.86
14	안다	59	0.09	0.26	98.12
15	가지다	52	0.08	0.23	98.35
16	내다	46	0.07	0.20	98.55

---

[26] 이들 유형(type)의 수에는 철자 오류나 발음 오류 등에 의한 형태적인 오류형이 포함되어 있다.
[27] 이에서는 상위 30위까지만 제시한다. 사용된 전체 보조용언의 빈도는 QR 코드를 통해 확인하기 바란다.

순위	보조 용언	빈도	1,000어절당 빈도	사용 비율	누적 비율
17	듯싶다	41	0.06	0.18	98.73
18	드리다	40	0.06	0.17	98.90
19	두다	31	0.05	0.14	99.04
20	놓다	28	0.04	0.12	99.16
21	달다	19	0.03	0.08	99.24
22	마다	18	0.03	0.08	99.32
23	많다	16	0.02	0.07	99.39
24	나가다	12	0.02	0.05	99.44
25	십다	9	0.01	0.04	99.48
26	부다	8	0.01	0.03	99.52
27	계시다	8	0.01	0.03	99.55
28	해다	7	0.01	0.03	99.58
29	치다	4	0.01	0.02	99.60
30	보이다	4	0.01	0.02	99.62

중국인 학습자는 99.62%의 보조 용언 사용이 상위 30개의 보조 용언으로 이루어짐을 알 수 있다. 보조 용언의 경우 상위 30개의 보조 용언이 학습자의 보조 용언 사용의 전부라고 볼 수 있다. 학습자들이 사용한 보조 용언 중에 '싶다, 하다, 않다' 3개 보조 용언이 전체 보조 용언 사용의 약 59%를 차지하고 있었다. '싶다, 하다' 보조용언은 전체 사용에서 각각 약 20%의 높은 사용 비율을 보였다.

2) 수준에 따른 보조 용언 사용의 차이

보조 용언 사용 양상을 수준에 따라 살펴보면, 각 수준별로 사용된 보조 용언의 빈도와 유형은 아래와 같다.

⟨표 53⟩ 보조 용언의 빈도 수 및 유형 수

		1급	2급	3급	4급	5급	6급
전체 어절 수		106,045	109,595	120,734	120,129	106,799	111,251
전체 표본 수		1,560	993	906	912	699	695
보조 용언	빈도 수 (token)	2,762	3,188	4,368	4,594	3,836	4,162
	유형 수 (type)	26	35	37	45	38	42
	사용률	2.60	2.91	3.62	3.82	3.59	3.74

먼저 1급 106,045어절 중 사용된 보조 용언은 2,762개의 26개 유형, 2급 109,595어절에서는 3,188개의 35개 유형, 3급 120,734어절에서는 4,368개의 37개 유형, 4급 120,129어절에서는 4,594개의 45개 유형의 보조 용언이 사용되었다. 1급에서 4급까지는 보조 용언의 빈도와 유형 수가 증가했다. 하지만 5급 106,799어절에서는 3,836개의 38개 유형으로 다시 빈도와 유형이 감소했다. 다시 6급 111,251어절에서는 4,162개의 42개 유형의 보조 용언이 사용되며 다소 증가하는 양상을 보였다.

다음으로 각 수준별로 상위 빈도 보조 용언의 사용률을 비교해 보면, 1급에서는 상위 10위까지의 보조 용언이 전체 보조 용언 사용의 99.02%였으며, 2급에서는 96.46%, 3급에서는 97.53%, 4급에서는 96.39%, 5급에서는 96.30%, 6급에서는 96.23%로 나타났다.

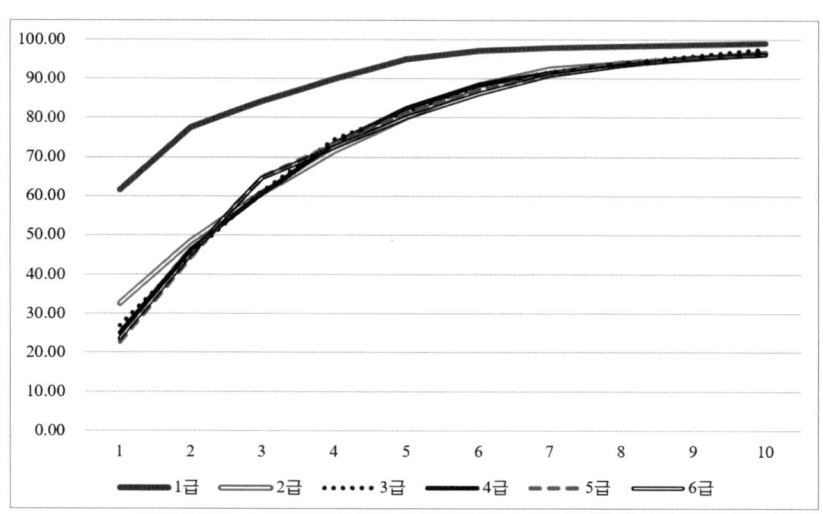

〈그림 21〉 수준별 상위 빈도 보조 용언의 누적 사용률

위의 그래프는 전체 보조 용언 사용 중 상위 10위까지의 상위 빈도 사용 보조 용언의 누적 사용률을 보인 것이다. 여기서 확인할 수 있듯이, 1급이 특히 상위 빈도 상위 1위의 보조 용언 '싶다'를 절대적으로 많이 사용하고 있는 것을 알 수 있다. 1급에서 보조 용언 '싶다'의 사용 비율은 전체 보조 용언 사용의 61.40%인 것으로 나타났다. 중국어권 학습자들은 1급에서 6급까지 전체 수준에서 상위 빈도 상위 10개의 보조 용언을 집중적으로 사용하는 양상을 보였다.

다음으로 많이 나타나는 보조 용언들을 학습자의 수준별로 살펴보면 아래와 같다[28].

---

[28] 보조 용언은 어휘 수가 많지 않고 저빈도 오류형의 교정형을 상정하기 쉽지 않아 각 급별로 빈도 3 이상의 목록만 제시하였다.

〈표 54〉 순위별 상위 빈도의 보조 용언(1급, 2급) [QR 코드]

순위	1급	빈도	1,000 어절당 빈도	사용 비율	누적 비율	2급	빈도	1,000 어절당 빈도	사용 비율	누적 비율
1	싶다	1,696	15.99	61.40	61.40	싶다	1,037	9.46	32.53	32.53
2	하다	444	4.19	16.08	77.48	하다	507	4.63	15.90	48.43
3	않다	183	1.73	6.63	84.11	않다	389	3.55	12.20	60.63
4	있다	157	1.48	5.68	89.79	있다	347	3.17	10.88	71.52
5	보다	142	1.34	5.14	94.93	지다	273	2.49	8.56	80.08
6	주다	58	0.55	2.10	97.03	보다	261	2.38	8.19	88.27
7	지다	23	0.22	0.83	97.86	주다	132	1.20	4.14	92.41
8	못하다	13	0.12	0.47	98.33	말다	45	0.41	1.41	93.82
9	말다	11	0.10	0.40	98.73	나다	45	0.41	1.41	95.23
10	싶다	8	0.08	0.29	99.02	가지다	39	0.36	1.22	96.46
11	오다	5	0.05	0.18	99.20	못하다	35	0.32	1.10	97.55
12	안다	3	0.03	0.11	99.31	버리다	10	0.09	0.31	97.87
13						드리다	10	0.09	0.31	98.18
14						오다	9	0.08	0.28	98.46
15						안다	9	0.08	0.28	98.75
16						많다	7	0.06	0.22	98.96
17						내다	6	0.05	0.19	99.15
18						놓다	4	0.04	0.13	99.28
19						가다	3	0.03	0.09	99.37

〈표 55〉 순위별 상위 빈도의 보조 용언(3급, 4급) **[QR 코드]**

순위	3급	빈도	1,000 어절당 빈도	사용 비율	누적 비율	4급	빈도	1,000 어절당 빈도	사용 비율	누적 비율
1	싶다	1,173	9.72	26.85	26.85	하다	1,142	9.51	24.86	24.86
2	하다	796	6.59	18.22	45.08	않다	981	8.17	21.35	46.21
3	있다	702	5.81	16.07	61.15	있다	654	5.44	14.24	60.45
4	않다	577	4.78	13.21	74.36	싶다	598	4.98	13.02	73.47
5	지다	322	2.67	7.37	81.73	지다	413	3.44	8.99	82.46
6	보다	283	2.34	6.48	88.21	보다	279	2.32	6.07	88.53
7	주다	150	1.24	3.43	91.64	주다	137	1.14	2.98	91.51
8	말다	98	0.81	2.24	93.89	말다	114	0.95	2.48	93.99
9	못하다	84	0.70	1.92	95.81	못하다	55	0.46	1.20	95.19
10	나다	75	0.62	1.72	97.53	가다	55	0.46	1.20	96.39
11	오다	15	0.12	0.34	97.87	나다	29	0.24	0.63	97.02
12	안다	15	0.12	0.34	98.21	오다	18	0.15	0.39	97.41
13	달다	11	0.09	0.25	98.47	안다	18	0.15	0.39	97.80
14	가지다	8	0.07	0.18	98.65	버리다	17	0.14	0.37	98.17
15	가다	7	0.06	0.16	98.81	두다	17	0.14	0.37	98.54
16	놓다	6	0.05	0.14	98.95	드리다	12	0.10	0.26	98.80
17	버리다	5	0.04	0.11	99.06	놓다	10	0.08	0.22	99.02
18	두다	5	0.04	0.11	99.18	마다	7	0.06	0.15	99.17
19	내다	4	0.03	0.09	99.27	계시다	4	0.03	0.09	99.26
20	드리다	4	0.03	0.09	99.36	많다	3	0.02	0.07	99.33
21	마다	4	0.03	0.09	99.45	들리다	3	0.02	0.07	99.39
22	많다	3	0.02	0.07	99.52					
23	부다	3	0.02	0.07	99.59					
24	해다	3	0.02	0.07	99.66					

<표 56> 순위별 상위 빈도의 보조 용언(5급, 6급) [QR 코드]

순위	5급	빈도	1,000 어절당 빈도	사용 비율	누적 비율	6급	빈도	1,000 어절당 빈도	사용 비율	누적 비율
1	있다	866	8.11	22.58	22.58	하다	976	8.77	23.45	23.45
2	하다	835	7.82	21.77	44.34	있다	895	8.04	21.50	44.95
3	않다	783	7.33	20.41	64.75	않다	820	7.37	19.70	64.66
4	지다	328	3.07	8.55	73.31	싶다	325	2.92	7.81	72.47
5	싶다	306	2.87	7.98	81.28	지다	318	2.86	7.64	80.11
6	보다	222	2.08	5.79	87.07	주다	254	2.28	6.10	86.21
7	주다	154	1.44	4.01	91.08	보다	191	1.72	4.59	90.80
8	못하다	116	1.09	3.02	94.11	못하다	109	0.98	2.62	93.42
9	말다	50	0.47	1.30	95.41	말다	84	0.76	2.02	95.43
10	나다	34	0.32	0.89	96.30	나다	33	0.30	0.79	96.23
11	듯싶다	31	0.29	0.81	97.11	오다	33	0.30	0.79	97.02
12	오다	23	0.22	0.60	97.71	가다	20	0.18	0.48	97.50
13	내다	15	0.14	0.39	98.10	내다	20	0.18	0.48	97.98
14	버리다	14	0.13	0.36	98.46	버리다	14	0.13	0.34	98.32
15	가다	12	0.11	0.31	98.77	듯싶다	10	0.09	0.24	98.56
16	안다	8	0.07	0.21	98.98	드리다	10	0.09	0.24	98.80
17	두다	5	0.05	0.13	99.11	나가다	9	0.08	0.22	99.01
18	놓다	5	0.05	0.13	99.24	안다	6	0.05	0.14	99.16
19	마다	4	0.04	0.10	99.35	두다	4	0.04	0.10	99.26
20						놓다	3	0.03	0.07	99.33
21						달다	3	0.03	0.07	99.40

4.3. 수식언 및 독립언

4.3.1. 관형사

1) 관형사의 빈도

관형사 사용 빈도는 1,000어절당 평균 22.7개가 사용되고 있는 것으로 나타났다. 이들의 각 수준에서의 사용 빈도는 아래의 표와 같다.

〈표 57〉 관형사의 사용 빈도

		1급	2급	3급	4급	5급	6급
전체 어절 수		106,045	109,595	120,734	120,129	106,799	111,251
전체 표본 수		1,560	993	906	912	699	695
관형사	빈도	1,276	1,986	3,185	2,998	2,873	3,027
	1,000어절당 빈도	12.0	18.1	26.4	25.0	26.9	27.2

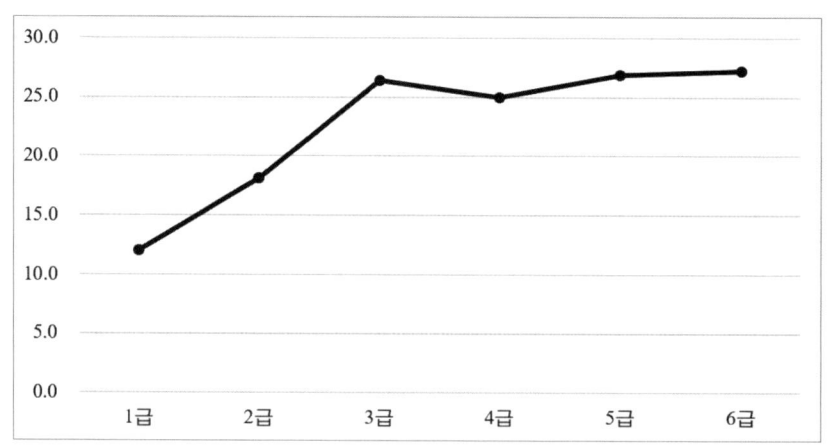

〈그림 22〉 관형사의 수준별 1,000어절당 빈도

위의 그래프는 관형사의 사용 분포를 나타낸 것으로 관형사 사용 빈도를 수준별로 살펴보면, 1급에서 3급까지 급격히 빈도가 높아지다가 3급 이후로는 빈도 증가 추이가 정체되는 경향을 보인다.

674,553어절 중 사용된 관형사의 유형(type)은 161개였다.[29] 이를 좀 더 상세히 표로 보이면 아래와 같다.[30]

⟨표 58⟩ 순위별 관형사의 빈도 및 누적 사용 비율 [QR 코드]

순위	관형사	빈도	1,000어절당 빈도	사용 비율	누적 비율
1	그	3,075	4.56	20.04	20.04
2	이	2,244	3.33	14.62	34.66
3	다른	1,779	2.64	11.59	46.26
4	한	1,487	2.20	9.69	55.95
5	이런	1,235	1.83	8.05	63.99
6	여러	977	1.45	6.37	70.36
7	두	885	1.31	5.77	76.13
8	어떤	852	1.26	5.55	81.68
9	세	272	0.40	1.77	83.45
10	첫	232	0.34	1.51	84.97
11	어느	221	0.33	1.44	86.41
12	몇	220	0.33	1.43	87.84
13	그런	217	0.32	1.41	89.25
14	모든	214	0.32	1.39	90.65
15	아무	188	0.28	1.23	91.87

---

[29] 이들 유형(type)의 수에는 철자 오류나 발음 오류 등에 의한 형태적인 오류형이 포함되어 있다.

[30] 이에서는 상위 30위까지만 제시한다. 사용된 전체 관형사의 빈도는 QR 코드를 통해 확인하기 바란다.

순위	관형사	빈도	1,000어절당 빈도	사용 비율	누적 비율
16	무슨	166	0.25	1.08	92.96
17	네	130	0.19	0.85	93.80
18	새	116	0.17	0.76	94.56
19	열한	100	0.15	0.65	95.21
20	전	90	0.13	0.59	95.80
21	열두	81	0.12	0.53	96.32
22	각	45	0.07	0.29	96.62
23	다름	29	0.04	0.19	96.81
24	약	26	0.04	0.17	96.98
25	저	26	0.04	0.17	97.15
26	어떤	18	0.03	0.12	97.26
27	온	17	0.03	0.11	97.37
28	한두	17	0.03	0.11	97.48
29	매	15	0.02	0.10	97.58
30	스물한	14	0.02	0.09	97.67

위의 표를 보면 중국인 학습자 자료에 나타난 관형사 중 상위 30개가 전체의 97.67%를 차지해 상위 빈도 관형사의 비중이 매우 높다는 것을 알 수 있다. 관형사의 하위 유형 중 지시 관형사가 가장 많이 사용되었다. '이, 그, 저, 다른' 등 대표적인 지시 관형사의 사용 비율 합이 46.43%로 거의 절반에 가깝다. 순위로 보아도 '그, 이, 다른'이 빈도 순위 1~3위를 차지하였다. '한, 두, 세' 등 일상생활에서 많이 언급되는 작은 수를 나타내는 수 관형사도 각각 4위, 7위, 9위로 상위 빈도를 차지하였다. 한편 성상 관형사는 '첫' 하나만 1.51%의 사용 비율로 10위권 내에 들었다.

2) 수준에 따른 관형사 사용 양상

관형사 사용 양상을 수준에 따라 살펴보면, 각 수준별로 사용된 관형사의 빈도와 유형은 아래와 같다.

〈표 59〉 관형사의 빈도 수 및 유형 수

		1급	2급	3급	4급	5급	6급
전체 어절 수		106,045	109,595	120,734	120,129	106,799	111,251
전체 표본 수		1,560	993	906	912	699	695
관형사	빈도 수 (token)	1,276	1,986	3,185	2,998	2,873	3,027
	유형 수 (type)	50	52	79	65	73	64
	사용률	1.20	1.81	2.64	2.50	2.69	2.72

1급 106,045어절 중 사용된 관형사는 1,276개의 50개 유형, 2급 109,595어절 1,986개의 52개 유형, 3급 120,734어절 3,185개의 79개 유형이 사용되어 2급에서 3급으로 가면서 눈에 띄게 관형사의 유형과 사용 빈도가 증가하였다. 4급 120,129어절에서는 2,998개의 65개 유형, 5급 106,799어절 2,873개의 73개 유형, 6급의 111,251어절 3,027개의 64개 유형이 사용되었다. 3급에서 급격히 유형과 빈도가 증가한 이후로는 오히려 평균적으로 약간 감소하는 것으로 나타났다. 관형사는 어휘 집합이 폐쇄적이기 때문에 관형사 어휘를 어느 정도 익히고 난 후에는 더 확장되지 않는 양상이 드러난다.

다음으로 각 수준별로 상위 빈도의 관형사 사용률을 비교해 보면, 1급에서는 상위 10위까지의 관형사가 전체 관형사 사용의 91.14%였으며, 2급에서는 87.56%, 3급에서는 88.26%, 4급에서는 86.39%, 5급에서는 87.40%, 6급에서는 84.57%로 나타났다. 전체 관형사 사용 중 상위 10위까지의 상위 빈도 사용 관형사의 누적 사용률을 그래프로 보이면 아래와 같다.

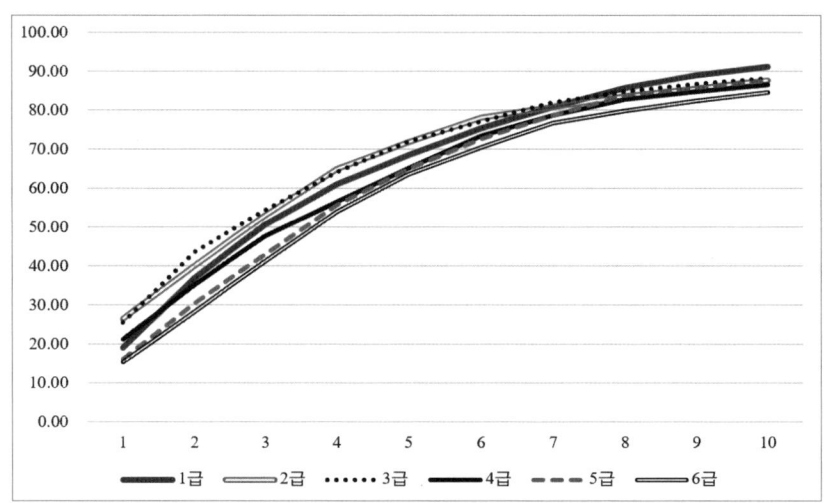

〈그림 23〉 수준별 상위 빈도 관형사의 누적 사용률

위의 그래프에서도 확인할 수 있듯이, 수준이 높아질수록 상위 빈도 어휘의 누적 사용률 증가 추이는 조금씩 낮아진다. 상위 10위까지의 상위 빈도 관형사 사용 비중이 줄어드는 것이다.

다음으로 많이 나타나는 관형사를 학습자의 수준별로 살펴보면 아래와 같다.

〈표 60〉 순위별 상위 빈도의 관형사(1급, 2급) [QR 코드]

순위	1급	빈도	1,000 어절당 빈도	사용 비율	누적 비율	2급	빈도	1,000 어절당 빈도	사용 비율	누적 비율
1	그	242	2.28	18.97	18.97	그	528	4.82	26.59	26.59
2	한	228	2.15	17.87	36.83	한	267	2.44	13.44	40.03
3	이	176	1.66	13.79	50.63	이	255	2.33	12.84	52.87

순위	1급	빈도	1,000 어절당 빈도	사용 비율	누적 비율	2급	빈도	1,000 어절당 빈도	사용 비율	누적 비율
4	두	133	1.25	10.42	61.05	다른	238	2.17	11.98	64.85
5	열한	94	0.89	7.37	68.42	두	137	1.25	6.90	71.75
6	세	88	0.83	6.90	75.31	여러	126	1.15	6.34	78.10
7	열두	69	0.65	5.41	80.72	이런	54	0.49	2.72	80.82
8	여러	63	0.59	4.94	85.66	네	52	0.47	2.62	83.43
9	네	42	0.40	3.29	88.95	어떤	41	0.37	2.06	85.50
10	다른	28	0.26	2.19	91.14	그런	41	0.37	2.06	87.56
11	새	15	0.14	1.18	92.32	아무	29	0.26	1.46	89.02
12	이런	9	0.08	0.71	93.03	세	27	0.25	1.36	90.38
13	저	9	0.08	0.71	93.73	어느	25	0.23	1.26	91.64
14	어떤	6	0.06	0.47	94.20	새	24	0.22	1.21	92.85
15	어느	6	0.06	0.47	94.67	첫	19	0.17	0.96	93.81
16	스물네	6	0.06	0.47	95.14	모든	17	0.16	0.86	94.66
17	그런	5	0.05	0.39	95.53	무슨	17	0.16	0.86	95.52
18	다름[31]	5	0.05	0.39	95.92	몇	15	0.14	0.76	96.27
19	스물한	4	0.04	0.31	96.24	전	8	0.07	0.40	96.68
20	하[32]	4	0.04	0.31	96.55	타른[33]	8	0.07	0.40	97.08

---

[31] '다름'은 '한국의 다름 종소를 여행에도 가고 싶습니다.'와 같이 사용된 오류형이다.
[32] '하'는 '감천 문화 마을에 꼭 하 번 가세요.'와 같이 사용된 오류형이다.
[33] '타른'은 '생활의 품직을 밖에 타른 것도 중요한다.'와 같이 사용된 오류형이다.

〈표 61〉 순위별 상위 빈도의 관형사(3급, 4급) **[QR 코드]**

순위	3급	빈도	1,000 어절당 빈도	사용 비율	누적 비율	4급	빈도	1,000 어절당 빈도	사용 비율	누적 비율
1	그	814	6.74	25.56	25.56	그	638	5.31	21.28	21.28
2	이	572	4.74	17.96	43.52	이	414	3.45	13.81	35.09
3	다른	342	2.83	10.74	54.25	다른	378	3.15	12.61	47.70
4	한	315	2.61	9.89	64.14	여러	262	2.18	8.74	56.44
5	두	250	2.07	7.85	71.99	이런	260	2.16	8.67	65.11
6	여러	160	1.33	5.02	77.02	어떤	243	2.02	8.11	73.22
7	이런	156	1.29	4.90	81.92	한	164	1.37	5.47	78.69
8	어떤	90	0.75	2.83	84.74	두	123	1.02	4.10	82.79
9	세	60	0.50	1.88	86.62	첫	54	0.45	1.80	84.59
10	무슨	52	0.43	1.63	88.26	몇	54	0.45	1.80	86.39
11	첫	48	0.40	1.51	89.76	그런	50	0.42	1.67	88.06
12	아무	44	0.36	1.38	91.15	모든	48	0.40	1.60	89.66
13	몇	35	0.29	1.10	92.24	어느	45	0.37	1.50	91.16
14	어느	33	0.27	1.04	93.28	아무	45	0.37	1.50	92.66
15	새	29	0.24	0.91	94.19	무슨	37	0.31	1.23	93.90
16	그런	24	0.20	0.75	94.95	세	34	0.28	1.13	95.03
17	모든	24	0.20	0.75	95.70	새	16	0.13	0.53	95.56
18	네	20	0.17	0.63	96.33	전	14	0.12	0.47	96.03
19	다름	7	0.06	0.22	96.55	네	9	0.07	0.30	96.33
20	저	7	0.06	0.22	96.77	다름	9	0.07	0.30	96.63

⟨표 62⟩ 순위별 상위 빈도의 관형사(5급, 6급) **[QR 코드]**

순위	5급	빈도	1,000 어절당 빈도	사용 비율	누적 비율	6급	빈도	1,000 어절당 빈도	사용 비율	누적 비율
1	그	464	4.34	16.15	16.15	이	463	4.16	15.30	15.30
2	다른	408	3.82	14.20	30.35	이런	393	3.53	12.98	28.28
3	이	364	3.41	12.67	43.02	그	389	3.50	12.85	41.13
4	이런	363	3.40	12.63	55.66	다른	385	3.46	12.72	53.85
5	어떤	263	2.46	9.15	64.81	한	292	2.62	9.65	63.50
6	한	221	2.07	7.69	72.50	어떤	209	1.88	6.90	70.40
7	여러	176	1.65	6.13	78.63	여러	190	1.71	6.28	76.68
8	두	147	1.38	5.12	83.75	두	95	0.85	3.14	79.81
9	첫	54	0.51	1.88	85.62	모든	73	0.66	2.41	82.23
10	모든	51	0.48	1.78	87.40	몇	71	0.64	2.35	84.57
11	어느	49	0.46	1.71	89.11	어느	63	0.57	2.08	86.65
12	몇	43	0.40	1.50	90.60	그런	56	0.50	1.85	88.50
13	그런	41	0.38	1.43	92.03	첫	54	0.49	1.78	90.29
14	무슨	36	0.34	1.25	93.28	전	51	0.46	1.68	91.97
15	아무	33	0.31	1.15	94.43	아무	37	0.33	1.22	93.19
16	세	27	0.25	0.94	95.37	세	36	0.32	1.19	94.38
17	새	16	0.15	0.56	95.93	각	29	0.26	0.96	95.34
18	전	12	0.11	0.42	96.35	무슨	21	0.19	0.69	96.04
19	각	10	0.09	0.35	96.69	새	16	0.14	0.53	96.56
20	다름	5	0.05	0.17	96.87	약	9	0.08	0.30	96.86

4.3.2. 일반부사

1) 일반부사의 빈도

일반부사 사용 빈도는 1,000어절당 86.4개가 사용되고 있는 것으로 나타났으며, 이들의 각 수준에서의 사용 빈도는 아래의 표와 같다.

〈표 63〉 일반부사의 사용 빈도

		1급	2급	3급	4급	5급	6급
전체 어절 수		106,045	109,595	120,734	120,129	106,799	111,251
전체 표본 수		1,560	993	906	912	699	695
일반부사	빈도	8,578	11,318	11,997	10,322	8,351	7,735
	1,000어절당 빈도	80.9	103.3	99.4	85.9	78.2	69.5

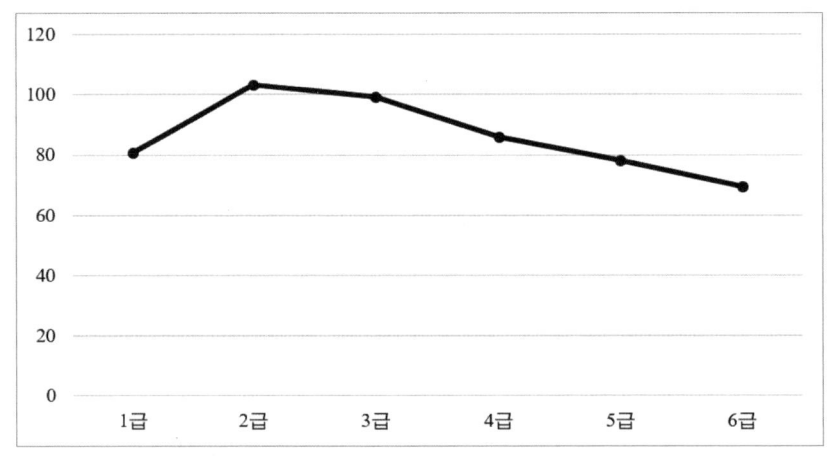

〈그림 24〉 일반부사의 수준별 1,000어절당 빈도

위의 그래프에서 보는 바와 같이 수준에 따른 부사 사용을 봤을 때, 2급과 3급에서의 사용 빈도가 다른 수준에 비해 높았음을 알 수 있다.

다음은 일반부사의 사용 분포를 나타낸 것으로 674,553어절 중 사용된 부사의 유형(type)은 1,368개였다.[34] 이를 좀 더 상세히 표로 보이면 아래와 같다.[35]

〈표 64〉 순위별 부사의 빈도 및 누적 사용 비율 [QR 코드]

순위	일반부사	빈도	1,000어절당 빈도	사용비율	누적비율
1	많이	5,640	8.36	9.67	9.67
2	같이	4,360	6.46	7.48	17.15
3	잘	3,069	4.55	5.26	22.42
4	더	2,946	4.37	5.05	27.47
5	너무	2,550	3.78	4.37	31.84
6	아주	2,223	3.30	3.81	35.66
7	안	2,154	3.19	3.69	39.35
8	다	1,906	2.83	3.27	42.62
9	지금	1,843	2.73	3.16	45.78
10	제일	1,612	2.39	2.76	48.55
11	열심히	1,373	2.04	2.36	50.90
12	자주	1,306	1.94	2.24	53.14
13	매일	1,306	1.94	2.24	55.38
14	정말	1,181	1.75	2.03	57.41
15	꼭	1,128	1.67	1.93	59.34
16	못	941	1.39	1.61	60.96
17	항상	912	1.35	1.56	62.52
18	가장	772	1.14	1.32	63.84
19	혼자	766	1.14	1.31	65.16

---

[34] 이들 유형(type)의 수에는 철자 오류나 발음 오류 등에 의한 형태적인 오류형이 포함되어 있다.
[35] 이에서는 상위 30위까지만 제시한다. 사용된 전체 일반부사의 빈도는 QR 코드를 통해 확인하기 바란다.

순위	일반부사	빈도	1,000어절당 빈도	사용비율	누적비율
20	왜냐하면	741	1.10	1.27	66.43
21	계속	660	0.98	1.13	67.56
22	또	573	0.85	0.98	68.54
23	또한	568	0.84	0.97	69.52
24	좀	563	0.83	0.97	70.48
25	모두	537	0.80	0.92	71.41
26	다시	491	0.73	0.84	72.25
27	보통	482	0.71	0.83	73.07
28	먼저	481	0.71	0.83	73.90
29	점점	479	0.71	0.82	74.72
30	진짜	444	0.66	0.76	75.48

위의 표에서 보는 바와 같이 75.48%의 부사 사용이 상위 30개의 부사로 이루어지고 있었으며, '많이, 같이, 잘, 더, 너무, 아주, 안, 다, 지금, 제일, 열심히'가 상위 50%를 차지하고 있었다.

2) 수준에 따른 부사 사용의 차이

부사 사용 양상을 수준에 따라 살펴보면, 각 수준별로 사용된 부사의 빈도와 유형은 아래와 같다.

〈표 65〉 일반부사의 빈도 수 및 유형 수

		1급	2급	3급	4급	5급	6급
전체 어절 수		106,045	109,595	120,734	120,129	106,799	111,251
전체 표본 수		1,560	993	906	912	699	695
일반 부사	빈도 수 (token)	8,578	11,318	11,997	10,322	8,351	7,735
	유형 수 (type)	299	427	498	514	511	528
	사용률	8.09	10.33	9.94	8.59	7.82	6.95

먼저 1급 106,045어절 중 사용된 부사는 8,578개의 299개 유형, 2급 109,595어절에서는 11,318개의 427개 유형의 부사를 사용되고 있어, 1급에 비하면 2급에서는 사용 부사의 유형 수가 많아짐을 알 수 있다. 3급 120,734어절에서 11,997개의 498개 유형의 부사가 사용되었으며, 4급 120,129어절에서는 10,322개의 514개 유형의 부사, 5급 106,799어절에서는 8,351개의 511개 유형의 부사가, 6급 111,251어절에서는 7,735개의 528개 유형의 부사가 사용되었다. 이를 볼 때 부사 사용 빈도는 2급과 3급에서 많았으며, 부사의 유형 수는 3급 이후부터 크게 많아지지는 않고 있음을 알 수 있다.

다음으로 각 수준별로 상위 빈도의 부사 사용률을 비교해 보면, 1급에서는 상위 10위까지의 부사가 전체 부사 사용의 69%였으며, 2급에서는 56%, 3급에서는 48%, 4급에서는 47%, 5급에서는 44%, 6급에서는 39%로, 중·고급으로 가면서 상위 빈도 부사를 집중적으로 사용하는 것이 줄고 있음을 알 수 있다. 전체 부사 사용 중 상위 30위까지의 사용 부사의 누적 사용률을 그래프로 보이면 아래와 같다.

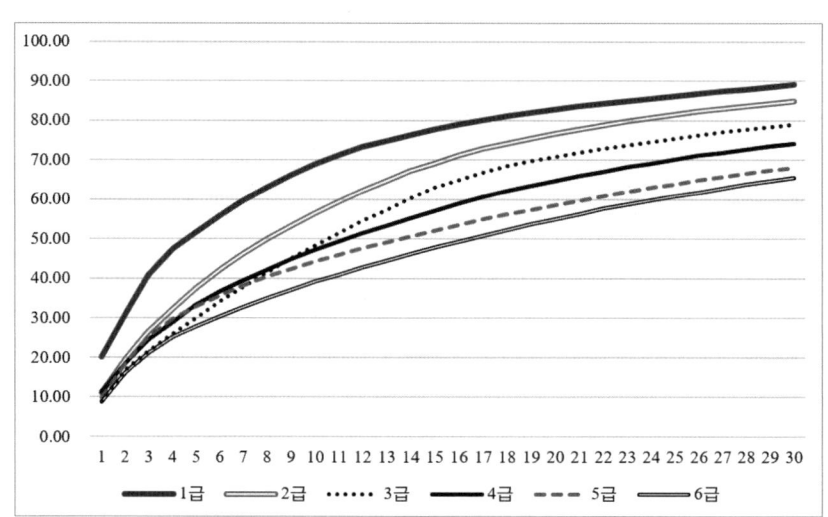

〈그림 25〉 수준별 상위 빈도 일반부사의 누적 사용률

위의 그래프에서 보는 바와 같이 상위 빈도 부사의 누적 사용률을 보면 초급에서보다는 중급에서 누적 사용률이 낮고, 중급에서보다는 고급, 그중에서도 특히 5급에서의 누적 사용률이 낮음을 볼 수 있다. 이는 다시 말하면 초급에서는 전체 부사 사용에서 상위 빈도 부사를 더 많이 사용하고 이러한 비율은 중·고급으로 가면서 차차 적어진다는 것이다.

다음으로 많이 나타나는 부사들을 살펴보면, 초급에서는 '많이, 같이, 아주, 너무, 지금, 자주, 매일, 정말, 안' 등이, 중급에서는 '많이, 같이, 너무, 잘, 안, 다, 제일' 등이, 고급에서는 '더, 많이, 잘, 다, 안, 제일, 너무' 등이 상위 빈도로 사용되고 있음을 알 수 있다. 그를 좀 더 상세히 보이면 아래와 같다.

〈표 66〉 순위별 상위 빈도의 일반부사(1급, 2급) **[QR 코드]**

순위	1급	빈도	1,000 어절당 빈도	사용 비율	누적 비율	2급	빈도	1,000 어절당 빈도	사용 비율	누적 비율
1	같이	1,724	16.26	20.10	20.10	많이	1,235	11.27	10.91	10.91
2	많이	909	8.57	10.60	30.69	같이	965	8.81	8.53	19.44
3	아주	872	8.22	10.17	40.86	너무	801	7.31	7.08	26.52
4	너무	553	5.21	6.45	47.31	아주	653	5.96	5.77	32.28
5	지금	375	3.54	4.37	51.68	잘	589	5.37	5.20	37.49
6	자주	348	3.28	4.06	55.74	안	531	4.85	4.69	42.18
7	매일	335	3.16	3.91	59.64	지금	444	4.05	3.92	46.10
8	정말	288	2.72	3.36	63.00	제일	425	3.88	3.76	49.86
9	안	275	2.59	3.21	66.20	매일	381	3.48	3.37	53.22
10	잘	223	2.10	2.60	68.80	자주	357	3.26	3.15	56.38
11	보통	201	1.90	2.34	71.15	정말	345	3.15	3.05	59.43
12	열심히	176	1.66	2.05	73.20	열심히	314	2.87	2.77	62.20
13	제일	139	1.31	1.62	74.82	더	278	2.54	2.46	64.66
14	더	128	1.21	1.49	76.31	다	275	2.51	2.43	67.09
15	조금	119	1.12	1.39	77.70	꼭	233	2.13	2.06	69.15
16	모두	106	1.00	1.24	78.93	못	219	2.00	1.93	71.08
17	꼭	94	0.89	1.10	80.03	항상	197	1.80	1.74	72.82
18	못	90	0.85	1.05	81.08	조금	144	1.31	1.27	74.09
19	좀	74	0.70	0.86	81.94	모두	143	1.30	1.26	75.36
20	함께	70	0.66	0.82	82.76	진짜	135	1.23	1.19	76.55
21	다	68	0.64	0.79	83.55	좀	134	1.22	1.18	77.73
22	진짜	57	0.54	0.66	84.22	다시	114	1.04	1.01	78.74
23	항상	56	0.53	0.65	84.87	보통	110	1.00	0.97	79.71

순위	1급	빈도	1,000 어절당 빈도	사용 비율	누적 비율	2급	빈도	1,000 어절당 빈도	사용 비율	누적 비율
24	왜냐하면	55	0.52	0.64	85.51	또	105	0.96	0.93	80.64
25	매우	54	0.51	0.63	86.14	왜냐하면	94	0.86	0.83	81.47
26	빨리	53	0.50	0.62	86.76	빨리	92	0.84	0.81	82.28
27	가장	50	0.47	0.58	87.34	별로	79	0.72	0.70	82.98
28	혼자	47	0.44	0.55	87.89	혼자	78	0.71	0.69	83.67
29	한번	47	0.44	0.55	88.44	계속	69	0.63	0.61	84.28
30	오늘	47	0.44	0.55	88.98	가장	65	0.59	0.57	84.86

〈표 67〉 순위별 상위 빈도의 일반부사(3급, 4급) [QR 코드]

순위	3급	빈도	1,000 어절당 빈도	사용 비율	누적 비율	4급	빈도	1,000 어절당 빈도	사용 비율	누적 비율
1	많이	1,072	8.88	8.94	8.94	많이	1,148	9.56	11.12	11.12
2	같이	927	7.68	7.73	16.66	잘	750	6.24	7.27	18.39
3	너무	580	4.80	4.83	21.50	더	624	5.19	6.05	24.43
4	잘	521	4.32	4.34	25.84	안	457	3.80	4.43	28.86
5	지금	497	4.12	4.14	29.98	다	454	3.78	4.40	33.26
6	혼자	495	4.10	4.13	34.11	같이	347	2.89	3.36	36.62
7	안	444	3.68	3.70	37.81	너무	290	2.41	2.81	39.43
8	다	444	3.68	3.70	41.51	열심히	288	2.40	2.79	42.22
9	더	420	3.48	3.50	45.01	제일	263	2.19	2.55	44.77
10	제일	390	3.23	3.25	48.26	꼭	241	2.01	2.33	47.10
11	열심히	387	3.21	3.23	51.49	가장	235	1.96	2.28	49.38
12	아주	357	2.96	2.98	54.46	항상	207	1.72	2.01	51.39

순위	3급	빈도	1,000 어절당 빈도	사용 비율	누적 비율	4급	빈도	1,000 어절당 빈도	사용 비율	누적 비율
13	꼭	343	2.84	2.86	57.32	자주	200	1.66	1.94	53.32
14	매일	340	2.82	2.83	60.16	왜냐하면	197	1.64	1.91	55.23
15	정말	329	2.72	2.74	62.90	계속	196	1.63	1.90	57.13
16	자주	231	1.91	1.93	64.82	지금	192	1.60	1.86	58.99
17	못	231	1.91	1.93	66.75	못	172	1.43	1.67	60.66
18	항상	215	1.78	1.79	68.54	매일	147	1.22	1.42	62.08
19	왜냐하면	142	1.18	1.18	69.73	아주	143	1.19	1.39	63.47
20	가장	129	1.07	1.08	70.80	점점	130	1.08	1.26	64.73
21	좀	124	1.03	1.03	71.83	또	121	1.01	1.17	65.90
22	계속	114	0.94	0.95	72.78	또한	118	0.98	1.14	67.04
23	조금	114	0.94	0.95	73.74	서로	112	0.93	1.09	68.13
24	진짜	106	0.88	0.88	74.62	정말	107	0.89	1.04	69.16
25	아무리	104	0.86	0.87	75.49	먼저	105	0.87	1.02	70.18
26	빨리	90	0.75	0.75	76.24	좀	94	0.78	0.91	71.09
27	다시	89	0.74	0.74	76.98	얼마나	83	0.69	0.80	71.89
28	모두	85	0.70	0.71	77.69	아무리	81	0.67	0.78	72.68
29	또	81	0.67	0.68	78.36	그냥	79	0.66	0.77	73.45
30	먼저	81	0.67	0.68	79.04	모두	76	0.63	0.74	74.18

〈표 68〉 순위별 상위 빈도의 일반부사(5급, 6급) [QR 코드]

순위	5급	빈도	1,000 어절당 빈도	사용 비율	누적 비율	6급	빈도	1,000 어절당 빈도	사용 비율	누적 비율
1	더	820	7.68	9.82	9.82	더	676	6.08	8.74	8.74
2	많이	711	6.66	8.51	18.33	많이	565	5.08	7.30	16.04

순위	5급	빈도	1,000 어절당 빈도	사용 비율	누적 비율	6급	빈도	1,000 어절당 빈도	사용 비율	누적 비율
3	잘	588	5.51	7.04	25.37	잘	398	3.58	5.15	21.19
4	다	368	3.45	4.41	29.78	다	297	2.67	3.84	25.03
5	같이	260	2.43	3.11	32.89	안	215	1.93	2.78	27.81
6	안	232	2.17	2.78	35.67	또한	191	1.72	2.47	30.28
7	제일	212	1.99	2.54	38.21	제일	183	1.64	2.37	32.64
8	너무	193	1.81	2.31	40.52	지금	181	1.63	2.34	34.98
9	지금	154	1.44	1.84	42.37	가장	167	1.50	2.16	37.14
10	왜냐하면	154	1.44	1.84	44.21	계속	154	1.38	1.99	39.13
11	또한	148	1.39	1.77	45.98	점점	142	1.28	1.84	40.97
12	점점	137	1.28	1.64	47.62	같이	137	1.23	1.77	42.74
13	가장	126	1.18	1.51	49.13	너무	133	1.20	1.72	44.46
14	항상	123	1.15	1.47	50.60	못	131	1.18	1.69	46.15
15	아주	122	1.14	1.46	52.07	꼭	128	1.15	1.65	47.81
16	또	121	1.13	1.45	53.51	열심히	115	1.03	1.49	49.30
17	먼저	115	1.08	1.38	54.89	항상	114	1.02	1.47	50.77
18	계속	104	0.97	1.25	56.14	바로	113	1.02	1.46	52.23
19	바로	103	0.96	1.23	57.37	또	109	0.98	1.41	53.64
20	못	98	0.92	1.17	58.54	다시	109	0.98	1.41	55.05
21	열심히	93	0.87	1.11	59.66	먼저	100	0.90	1.29	56.34
22	자주	93	0.87	1.11	60.77	왜냐하면	99	0.89	1.28	57.62
23	꼭	89	0.83	1.07	61.84	서로	85	0.76	1.10	58.72
24	다시	87	0.81	1.04	62.88	아직	84	0.76	1.09	59.81
25	서로	86	0.81	1.03	63.91	자주	77	0.69	1.00	60.80
26	좀	82	0.77	0.98	64.89	아무리	77	0.69	1.00	61.80

순위	5급	빈도	1,000 어절당 빈도	사용 비율	누적 비율	6급	빈도	1,000 어절당 빈도	사용 비율	누적 비율
27	정말	68	0.64	0.81	65.70	아주	76	0.68	0.98	62.78
28	얼마나	68	0.64	0.81	66.52	없이	76	0.68	0.98	63.76
29	아직	67	0.63	0.80	67.32	특히	75	0.67	0.97	64.73
30	특히	66	0.62	0.79	68.11	모두	67	0.60	0.87	65.60

4.3.3. 접속부사

1) 접속부사의 빈도

접속부사 사용 빈도는 1,000어절당 20.4개를 사용하고 있으며, 수준이 올라갈수록 접속부사 사용 빈도는 낮아지고 있다. 각 수준에서의 사용 빈도를 보이면 아래의 표와 같다.

〈표 69〉 접속부사의 사용 빈도

		1급	2급	3급	4급	5급	6급
전체 어절 수		106,045	109,595	120,734	120,129	106,799	111,251
전체 표본 수		1,560	993	906	912	699	695
일반 부사	빈도	3,172	2,885	2,757	2,166	1,463	1,338
	1,000어절당 빈도	29.91	26.32	22.84	18.03	13.70	12.03

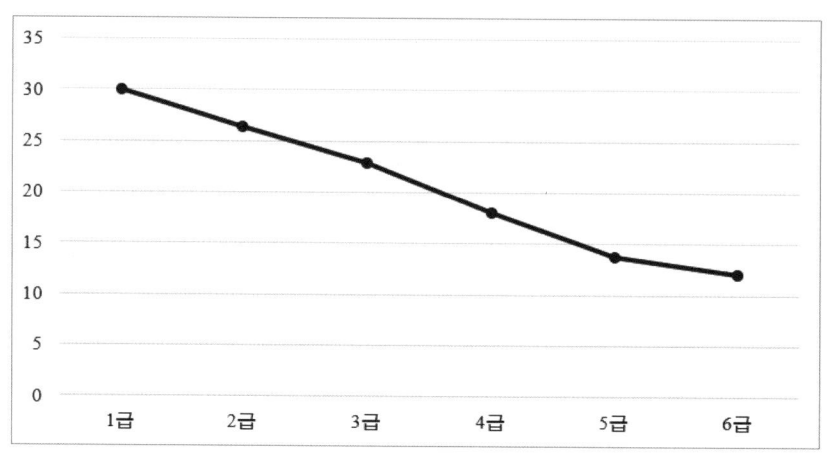

〈그림 26〉 접속부사의 수준별 1,000어절당 빈도

다음으로 674,553어절 중 사용된 부사의 유형(type)은 169개의 유형이었다.[36] 이를 좀 더 상세히 표로 보이면 아래와 같다.[37]

〈표 70〉 순위별 접속부사의 빈도 및 누적 사용 비율 [QR 코드]

순위	접속부사	빈도	1,000어절당 빈도	사용 비율	누적비율
1	그래서	4,741	7.03	34.40	34.40
2	그리고	4,340	6.43	31.49	65.90
3	그런데	1,341	1.99	9.73	75.63
4	하지만	1,077	1.60	7.82	83.44
5	그렇지만	449	0.67	3.26	86.70
6	그러나	248	0.37	1.80	88.50

---

[36] 이들 유형(type)의 수에는 철자 오류나 발음 오류 등에 의한 형태적인 오류형이 포함되어 있다.
[37] 이에서는 상위 30위까지만 제시한다. 사용된 전체 접속부사의 빈도는 QR 코드를 통해 확인하기 바란다.

순위	접속부사	빈도	1,000어절당 빈도	사용 비율	누적비율
7	근데	241	0.36	1.75	90.25
8	그러니까	165	0.24	1.20	91.44
9	그러므로	157	0.23	1.14	92.58
10	따라서	126	0.19	0.91	93.50
11	그레서[38]	111	0.16	0.81	94.30
12	그럼	106	0.16	0.77	95.07
13	그러서	67	0.10	0.49	95.56
14	그러지만	59	0.09	0.43	95.99
15	그래고	35	0.05	0.25	96.24
16	그러면	34	0.05	0.25	96.49
17	그러데	31	0.05	0.22	96.71
18	그리서	27	0.04	0.20	96.91
19	그래도	26	0.04	0.19	97.10
20	그렇데	26	0.04	0.19	97.29
21	고리고	21	0.03	0.15	97.44
22	그런대	19	0.03	0.14	97.58
23	고래서	14	0.02	0.10	97.68
24	그데	14	0.02	0.10	97.78
25	그렇니까	14	0.02	0.10	97.88
26	그럼데	12	0.02	0.09	97.97
27	그런지만	10	0.01	0.07	98.04
28	하지마	10	0.01	0.07	98.11
29	그런면	8	0.01	0.06	98.17
30	단	8	0.01	0.06	98.23

---

[38] '그레서', '그러서', '그리서', '고래서'는 '그래서'의 오류형이고, '그래고', '고리고', '그렇데', '그러데'는

위의 표에서 보는 바와 같이 98.23%의 부사 사용이 상위 30개의 접속부사로 이루어지고 있으며, 특히 접속부사의 90%가 '그래서, 그리고, 그런데, 하지만, 그렇지만, 그러나, 근데'에 집중되어 있음을 알 수 있다. 그리고 이 중 '근데, 그럼'과 같은 구어적인 접속부사의 사용 빈도도 낮지 않아 작문에 구어적 접속부사도 많이 사용되고 있음을 알 수 있다.

2) 수준에 따른 접속부사 사용의 차이

접속부사 사용 양상을 수준에 따라 살펴보면, 각 수준별로 사용된 접속부사의 빈도와 유형은 아래와 같다.

〈표 71〉 접속부사의 빈도 수 및 유형 수

		1급	2급	3급	4급	5급	6급
전체 어절 수		106,045	109,595	120,734	120,129	106,799	111,251
전체 표본 수		1,560	993	906	912	699	695
일반 부사	빈도 수 (token)	3,172	2,885	2,757	2,166	1,463	1,338
	유형 수 (type)	91	74	54	45	41	38
	사용률	2.99	2.63	2.28	1.80	1.37	1.20

먼저 1급 106,045어절 중 사용된 접속부사는 3,172개의 91개 유형, 2급 109,595어절에서는 2,885개의 74개 유형의 부사를 사용되고 있었으며, 3급 120,734어절에서는 2,757개의 54개 유형의 부사가 사용되었으며, 4급 120,129어절에서는 2,166개의 45개 유형의 부사, 5급 106,799어절에서는 1,463개의 41개 유형의 부사가,

---

'그런데'의 오류형이다.

6급 111,251어절에서는 1,338개의 38개 유형의 부사가 사용되었다. 이를 볼 때 접속부사 사용 빈도와 유형 수는 수준이 올라가면서 점차 적어지고 있는 것을 알 수 있다.[39]

다음으로 각 수준별로 상위 빈도의 접속부사 사용률을 비교해 보면, 모든 수준에서 상위 5개에서 7개 정도의 부사가 전체 부사 사용의 90%를 차지하고 있어, 접속부사의 경우, 중국인 한국어 학습자는 일부 접속부사를 집중적으로 사용하고 있음을 알 수 있다. 전체 부사 사용 중 상위 10위까지의 상위 빈도 사용 부사의 누적 사용률을 그래프로 보이면 아래와 같다.

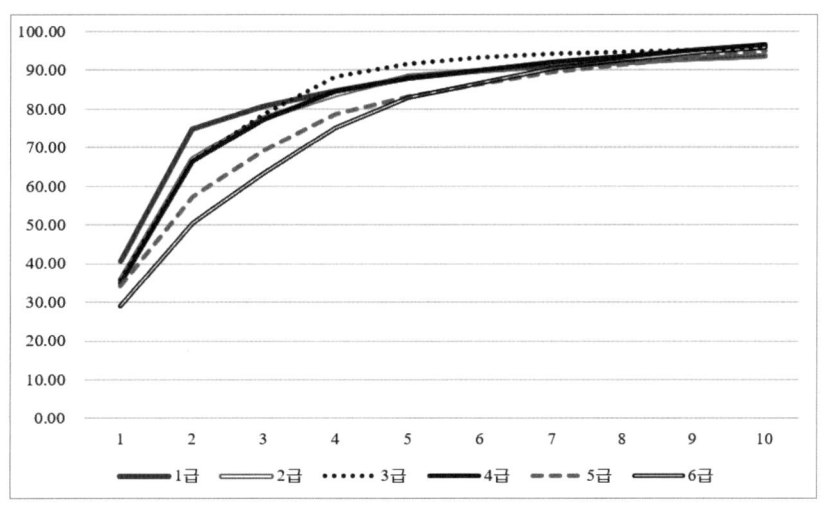

〈그림 27〉 수준별 상위 빈도 접속부사의 누적 사용률

다음으로 많이 나타나는 접속부사들을 살펴보면, 초급에서 고급까지 '그리고, 그래서, 하지만, 그렇지만, 그런데' 등이 상위 빈도로 사용되며 '따라서, 그러므로'

---

[39] 접속부사의 유형 수가 고급에서보다 초급에서 많음은 '그레서, 그러서, 그래고, 그리서'와 같은 철자적, 형태적 오류가 초급에 다수 나타났기 때문이다.

는 중급 이후 4급부터 좀 더 많이 사용되고 있음을 알 수 있다. 그를 좀 더 상세히 보이면 아래와 같다.

〈표 72〉 순위별 상위 빈도의 접속부사(1급, 2급) **[QR 코드]**

순위	1급	빈도	1,000 어절당 빈도	사용 비율	누적 비율	2급	빈도	1,000 어절당 빈도	사용 비율	누적 비율
1	그리고	1,291	12.17	40.70	40.70	그래서	1,035	35.88	35.88	10.91
2	그래서	1,079	10.17	34.02	74.72	그리고	895	31.02	66.90	19.44
3	하지만	187	1.76	5.90	80.61	그런데	308	10.68	77.57	26.52
4	그렇지만	125	1.18	3.94	84.55	하지만	175	6.07	83.64	32.28
5	그런데	106	1.00	3.34	87.89	그렇지만	135	4.68	88.32	37.49
6	그래서	63	0.59	1.99	89.88	근데	43	1.49	89.81	42.18
7	그러서	35	0.33	1.10	90.98	그러지만	32	1.11	90.92	46.10
8	그러니까	33	0.31	1.04	92.02	그래서	30	1.04	91.96	49.86
9	그래고	25	0.24	0.79	92.81	그러니까	24	0.83	92.79	53.22
10	그럼	24	0.23	0.76	93.57	그럼	22	0.76	93.55	56.38
11	그러면	19	0.18	0.60	94.17	그러므로	18	0.62	94.18	59.43
12	그리서	19	0.18	0.60	94.77	그러나	15	0.52	94.70	62.20
13	고리고	13	0.12	0.41	95.18	그렇데	15	0.52	95.22	64.66
14	근데	12	0.11	0.38	95.55	그러서	14	0.49	95.70	67.09
15	고래서	10	0.09	0.32	95.87	그러데	14	0.49	96.19	69.15

〈표 73〉 순위별 상위 빈도의 접속부사(3급, 4급) [QR 코드]

순위	3급	빈도	1,000 어절당 빈도	사용 비율	누적 비율	4급	빈도	1,000 어절당 빈도	사용 비율	누적 비율
1	그래서	986	8.17	35.76	35.76	그래서	754	6.28	34.81	34.81
2	그리고	845	7.00	30.65	66.41	그리고	685	5.70	31.63	66.44
3	그런데	340	2.82	12.33	78.75	그런데	235	1.96	10.85	77.29
4	하지만	264	2.19	9.58	88.32	하지만	158	1.32	7.29	84.58
5	그렇지만	93	0.77	3.37	91.69	근데	70	0.58	3.23	87.81
6	근데	41	0.34	1.49	93.18	그러나	49	0.41	2.26	90.07
7	그러니까	28	0.23	1.02	94.20	그렇지만	42	0.35	1.94	92.01
8	그럼	15	0.12	0.54	94.74	그러니까	34	0.28	1.57	93.58
9	그레서	13	0.11	0.47	95.21	따라서	33	0.27	1.52	95.11
10	그러지만	13	0.11	0.47	95.68	그러므로	30	0.25	1.39	96.49
11	그러나	12	0.10	0.44	96.12	그럼	15	0.12	0.69	97.18
12	따라서	11	0.09	0.40	96.52	그러서	7	0.06	0.32	97.51
13	그러데	8	0.07	0.29	96.81	그런대	4	0.03	0.18	97.69
14	그러면	7	0.06	0.25	97.06	그렇니까	4	0.03	0.18	97.88
15	그럼데	7	0.06	0.25	97.32	그러지만	3	0.02	0.14	98.01

〈표 74〉 순위별 상위 빈도의 접속부사(5급, 6급) [QR 코드]

순위	5급	빈도	1,000 어절당 빈도	사용 비율	누적 비율	6급	빈도	1,000 어절당 빈도	사용 비율	누적 비율
1	그래서	501	4.69	34.24	34.24	그래서	386	3.47	28.85	28.85
2	그리고	336	3.15	22.97	57.21	그리고	288	2.59	21.52	50.37
3	그런데	177	1.66	12.10	69.31	그런데	175	1.57	13.08	63.45

순위	5급	빈도	1,000 어절당 빈도	사용 비율	누적 비율	6급	빈도	1,000 어절당 빈도	사용 비율	누적 비율
4	하지만	136	1.27	9.30	78.61	하지만	157	1.41	11.73	75.19
5	그러나	65	0.61	4.44	83.05	그러나	102	0.92	7.62	82.81
6	그러므로	48	0.45	3.28	86.33	그러므로	53	0.48	3.96	86.77
7	근데	45	0.42	3.08	89.41	따라서	48	0.43	3.59	90.36
8	그렇지만	30	0.28	2.05	91.46	근데	30	0.27	2.24	92.60
9	그러니까	27	0.25	1.85	93.30	그렇지만	24	0.22	1.79	94.39
10	따라서	24	0.22	1.64	94.94	그러니까	19	0.17	1.42	95.81
11	그럼	17	0.16	1.16	96.10	그럼	13	0.12	0.97	96.79
12	그래도	8	0.07	0.55	96.65	그래도	8	0.07	0.60	97.38
13	그러서	4	0.04	0.27	96.92	단	5	0.04	0.37	97.76
14	그런대	4	0.04	0.27	97.20	그러러	3	0.03	0.22	97.98
15	그레서	3	0.03	0.21	97.40	그러서	2	0.02	0.15	98.13

4.3.4. 감탄사

1) 감탄사의 빈도

감탄사 사용 빈도는 1,000어절당 0.2개로 확인되어 다른 품사들과 비교했을 때 낮은 빈도로 사용되고 있는 것으로 나타났다. 이들의 각 수준에서의 사용 빈도는 아래의 표와 같다.

〈표 75〉 감탄사의 사용 빈도

		1급	2급	3급	4급	5급	6급
전체 어절 수		106,045	109,595	120,734	120,129	106,799	111,251
전체 표본 수		1,560	993	906	912	699	695
감탄사	빈도	15	42	26	21	21	22
	1,000어절당 빈도	0.14	0.38	0.22	0.17	0.20	0.20

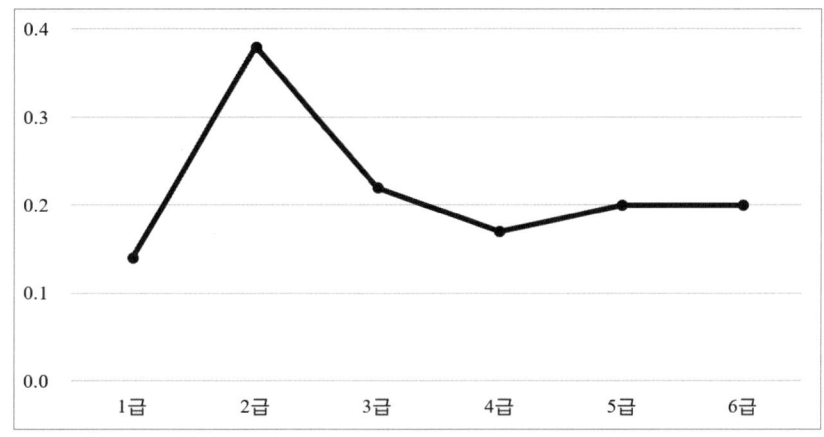

〈그림 28〉 감탄사의 수준별 1,000어절당 빈도

수준에 따른 감탄사 사용을 봤을 때, 2급에서 감탄사의 빈도가 가장 높게 나타나고 수준이 올라갈수록 점차적으로 감소하다가 유지되는 경향을 보였다.

다음은 감탄사의 사용 분포를 나타낸 것으로 674,553어절 중 사용된 감탄사의 유형(type)은 33개의 유형이었다.[40] 이를 좀 더 상세히 표로 보이면 아래와 같다.[41]

---

40 이들 유형(type)의 수에는 철자 오류나 발음 오류 등에 의한 형태적인 오류형이 포함되어 있다.
41 이에서는 상위 20위까지만 제시한다. 사용된 전체 감탄사의 빈도는 QR 코드를 통해 확인하기 바란다.

〈표 76〉 순위별 감탄사의 빈도 및 누적 사용 비율 [QR 코드]

순위	감탄사	빈도	1,000어절당 빈도	사용 비율	누적 비율
1	아	32	0.05	21.8	21.77
2	안녕	20	0.03	13.6	35.37
3	네	14	0.02	9.52	44.9
4	화이팅	9	0.01	6.12	51.02
5	참	8	0.01	5.44	56.46
6	파이팅	6	0.01	4.08	60.54
7	야	5	0.01	3.4	63.95
8	어디	5	0.01	3.4	67.35
9	와	5	0.01	3.4	70.75
10	그래	4	0.01	2.72	73.47
11	뭐	4	0.01	2.72	76.19
12	응	4	0.01	2.72	78.91
13	자	4	0.01	2.72	81.63
14	그럼	2	0.00	1.36	82.99
15	아니	2	0.00	1.36	84.35
16	아이고	2	0.00	1.36	85.71
17	어머	2	0.00	1.36	87.07
18	여보	2	0.00	1.36	88.44
19	와우	2	0.00	1.36	89.8
20	잠	2	0.00	1.36	91.16

위의 표에서 보는 바와 같이 91.16%의 감탄사 사용이 상위 20개의 감탄사로 이루어지고 있으며, 그들이 사용하는 감탄사의 50%가 '아', '안녕', '네'인 것을 알 수 있다.

2) 수준에 따른 감탄사 사용의 차이

감탄사 사용 양상을 수준에 따라 살펴보면, 각 수준별로 사용된 감탄사의 빈도와 유형은 아래와 같다.

〈표 77〉 감탄사의 빈도 수 및 유형 수

		1급	2급	3급	4급	5급	6급
전체 어절 수		106,045	109,595	120,734	120,129	106,799	111,251
전체 표본 수		1,560	993	906	912	699	695
감탄사	빈도 수 (token)	15	42	26	21	21	22
	유형 수 (type)	8	16	9	13	11	14
	사용률	0.01	0.04	0.02	0.02	0.02	0.02

먼저 1급 106,045어절 중 사용된 감탄사는 15개의 8개 유형, 2급 109,595어절에서는 42개의 16개 유형의 감탄사를 사용되고 있어, 1급에 비하면 2급에서는 사용 감탄사의 유형 수가 많아짐을 알 수 있다. 3급 120,734어절에서 26개의 9개 유형의 감탄사가 사용되었으며, 4급 120,129어절에서는 21개의 13개 유형의 감탄사, 5급 106,799어절에서는 21개의 11개 유형의 감탄사가, 6급 111,251어절에서는 22개의 14개 유형의 감탄사가 사용되었다. 이를 볼 때 감탄사 사용 빈도는 2급에서 가장 많았고 그다음 3급에서 높게 출현하였으며, 감탄사의 유형 수 역시 2급에서 가장 많았고 3급 이후로도 그 이상의 증가는 이루어지지 않고 있음을 알 수 있다.

다음으로 각 수준별로 상위 빈도의 감탄사 사용률을 비교해 보면, 1급에서는 상위 3위까지의 감탄사가 전체 감탄사 사용의 67%였으며, 2급에서는 57%, 3급에서는 62%, 4급에서는 38%, 5급에서는 74%, 6급에서는 41%로, 1급과 2급, 3급, 5급에서는 상위 3개의 단어가 전체 감탄사의 50% 이상을 차지하고 4급과 6급에서는 상위 5개의 단어가 전체 감탄사의 59%를 차지하는 것을 알 수 있다. 전체 감탄사 사용 중 상위 8위까지의 상위 빈도 사용 감탄사의 누적 사용률을 그래프로 보이면 아래와 같다.

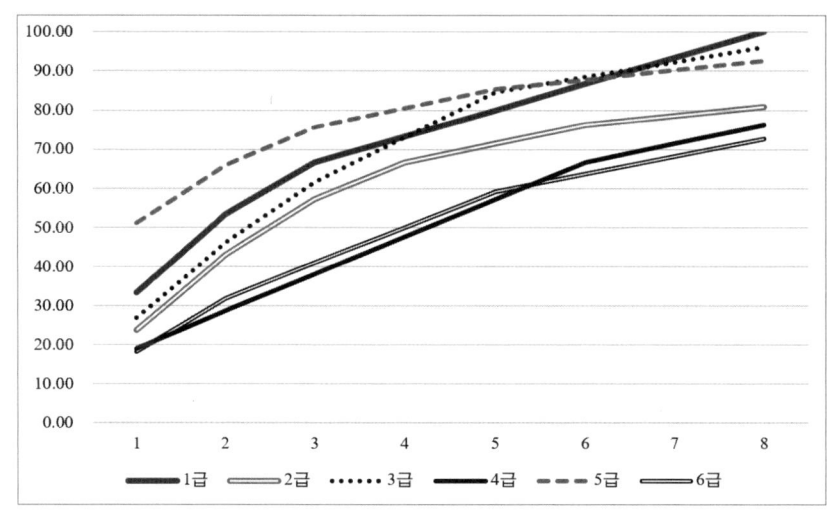

〈그림 29〉 수준별 상위 빈도 감탄사의 누적 사용률

위의 그래프에서 보는 바와 같이 상위 빈도 감탄사의 누적 사용률을 보면 초급에서보다는 중급에서 누적 사용률이 낮고, 중급에서보다는 고급에서 누적 사용률이 낮음을 볼 수 있다. 이는 다시 말하면 초급에서는 전체 감탄사 사용에서 상위 빈도 감탄사를 더 많이 사용하고 이러한 비율은 중급, 고급으로 가면서 차차 줄어든다는 것이다.

다음으로 많이 나타나는 감탄사들을 살펴보면, 초급에서는 '아, 안녕, 와, 참' 등이, 중급에서는 '네, 파이팅' 등이, 고급에서는 '아, 네, 저, 파이팅' 등이 고빈도로 사용되고 있음을 알 수 있다. 이를 좀 더 상세히 보이면 아래와 같다.

<표 78> 순위별 상위 빈도의 감탄사(1급, 2급) **[QR 코드]**

순위	1급	빈도	1,000 어절당 빈도	사용 비율	누적 비율	2급	빈도	1,000 어절당 빈도	사용 비율	누적 비율
1	아	5	0.05	33.33	33.33	안녕	10	0.09	23.81	23.81
2	안녕	3	0.03	20	53.33	아	8	0.07	19.05	42.86
3	와	2	0.02	13.33	66.67	참	6	0.05	14.29	57.14
4	참	1	0.01	6.67	73.33	파이팅	4	0.04	9.52	66.67
5	그래	1	0.01	6.67	80	와	2	0.02	4.76	71.43
6	잠	1	0.01	6.67	86.67	네	2	0.02	4.76	76.19
7	그려	1	0.01	6.67	93.33	그래	1	0.01	2.38	78.57
8	아이구	1	0.01	6.67	100	잠	1	0.01	2.38	80.95
9						화이팅	1	0.01	2.38	83.33
10						야	1	0.01	2.38	85.71
11						응	1	0.01	2.38	88.09
12						그럼	1	0.01	2.38	90.48
13						아니	1	0.01	2.38	92.86
14						어머	1	0.01	2.38	95.24
15						파이딩	1	0.01	2.38	97.62
16						하하	1	0.01	2.38	100

<표 79> 순위별 상위 빈도의 감탄사(3급, 4급) **[QR 코드]**

순위	3급	빈도	1,000 어절당 빈도	사용 비율	누적 비율	4급	빈도	1,000 어절당 빈도	사용 비율	누적 비율
1	네	7	0.06	26.92	26.92	아	4	0.03	19.05	19.05
2	아	5	0.04	19.23	46.15	화이팅	2	0.02	9.52	28.57
3	화이팅	4	0.03	15.38	61.54	파이팅	2	0.02	9.52	38.10

순위	3급	빈도	1,000 어절당 빈도	사용 비율	누적 비율	4급	빈도	1,000 어절당 빈도	사용 비율	누적 비율
4	안녕	3	0.02	11.54	73.08	야	2	0.02	9.52	47.62
5	응	3	0.02	11.54	84.62	뭐	2	0.02	9.52	57.14
6	와	1	0.01	3.85	88.46	여보	2	0.02	9.52	66.67
7	아이고	1	0.01	3.85	92.31	네	1	0.01	4.76	71.43
8	와우	1	0.01	3.85	96.15	안녕	1	0.01	4.76	76.19
9	씨발	1	0.01	3.85	100	참	1	0.01	4.76	80.95
10						그럼	1	0.01	4.76	85.71
11						어디	1	0.01	4.76	90.48
12						그죠	1	0.01	4.76	95.24
13						화이팅	1	0.01	4.76	100

〈표 80〉 순위별 상위 빈도의 감탄사(5급, 6급) **[QR 코드]**

순위	5급	빈도	1,000 어절당 빈도	사용 비율	누적 비율	6급	빈도	1,000 어절당 빈도	사용 비율	누적 비율
1	아	21	0.06	51.22	51.22	아	4	0.2	18.18	18.18
2	네	6	0.04	14.63	65.85	안녕	3	0.04	13.64	31.82
3	어디	4	0.02	9.76	75.61	어디	2	0.03	9.09	40.91
4	자	2	0.02	4.88	80.49	자	2	0.02	9.09	50
5	화이팅	2	0.01	4.88	85.37	뭐	2	0.02	9.09	59.09
6	야	1	0.01	2.44	87.81	화이팅	1	0.02	4.55	63.64
7	그래	1	0.01	2.44	90.24	야	1	0.01	4.55	68.18
8	아이고	1	0.01	2.44	92.68	그래	1	0.01	4.55	72.73
9	세상에	1	0.01	2.44	95.12	와우	1	0.01	4.55	77.27

순위	5급	빈도	1,000 어절당 빈도	사용 비율	누적 비율	6급	빈도	1,000 어절당 빈도	사용 비율	누적 비율
10	아니요	1	0.01	2.44	97.56	아니	1	0.01	4.55	81.82
11	후이	1	0.01	2.44	100	어머	1	0.01	4.55	86.36
12						방가방가	1	0.01	4.55	90.91
13						앗	1	0.01	4.55	95.45
14						하이루	1	0.01	4.55	100

4.4. 관계언

4.4.1. 격조사

1) 격조사의 빈도

격조사 사용 빈도는 1,000어절당 284.67개를 사용하고 있는 것으로 나타났다.[42] 이들의 각 수준에서의 사용 빈도는 아래의 표와 같다.

〈표 81〉 격조사의 사용 빈도

		1급	2급	3급	4급	5급	6급
전체 어절 수		106,045	109,595	120,734	120,129	106,799	111,251
전체 표본 수		1,560	993	906	912	699	695
격조사	빈도	33,689	30,531	32,076	33,422	30,427	31,881
	1,000어절당 빈도	317.69	278.58	265.67	278.22	284.90	286.57

---

[42] 본 자료에 포함된 격조사의 빈도는 주격조사, 보격조사, 관형격조사, 목적격조사, 부사격조사, 호격조사, 인용격조사와 함께 접속조사도 포함되었다.

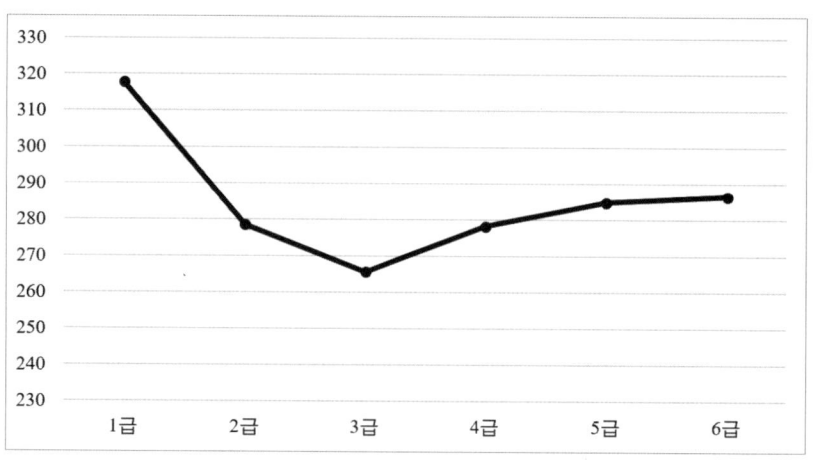

〈그림 30〉 격조사의 수준별 1,000어절당 빈도

위의 그래프에서 보는 바와 같이 수준에 따른 격조사 사용을 봤을 때, 1급에서의 격조사 사용 빈도가 가장 높고, 3급에서의 격조사 사용 빈도가 가장 낮은 것을 알 수 있다[43].

그리고 격조사의 종류에 따른 사용 빈도를 살펴보면, 한국어 학습자는 격조사 중 부사격조사를 가장 많이 사용하고, 다음으로 목적격조사, 주격조사를 많이 사용하는 것으로 나타났다. 그리고 그다음으로는 접속조사와 관형격조사의 사용이 많았다. 그리고 보격조사와 인용격조사, 호격조사의 사용은 많지 않은 것을 알 수 있었다. 이를 좀 더 상세히 표로 보이면 아래와 같다.

---

[43] 이와 같이 1급의 격조사 사용률이 가장 높고, 3급의 격조사 사용률이 가장 낮은데, 1급의 격조사 사용률이 높음은 목적격조사와 부사격조사의 사용이 다른 수준에 비해 많았으며, 주로 단문을 많이 사용하기 때문으로 분석될 수 있을 것으로 보인다. 그러나 3급의 격조사 사용률이 다른 수준에 비해 낮음은 이러한 차이로 설명하기 어렵고, 또 3급의 명사 사용률이나 보조사 사용률과의 상관성도 크게 나타나지 않아 원인 규명을 위해서는 각 사용례를 좀 더 세밀히 살펴보아야 할 것으로 보인다.

<표 82> 격조사의 수준별 사용 빈도 및 1,000어절당 빈도

		1급	2급	3급	4급	5급	6급	전체
주격	빈도	5,679	7,579	8,995	9,448	8,351	7,673	47,725
	1,000어절당 빈도	53.55	69.15	74.5	78.65	78.19	68.97	70.75
목적격	빈도	9,723	7,576	8,051	9,227	7,795	8,619	50,991
	1,000어절당 빈도	91.69	69.13	66.68	76.81	72.99	77.47	75.59
부사격	빈도	15,406	12,205	11,699	10,360	9,422	9,926	69,018
	1,000어절당 빈도	145.28	111.36	96.9	86.24	88.22	89.22	102.32
보격	빈도	80	242	333	562	597	761	2,575
	1,000어절당 빈도	0.75	2.21	2.76	4.68	5.59	6.84	3.82
관형격	빈도	1,477	1,816	1,879	2,766	3,053	3,668	14,659
	1,000어절당 빈도	13.93	16.57	15.56	23.03	28.59	32.97	21.73
인용격	빈도	2	93	75	37	43	108	358
	1,000어절당 빈도	0.02	0.85	0.62	0.31	0.4	0.97	0.53
호격	빈도	0	20	6	6	4	0	36
	1,000어절당 빈도	0	0.18	0.05	0.05	0.04	0	0.05
접속조사	빈도	1,322	1,000	1,038	1,016	1,162	1,126	6,664
	1,000어절당 빈도	12.47	9.12	8.6	8.46	10.88	10.12	9.88

2) 수준에 따른 격조사 사용의 차이

① 수준에 따른 주격조사와 목적격조사 사용의 차이

주격조사 사용은 앞서 논의 바와 같이 1,000어절당 71개 정도 사용되었으며, 목적격조사는 76개 정도 사용되었다. 그리고 수준별로는 그리 큰 차이가 나타나지 않았으나, 주격조사는 3급과 4급, 5급에서의 사용이 1급이나 6급에 비해 다소 많았으며, 목적격조사는 1급에서 다소 많았다. 수준별로 사용된 주격조사와 목적격조사의 빈도를 보이면 아래와 같다[44].

〈표 83〉 수준별 주격조사와 목적격조사의 사용 빈도 **[QR 코드]**

		1급	2급	3급	4급	5급	6급	전체
이	빈도	3,439	4,939	5,713	6,247	5,620	5,006	30,964
	1,000어절당 빈도	32.43	45.07	47.32	52	52.62	45	45.90
가	빈도	2,178	2,587	3,173	3,115	2,661	2,626	16,340
	1,000어절당 빈도	20.54	23.61	26.28	25.93	24.92	23.6	24.22
께서	빈도	36	30	69	52	37	25	249
	1,000어절당 빈도	0.34	0.27	0.57	0.43	0.35	0.22	0.37
을	빈도	4,915	4,293	4,799	6,291	5,265	5,712	31275
	1,000어절당 빈도	46.35	39.17	39.75	52.37	49.3	51.34	46.36

---

[44] 이에서는 형태적으로 오류가 없는 비오류형태소의 빈도만을 제시하였다. 형태적인 오류형이 포함된 전체 격조사의 빈도는 QR 코드를 통해 확인하기 바란다.

		1급	2급	3급	4급	5급	6급	전체
를	빈도	4,788	3,254	3,205	2,866	2,491	2,866	19470
	1,000어절당 빈도	45.15	29.69	26.55	23.86	23.32	25.76	28.86
ㄹ	빈도	11	13	41	56	33	31	185
	1,000어절당 빈도	0.1	0.12	0.34	0.47	0.31	0.28	0.27

위의 표에서 보는 바와 같이 존대의 주격조사 '께서'의 사용은 '이/가'에 비해 매우 적게 사용되고 있으며, 3급과 4급에서의 사용이 상대적으로 많았음을 알 수 있다. 그리고 목적격조사 중 구어적 형태인 'ㄹ'의 사용이 저빈도이지만 나타나고 있는 것을 알 수 있다.

② 수준에 따른 부사격조사와 접속조사 사용의 차이

부사격조사는 1,000어절당 102개 정도 사용되었으며, 중·고급으로 가면서 빈도가 낮아졌다. 부사격조사의 형태별 빈도를 살펴보면 아래와 같다.

〈표 84〉 수준별 부사격조사의 사용 빈도 [QR 코드]

		1급	2급	3급	4급	5급	6급	전체
에	빈도	9,118	7,422	6,967	5,129	4,627	4,706	37969
	1,000어절당 빈도	85.98	67.72	57.71	42.7	43.32	42.3	56.29
에서	빈도	3,652	2,399	1,651	1,627	1,448	1,652	12429
	1,000어절당 빈도	34.44	21.89	13.67	13.54	13.56	14.85	18.43

		1급	2급	3급	4급	5급	6급	전체
에게	빈도	157	386	721	873	750	763	3650
	1,000어절당 빈도	1.48	3.52	5.97	7.27	7.02	6.86	5.41
으로	빈도	95	216	439	728	822	1,091	3391
	1,000어절당 빈도	0.9	1.97	3.64	6.06	7.7	9.81	5.03
로	빈도	361	275	351	369	449	535	2340
	1,000어절당 빈도	3.4	2.51	2.91	3.07	4.2	4.81	3.47
와	빈도	667	346	425	188	142	140	1908
	1,000어절당 빈도	6.29	3.16	3.52	1.56	1.33	1.26	2.83
과	빈도	176	177	237	335	311	216	1452
	1,000어절당 빈도	1.66	1.62	1.96	2.79	2.91	1.94	2.15
보다	빈도	133	150	198	232	374	252	1339
	1,000어절당 빈도	1.25	1.37	1.64	1.93	3.5	2.27	1.99
처럼	빈도	6	138	120	217	115	167	763
	1,000어절당 빈도	0.06	1.26	0.99	1.81	1.08	1.5	1.13
께	빈도	24	39	94	51	15	23	246
	1,000어절당 빈도	0.23	0.36	0.78	0.42	0.14	0.21	0.36
만큼	빈도	0	44	25	63	6	11	149
	1,000어절당 빈도	0	0.4	0.21	0.52	0.06	0.1	0.22

		1급	2급	3급	4급	5급	6급	전체
에게서	빈도	22	4	10	16	11	13	76
	1,000어절당 빈도	0.21	0.04	0.08	0.13	0.1	0.12	0.11
으로서	빈도	0	2	0	13	14	24	53
	1,000어절당 빈도	0	0.02	0	0.11	0.13	0.22	0.08
으로써	빈도	0	2	2	2	12	27	45
	1,000어절당 빈도	0	0.02	0.02	0.02	0.11	0.24	0.07
로서	빈도	0	0	1	7	5	23	36
	1,000어절당 빈도	0	0	0.01	0.06	0.05	0.21	0.05
로써	빈도	0	0	0	0	2	5	7
	1,000어절당 빈도	0	0	0	0	0.02	0.04	0.01

위의 표에서 보는 바와 같이 부사격조사 중 '에', '에서', '으로/로', '에게' 순으로 사용 빈도가 높으며, 그다음으로는 '와/과', '보다', '처럼', '께', '만큼', '으로서/로서', '에게서', '으로써/로써' 순으로 나타났다. 이 중 '처럼', '만큼'은 2급 이후 본격적으로 나타나고 있으며, '으로서/로서, 으로써/로써'는 중급부터 나타나고 있음을 알 수 있다. 그리고 부사격조사 중 구어적인 '한테, 한테서, 랑/이랑, 하고' 등도 많이 나타나고 있음을 볼 수 있는데, 이들의 빈도를 보이면 아래와 같다.

<표 85> 수준별 부사격조사의 사용 빈도: 하고, 랑/이랑, 한테, 한테서, 더러

		1급	2급	3급	4급	5급	6급	전체
하고	빈도	834	309	128	136	63	24	1494
	1,000어절당 빈도	7.86	2.82	1.06	1.13	0.59	0.22	2.21
한테	빈도	32	121	133	173	115	113	687
	1,000어절당 빈도	0.3	1.1	1.1	1.44	1.08	1.02	1.02
랑	빈도	8	45	71	60	31	35	250
	1,000어절당 빈도	0.08	0.41	0.59	0.5	0.29	0.31	0.37
이랑	빈도	2	13	16	16	18	11	76
	1,000어절당 빈도	0.02	0.12	0.13	0.13	0.17	0.1	0.11
한테서	빈도	7	15	6	2	5	5	40
	1,000어절당 빈도	0.07	0.14	0.05	0.02	0.05	0.04	0.06
더러	빈도	0	0	0	2	2	5	9
	1,000어절당 빈도	0	0	0	0.02	0.02	0.04	0.01

위의 표에서와 같이 구어성이 강한 부사격조사도 학습자 자료에서 많이 나타나고 있으며, 이러한 경향성은 초급과 중급에서 더 두드러지게 나타났다. 특히 문어적인 '와/과'와 구어적인 '한테, 랑/이랑'의 수준에 따른 사용 비율을 살펴보면 아래와 같이 고급으로 가면서 문어적인 '와/과'의 사용 비중이 많아짐을 알 수 있다.

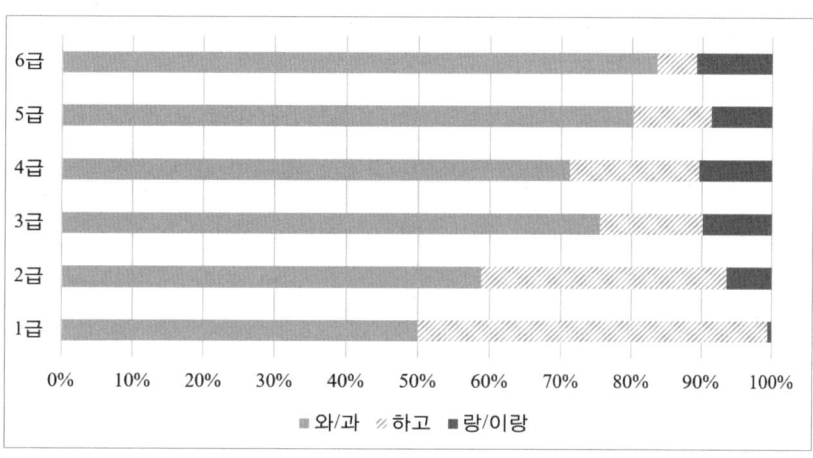

〈그림 31〉 부사격조사 '와/과', '하고', '랑/이랑'의 수준별 사용 비율

이는 '에게'와 '한테'도 그러하여서 구어적인 '한테'의 비중은 고급으로 가면서 조금씩 줄고 있음을 알 수 있다.

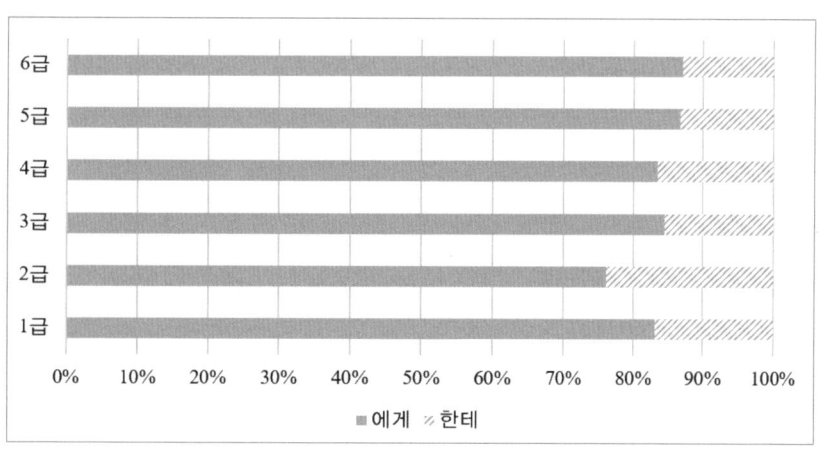

〈그림 32〉 '에게', '한테'의 수준별 사용 비율

이러한 경향성은 접속조사에서도 동일하게 나타나고 있다. 접속조사는 1,000어

절당 10개 정도 나타나는데, 이들의 형태별 빈도를 보이면 아래와 같다.

〈표 86〉 수준별 접속조사의 사용 빈도: 와/과, 하고, 이나/나, 랑/이랑, 며/이며 **[QR 코드]**

		1급	2급	3급	4급	5급	6급	전체
과	빈도	299	318	389	331	526	443	2306
	1,000어절당 빈도	2.82	2.9	3.22	2.76	4.93	3.98	3.42
와	빈도	347	286	262	216	215	311	1637
	1,000어절당 빈도	3.27	2.61	2.17	1.8	2.01	2.8	2.43
하고	빈도	593	234	163	114	61	39	1204
	1,000어절당 빈도	5.59	2.14	1.35	0.95	0.57	0.35	1.78
이나	빈도	29	97	93	138	206	191	754
	1,000어절당 빈도	0.27	0.89	0.77	1.15	1.93	1.72	1.12
나	빈도	25	43	64	114	126	129	501
	1,000어절당 빈도	0.24	0.39	0.53	0.95	1.18	1.16	0.74
랑	빈도	9	9	35	27	14	1	95
	1,000어절당 빈도	0.08	0.08	0.29	0.22	0.13	0.01	0.14
이랑	빈도	7	3	14	13	3	2	42
	1,000어절당 빈도	0.07	0.03	0.12	0.11	0.03	0.02	0.06
며	빈도	0	0	0	26	1	1	28
	1,000어절당 빈도	0	0	0	0.22	0.01	0.01	0.04

		1급	2급	3급	4급	5급	6급	전체
이며	빈도	0	0	0	26	0	2	28
	1,000어절당 빈도	0	0	0	0.22	0	0.02	0.04

위의 표에서 보는 바와 같이 접속조사 중 '와/과'의 사용이 가장 많으며, 그다음으로는 '하고, 이나/나, 랑/이랑, 며/이며'의 순으로 사용되고 있음을 알 수 있다. 그리고 '와/과, 하고, 랑/이랑'의 사용 비중을 수준에 따라 살펴보면 '와/과'의 비중은 수준이 높아지면서 많아지고, '하고'의 비중은 적어지고 있음을 알 수 있다.

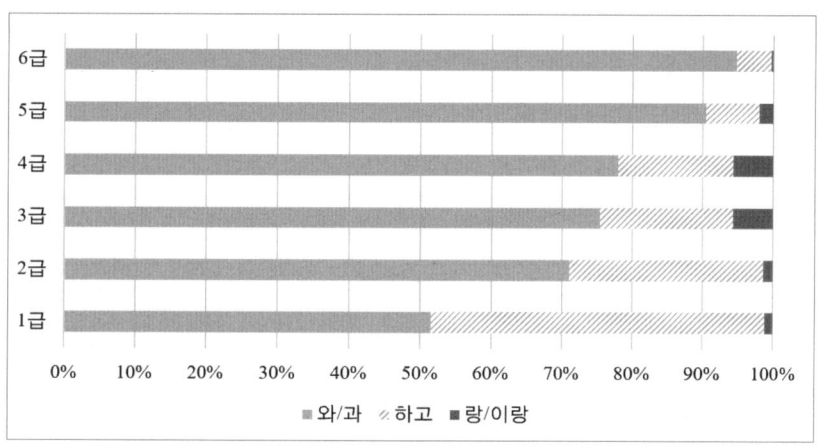

〈그림 33〉 접속조사 '와/과', '하고', '랑/이랑'의 수준별 사용 비율

③ 수준에 따른 관형격조사, 보격조사, 인용격조사, 호격조사 사용의 차이

마지막으로 관형격조사, 보격조사, 인용격조사, 호격조사의 형태별 사용 빈도를 보이면 다음과 같다.

〈표 87〉 수준별 관형격조사, 보격조사, 인용격조사, 호격조사의 사용 빈도 [QR 코드]

		1급	2급	3급	4급	5급	6급	전체
의	빈도	1,476	1,815	1,878	2,765	3,052	3,666	14652
	1,000어절당 빈도	13.92	16.56	15.55	23.02	28.58	32.95	21.72
이	빈도	50	177	249	403	382	521	1782
	1,000어절당 빈도	0.47	1.62	2.06	3.35	3.58	4.68	0.77
가	빈도	30	64	83	159	215	239	790
	1,000어절당 빈도	0.28	0.58	0.69	1.32	2.01	2.15	0.35
라고	빈도	2	78	52	28	34	55	249
	1,000어절당 빈도	0.02	0.71	0.43	0.23	0.32	0.49	0.37
고	빈도	0	3	9	3	3	42	60
	1,000어절당 빈도	0	0.03	0.07	0.02	0.03	0.38	0.09
이라고	빈도	0	7	10	4	5	8	34
	1,000어절당 빈도	0	0.06	0.08	0.03	0.05	0.07	0.05
하고	빈도	0	3	2	0	1	2	8
	1,000어절당 빈도	0	0.03	0.02	0	0.01	0.02	0.01
아	빈도	0	12	0	1	4	0	17
	1,000어절당 빈도	0	0.11	0	0.01	0.04	0	0.03
야	빈도	0	8	6	5	0	0	19
	1,000어절당 빈도	0	0.07	0.05	0.04	0	0	0.03

위의 표에서 보는 바와 같이 관형격조사 '의'는 고급으로 가면서 사용 빈도가 높아지고 있으며, 보격조사 '이/가'의 사용 빈도도 고급으로 가면서 높아지고 있음을 볼 수 있다. 인용격조사의 경우, 1급의 교수요목에 포함되지 않는 경우가 많아 1급에서의 사용은 거의 나타나지 않고 있으며, 간접인용조사 '고'보다는 직접인용조사의 사용이 많음을 알 수 있다. 그리고 학습자 작문 말뭉치 특성상 호격조사는 거의 나타나지 않고 있음을 알 수 있다.

4.4.2. 보조사

1) 보조사의 빈도

보조사 사용 빈도는 1,000어절당 85.7개가 사용되고 있는 것으로 나타났다. 이들의 각 수준에서의 사용 빈도는 아래의 표와 같다.

〈표 88〉 보조사의 사용 빈도

		1급	2급	3급	4급	5급	6급
전체 어절 수		106,045	109,595	120,734	120,129	106,799	111,251
전체 표본 수		1,560	993	906	912	699	695
보조사	빈도	10,222	9,954	9,997	9,927	9,008	8,730
	1,000어절당 빈도	96.4	90.8	82.8	82.6	84.3	78.5

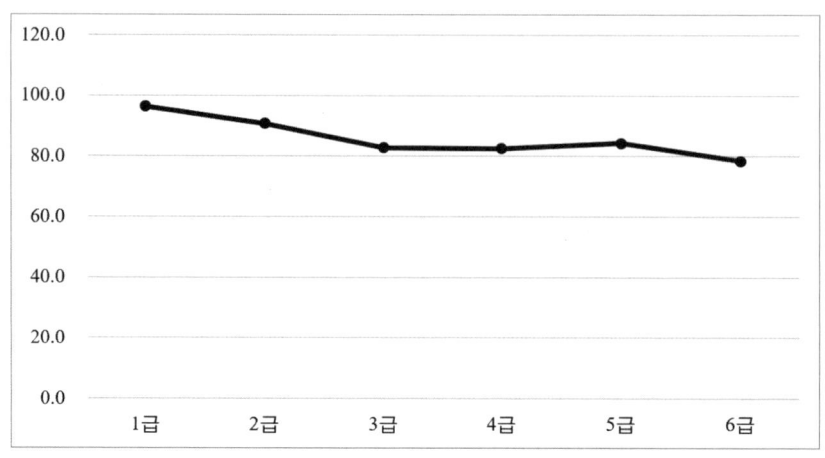

〈그림 34〉 보조사의 수준별 1,000어절당 빈도

위의 그래프에서 보는 바와 같이 수준에 따른 보조사 사용을 봤을 때, 보조사의 사용 빈도가 고급으로 가면서 점차 적어지고 있는 것을 알 수 있다[45].

그리고 보조사는 주제 및 대조의 의미를 나타내는 '은/는'의 사용 빈도가 가장 높았으며, 다음은 '도, 만, 부터, 까지, 마다'의 순으로 많이 사용되었다. 이를 상세히 보이면 다음과 같다.

〈표 89〉 순위별 보조사의 빈도 및 누적 사용 비율 [QR 코드]

순위	보조사	빈도	1,000어절당 빈도	사용 비율	누적 비율
1	는	23,069	34.20	39.89	39.89
2	도	12,824	19.01	22.17	62.06

---

[45] 보조사의 사용 빈도가 고급으로 가면서 적어짐은 보조사 중 가장 비중이 높은 '은/는'의 사용과 관련이 있을 것으로 보인다. 즉 초급에서는 단문을 주로 사용하면서, 고빈도의 '은/는', '도' 등을 많이 사용함으로써 어절당 빈도가 높은 것으로 추론할 수 있겠다. 그러나 좀 더 상세한 분석을 위해서는 실제 예시 및 각 보조사별 빈도를 좀 더 면밀히 살필 필요가 있다.

순위	보조사	빈도	1,000어절당 빈도	사용 비율	누적 비율
3	은	12,516	18.55	21.64	83.70
4	만	1,971	2.92	3.41	87.11
5	부터	1,849	2.74	3.20	90.30
6	까지	1,719	2.55	2.97	93.27
7	마다	962	1.43	1.66	94.94
8	ㄴ	404	0.60	0.70	95.64
9	뿐	358	0.53	0.62	96.26
10	밖에	290	0.43	0.50	96.76
11	다가	264	0.39	0.46	97.21
12	나	262	0.39	0.45	97.67
13	이나	138	0.20	0.24	97.90
14	거나	107	0.16	0.18	98.09
15	이란	101	0.15	0.17	98.26
16	요	100	0.15	0.17	98.44
17	든가	99	0.15	0.17	98.61
18	대로	90	0.13	0.16	98.76
19	란	75	0.11	0.13	98.89
20	조차	73	0.11	0.13	99.02
21	치고	49	0.07	0.08	99.10
22	는커녕	48	0.07	0.08	99.19
23	야	43	0.06	0.07	99.26
24	이야말로	32	0.05	0.06	99.32
25	든지	29	0.04	0.05	99.37
26	이라도	26	0.04	0.04	99.41
27	야말로	20	0.03	0.03	99.45
28	커녕	14	0.02	0.02	99.47

위의 표에서 보는 바와 같이 중국어권 학습자 자료에 나타난 보조사 중 상위 5개가 전체의 90.3%를 차지해 소수의 상위 빈도 보조사가 매우 높은 비중을 차지하고 있다는 것을 알 수 있다. 최고빈도 보조사는 '은/는/ㄴ, 도'로서 각각 전체 보조사 사용 중 62.23%, 22.17%의 사용 분포를 보여, 학습자가 사용하는 보조사의 84.40%는 '은/는/ㄴ'과 '도'임을 알 수 있다. 특히 주제와 대조의 의미를 가지는 보조사 '은/는'이 절반 이상의 비중으로 압도적으로 많이 사용되고 있다.

2) 수준에 따른 보조사 사용 양상

보조사의 사용은 앞서 논의한 바와 같이 1,000어절당 85.7개 정도 사용되었는데, 이 중 가장 높은 분포를 보인 '은/는/ㄴ'과 '도'는 1,000어절당 각각 53.35개, 19.01개 사용되었으며, '은/는/ㄴ'은 중·고급으로 가면서 사용 빈도가 적어졌으며, '도'는 사용 빈도가 많아지는 것으로 나타났다. 이들 각 형태의 수준별 빈도를 보이면 아래와 같다.[46]

〈표 90〉 수준별 보조사 '은/는/ㄴ'과 '도'의 사용 빈도

		1급	2급	3급	4급	5급	6급	전체
는	빈도	6,565	4,938	4,209	2,914	2,361	2,082	23,069
	1,000어절당 빈도	61.91	45.06	34.86	24.26	22.11	18.71	34.20
은	빈도	1121	1,759	2,158	2,662	2,266	2,550	12,516
	1,000어절당 빈도	10.57	16.05	17.87	22.16	21.22	22.92	18.55

---

[46] 이에서는 형태적으로 오류가 없는 비오류형태소의 빈도만을 제시하였다. 형태적인 오류형이 포함된 전체 보조사의 빈도는 QR 코드를 통해 확인하기 바란다.

		1급	2급	3급	4급	5급	6급	전체
ㄴ	빈도	14	27	93	93	107	70	404
	1,000어절당 빈도	0.13	0.25	0.77	0.77	1	0.63	0.60
도	빈도	1,232	1,940	2,289	2,502	2,585	2,276	12,824
	1,000어절당 빈도	11.62	17.7	18.96	20.83	24.2	20.46	19.01

위의 표에서 보는 바와 같이 주제와 대조의 의미를 나타내는 보조사 '은/는/ㄴ'의 사용은 1급에서 그 사용 빈도가 가장 높고(1,000어절당 72.61개), 2급(1,000어절당 61.36개), 3급(1,000어절당 53.5개), 4급(1,000어절당 47.19개), 5급(1,000어절당 44.33개), 6급(1,000어절당 42.26개)으로 가면서 점차 줄고 있음을 알 수 있다. 반면, 보조사 '도'는 5급에서 빈도가 가장 높았으며, 초급에서 중·고급으로 가면서 많이 사용되고 있음을 알 수 있다.

이 외에 '만, 까지, 부터, 마다, 뿐' 등의 보조사가 사용되고 있는데, '은/는'을 포함한 모든 보조사의 수준별 사용 빈도를 살펴보면 아래와 같다[47].

⟨표 91⟩ 순위별 상위 빈도의 보조사(1급, 2급) **[QR 코드]**

순위	1급	빈도	1,000 어절당 빈도	사용 비율	누적 비율	2급	빈도	1,000 어절당 빈도	사용 비율	누적 비율
1	는	6,565	61.91	64.22	64.22	는	4,938	45.06	49.61	49.61
2	도	1,232	11.62	12.05	76.28	도	1,940	17.70	19.49	69.10
3	은	1,121	10.57	10.97	87.24	은	1,759	16.05	17.67	86.77

---

[47] 이에서는 학습자들의 철자적 실수를 교정하지 않고 실제 학습자가 쓴 형태대로 빈도를 제시하였으므로 초급에서의 상위 빈도 목록에 '보터, 부더, 까기'와 같은 형태도 포함되었다.

순위	1급	빈도	1,000 어절당 빈도	사용 비율	누적 비율	2급	빈도	1,000 어절당 빈도	사용 비율	누적 비율
4	까지	608	5.73	5.95	93.19	부터	339	3.09	3.41	90.17
5	부터	486	4.58	4.75	97.95	마다	287	2.62	2.88	93.06
6	만	62	0.58	0.61	98.55	까지	224	2.04	2.25	95.31
7	요	47	0.44	0.46	99.01	만	168	1.53	1.69	97.00
8	마다	42	0.40	0.41	99.42	밖에	81	0.74	0.81	97.81
9	ㄴ	14	0.13	0.14	99.56	나	46	0.42	0.46	98.27
10	보터	6	0.06	0.06	99.62	요	30	0.27	0.30	98.57
11	밖에	2	0.02	0.02	99.64	ㄴ	27	0.25	0.27	98.84
12	나	2	0.02	0.02	99.66	이나	19	0.17	0.19	99.04
13	이나	2	0.02	0.02	99.68	뿐	17	0.16	0.17	99.21
14	부터	2	0.02	0.02	99.70	다가	17	0.16	0.17	99.38
15	까기	2	0.02	0.02	99.72					

〈표 92〉 순위별 상위 빈도의 보조사(3급, 4급) **[QR 코드]**

순위	3급	빈도	1,000 어절당 빈도	사용 비율	누적 비율	4급	빈도	1,000 어절당 빈도	사용 비율	누적 비율
1	는	4,209	34.86	42.10	42.10	는	2,914	24.26	29.35	29.35
2	도	2,289	18.96	22.90	65.00	은	2,662	22.16	26.82	56.17
3	은	2,158	17.87	21.59	86.59	도	2,502	20.83	25.20	81.37
4	만	310	2.57	3.10	89.69	만	413	3.44	4.16	85.53
5	부터	243	2.01	2.43	92.12	부터	295	2.46	2.97	88.51
6	까지	202	1.67	2.02	94.14	마다	224	1.86	2.26	90.76
7	마다	153	1.27	1.53	95.67	까지	185	1.54	1.86	92.63

순위	3급	빈도	1,000 어절당 빈도	사용 비율	누적 비율	4급	빈도	1,000 어절당 빈도	사용 비율	누적 비율
8	ㄴ	93	0.77	0.93	96.60	ㄴ	93	0.77	0.94	93.56
9	나	70	0.58	0.70	97.30	든가	73	0.61	0.74	94.30
10	밖에	51	0.42	0.51	97.81	다가	72	0.60	0.73	95.02
11	이나	51	0.42	0.51	98.32	뿐	60	0.50	0.60	95.63
12	다가	48	0.40	0.48	98.80	밖에	54	0.45	0.54	96.17
13	뿐	27	0.22	0.27	99.07	나	51	0.42	0.51	96.69
14	대로	18	0.15	0.18	99.25	치고	43	0.36	0.43	97.12
15	이든지	8	0.07	0.08	99.33	대로	37	0.31	0.37	97.49
16	요	7	0.06	0.07	99.40	이란	24	0.20	0.24	97.73
17	야	5	0.04	0.05	99.45	이나	23	0.19	0.23	97.97
18	든지	4	0.03	0.04	99.49	야	23	0.19	0.23	98.20
19	든가	3	0.02	0.03	99.52	이야말로	20	0.17	0.20	98.40
20	조차	3	0.02	0.03	99.55	는커녕	19	0.16	0.19	98.59
21	야말로	3	0.02	0.03	99.58	란	13	0.11	0.13	98.72
22	가지	3	0.02	0.03	99.61	조차	11	0.09	0.11	98.83
23	만큼	3	0.02	0.03	99.64	나마	10	0.08	0.10	98.93
24	이란	2	0.02	0.02	99.66	야말로	9	0.07	0.09	99.02
25	이야말로	2	0.02	0.02	99.68	커녕	8	0.07	0.08	99.10
26	고	2	0.02	0.02	99.70	요	7	0.06	0.07	99.17
27	들	2	0.02	0.02	99.72	든지	7	0.06	0.07	99.24
28	다	2	0.02	0.02	99.74	이라도	7	0.06	0.07	99.31
29	란	1	0.01	0.01	99.75	은커녕	4	0.03	0.04	99.36
30	는커녕	1	0.01	0.01	99.76	들	4	0.03	0.04	99.40

<표 93> 순위별 상위 빈도의 보조사(5급, 6급) **[QR 코드]**

순위	5급	빈도	1,000 어절당 빈도	사용 비율	누적 비율	6급	빈도	1,000어 절당 빈도	사용 비율	누적 비율
1	도	2,585	24.20	28.70	28.70	은	2,550	22.92	29.21	29.21
2	는	2,361	22.11	26.21	54.91	도	2,276	20.46	26.07	55.28
3	은	2,266	21.22	25.16	80.06	는	2,082	18.71	23.85	79.13
4	만	491	4.60	5.45	85.51	만	527	4.74	6.04	85.17
5	까지	266	2.49	2.95	88.47	부터	281	2.53	3.22	88.38
6	부터	205	1.92	2.28	90.74	까지	234	2.10	2.68	91.07
7	마다	140	1.31	1.55	92.30	뿐	140	1.26	1.60	92.67
8	뿐	113	1.06	1.25	93.55	마다	116	1.04	1.33	94.00
9	다가	110	1.03	1.22	94.77	거나	106	0.95	1.21	95.21
10	ㄴ	107	1.00	1.19	95.96	ㄴ	70	0.63	0.80	96.01
11	나	56	0.52	0.62	96.58	밖에	63	0.57	0.72	96.74
12	조차	49	0.46	0.54	97.12	나	37	0.33	0.42	97.16
13	밖에	39	0.37	0.43	97.56	이란	37	0.33	0.42	97.58
14	이란	36	0.34	0.40	97.96	이나	27	0.24	0.31	97.89
15	란	35	0.33	0.39	98.35	란	25	0.22	0.29	98.18
16	는커녕	25	0.23	0.28	98.62	대로	18	0.16	0.21	98.38
17	이나	16	0.15	0.18	98.80	다가	17	0.15	0.19	98.58
18	든가	16	0.15	0.18	98.98	이라도	15	0.13	0.17	98.75
19	대로	16	0.15	0.18	99.16	야	12	0.11	0.14	98.89
20	요	7	0.07	0.08	99.23	조차	10	0.09	0.11	99.00
21	든지	6	0.06	0.07	99.30	든가	7	0.06	0.08	99.08
22	치고	5	0.05	0.06	99.36	이야말로	5	0.04	0.06	99.14
23	이야말로	5	0.05	0.06	99.41	이든	5	0.04	0.06	99.20
24	커녕	5	0.05	0.06	99.47	야말로	4	0.04	0.05	99.24

4.5. 어미

4.5.1. 선어말어미

1) 선어말어미의 빈도

선어말어미 사용 빈도는 1,000어절당 40.67개를 사용하고 있는 것으로 나타났다. 이들의 각 수준에서의 사용 빈도는 아래의 표와 같다.

〈표 94〉 선어말어미의 사용 빈도

		1급	2급	3급	4급	5급	6급
전체 어절 수		106,045	109,595	120,734	120,129	106,799	111,251
전체 표본 수		1,560	993	906	912	699	695
선어말어미	빈도	5,095	5,460	6,002	3,829	2,797	4,250
	1,000어절당 빈도	48.05	49.82	49.71	31.87	26.19	38.20

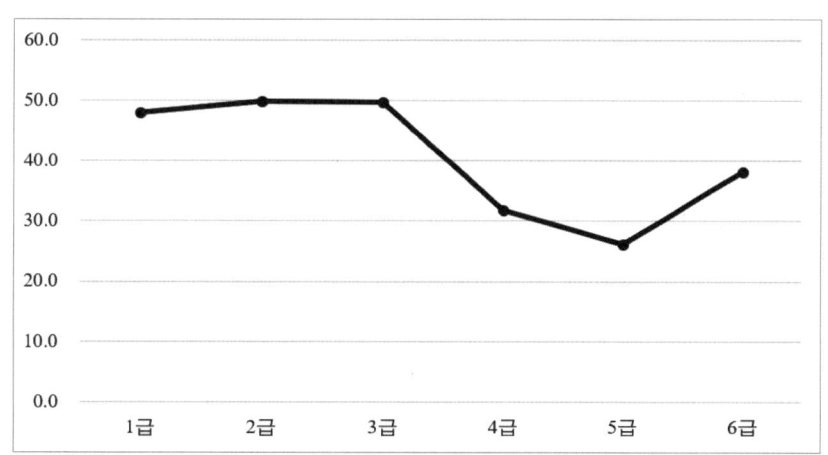

〈그림 35〉 선어말어미의 수준별 1,000어절당 빈도

수준에 따른 선어말어미 사용을 봤을 때, 1급에서 3급까지 1,000어절당 48-49개 정도로 일정하게 사용되었다. 그러나 4급, 5급, 6급에서는 사용 빈도가 적어지고 있는데, 특히 5급에서의 사용 빈도가 가장 적음을 알 수 있다[48].

그리고 선어말어미 중 '-았/었-'의 사용이 가장 많으며, 그다음으로는 '-겠-, -시-, -았었/었었-'의 순으로 사용되었다. 이들 선어말어미의 사용 빈도를 형태별로 보이면 다음과 같다[49].

〈표 95〉 순위별 선어말어미의 빈도 및 누적 사용 비율 [QR 코드]

순위	선어말어미	빈도	1,000어절당 빈도	사용 비율	누적 비율
1	-았-	13,280	19.69	48.41	48.41
2	-었-	9,783	14.50	35.66	84.07
3	-겠-	2,386	3.54	8.70	92.77
4	-시-	1,250	1.85	4.56	97.32
5	-였-	59	0.09	0.22	98.84
6	-았었-	51	0.08	0.19	99.02
7	-었었-	32	0.05	0.12	99.27
8	-으시-	29	0.04	0.11	99.37

위의 표에서 보는 바와 같이 시제나 상, 법을 나타낸다고 하는 선어말어미 중 과거 시제 혹은 완료상의 -았/었/였/ㅆ-'의 사용 빈도가 압도적이며, 추측이나 의지를 나타내는 '-겠-'도 1,000어절당 약 3.54개 사용되고 있다. 반면 주체 존대를

---

[48] 이러한 선어말어미의 사용 빈도는 각 수준에서의 작문 장르와 관련이 있을 것으로 보인다. 즉 4급 이후의 작문 장르는 설명문이나 논증문이 많아, 주로 생활문이 많았던 1급에서 3급에 비해 추측이나 의지를 나타내는 '-겠-'이나 과거 시제의 '-았/었-'등이 덜 사용되었을 것으로 추론할 수 있겠다.

[49] 이에서는 형태적으로 오류가 없는 비오류형태소의 빈도만을 제시하였다. 형태적인 오류형이 포함된 전체 선어말어미의 빈도는 QR 코드를 통해 확인하기 바란다.

나타내는 '-시/으시-'는 1,000어절당 1.89개 사용되고 있는 것으로 나타났다.

2) 수준에 따른 선어말어미 사용의 차이

선어말어미의 사용은 앞서 논의한 바와 같이 1,000어절당 40.67개 사용되었는데, 이 중 가장 높은 분포를 보인 '-았/었/였/ㅆ-'는 1,000어절당 빈도가 34.48개 사용되었으며, '-겠-'은 약 3.54개 사용되었다. 그리고 이들 형태소는 2급과 3급에서 가장 높은 빈도로 나타나고 있다. 이들 각 형태의 빈도를 보이면 아래와 같다[50].

〈표 96〉 수준별 선어말 어미 '-았/었/였/ㅆ-'과 '-겠-'의 사용 빈도

		1급	2급	3급	4급	5급	6급	전체
-았-	빈도	2,828	2,686	2,924	1,610	1,228	2,004	13,280
	1,000어절당 빈도	12.07	24.51	24.22	13.4	11.50	18.00	19.69
-었-	빈도	1,280	1,791	2,173	1,563	1201	1775	9,783
	1,000어절당 빈도	4.13	16.34	18	13.01	11.25	16.00	14.50
-ㅆ-[51]	빈도	52	34	17	14	8	10	135
	1,000어절당 빈도	0.25	0.31	0.14	0.12	0.08	0.09	0.20
-였-	빈도	7	8	19	5	7	13	59
	1,000어절당 빈도	0.07	0.07	0.16	0.04	0.07	0.12	0.09

---

50 이에서는 형태적으로 오류가 없는 비오류형태소의 빈도만을 제시하였다. 형태적인 오류형이 포함된 수준별 선어말어미의 빈도는 QR 코드를 통해 확인하기 바란다.
51 '-ㅆ-'은 '생각했다'와 같이 쓰인 어절에서 선어말어미 '-았-'을 대신하여 제시한 형태이다.

		1급	2급	3급	4급	5급	6급	전체
-겠-	빈도	438	601	562	374	195	216	2,386
	1,000어절당 빈도	3.63	5.48	4.65	3.11	1.83	1.94	3.54

위의 표에서 보는 바와 같이 과거 시제 혹은 완료상의 '-았/었/였/ㅆ-'는 2급과 3급에서의 사용 빈도가 다른 수준에 비해 매우 높았다. 그리고 1급의 빈도가 가장 낮았으며[52], 4급과 5급의 빈도가 낮았다[53]. 그리고 의지나 추측을 나타내는 '겠'은 2급과 3급에서 높은 빈도로 사용되었으며, 5급, 6급에서 사용 빈도가 낮았다[54]. 다음으로는 주체 존대의 '-시/으시-'의 사용 빈도를 보이면 다음과 같다.

〈표 97〉 수준별 선어말어미 '-시/으시-'의 사용 빈도

		1급	2급	3급	4급	5급	6급	전체
-시-	빈도	385	201	188	182	118	176	1,250
	1,000어절당 빈도	0.49	1.83	1.56	1.52	1.105	1.58	0.19
-으시-	빈도	8	10	5	2	1	3	29
	1,000어절당 빈도	0.07	0.09	0.04	0.02	0.009	0.03	0.04

위의 표에서 보는 바와 같이 주체 존대의 '-시/으시'의 사용은 수준별로 그리 큰 차이는 없으나 1급에서의 사용 빈도가 가장 낮은 것으로 나타났다.

---

[52] 이에서는 학습자의 철자적 실수로 보이는 '아, 어, 얼,...' 등 다양한 오철자의 빈도는 포함하지 않았으므로 1급의 빈도는 이들 오철자를 포함하면 다소의 변동 가능성이 있다.

[53] 4급과 5급에서의 '-았/었-'의 빈도가 낮음은 앞서 논의한 바와 같이 작문의 장르와 관련이 있을 것으로 보이나 정확한 분석을 위해서는 자료를 좀더 면밀히 살펴야 할 것으로 보인다.

[54] 이도 역시 글의 장르나 주제와 관련이 있을 것으로 보이나 좀 더 정확한 분석은 자료를 살펴보아야 할 것이다.

마지막으로 선어말어미 '-았었/었었-'의 수준별 사용 빈도를 보이면 아래와 같다.

〈표 98〉 수준별 선어말어미 '-았었/었었-'의 사용 빈도

		1급	2급	3급	4급	5급	6급	전체
-았었-	빈도	7	3	13	10	7	11	51
	1,000어절당 빈도	0.06	0.03	0.11	0.08	0.07	0.10	0.08
-었었-	빈도	3	2	8	7	3	9	32
	1,000어절당 빈도	0.03	0.02	0.07	0.06	0.03	0.08	0.05

위의 표에서 보는 바와 같이 '-았었/었었-'의 사용 빈도가 너무 적어 각 수준별 차이를 논하기는 어려우나, 3급과 4급에서의 빈도가 다른 수준보다는 다소 높다고 말할 수 있겠다.

4.5.2. 연결어미

1) 연결어미의 빈도

연결어미 사용 빈도는 1,000어절당 135.2개가 사용되고 있는 것으로 나타났다. 이들의 각 수준에서의 사용 빈도는 아래의 표와 같다.

〈표 99〉 연결어미의 사용 빈도

		1급	2급	3급	4급	5급	6급
전체 어절 수		106,045	109,595	120,734	120,129	106,799	111,251
전체 표본 수		1,560	993	906	912	699	695
연결어미	빈도	7,996	12,779	17,605	18,777	16,646	17,371
	1,000어절당 빈도	75.4	116.6	145.8	156.3	155.9	156.1

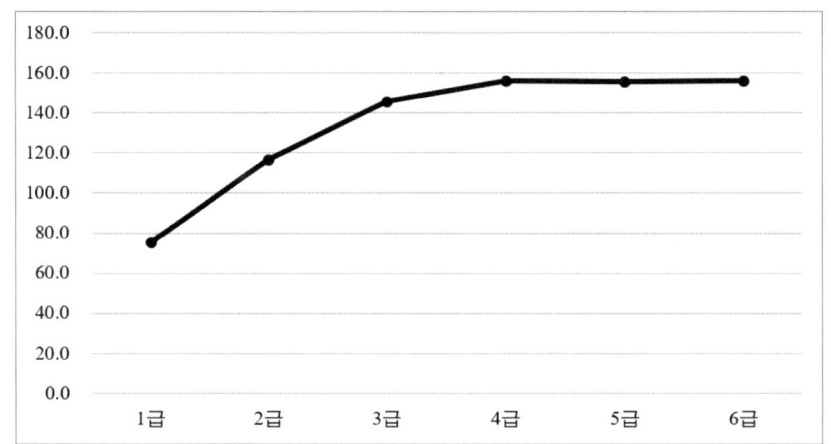

〈그림 36〉 연결어미의 수준별 1,000어절당 빈도

수준에 따른 연결어미 사용을 봤을 때, 1급에서 4급까지는 빈도가 높아지며 4급 이후부터는 일정한 빈도를 계속 유지한다.

그리고 연결어미는 '-고'를 가장 많이 사용했으며, 그다음으로는 '-아서/어서, -아/어, -면/으면, -게' 등의 순이었다. 이를 형태별로 상세히 표로 보이면 아래와 같다.[55]

---

[55] 이에서는 형태적으로 오류가 없는 비오류형태소의 빈도만을 제시하였다. 형태적인 오류형이 포함된 전체

〈표 100〉 순위별 연결어미의 빈도 및 누적 사용 비율 [QR 코드]

순위	연결어미	빈도	1,000어절당 빈도	사용 비율	누적 비율
1	-고	20,804	30.84	22.82	22.82
2	-아서	7,519	11.15	8.25	31.06
3	-면	7,494	11.11	8.22	39.28
4	-게	6,035	8.95	6.62	45.90
5	-아	6,031	8.94	6.61	52.52
6	-지	4,672	6.93	5.12	57.64
7	-어서	3,862	5.73	4.24	61.88
8	-으면	3,180	4.71	3.49	65.37
9	-아야	3,162	4.69	3.47	68.83
10	-지만	2,791	4.14	3.06	71.90
11	-어	2,738	4.06	3.00	74.90
12	-다고	2,638	3.91	2.89	77.79
13	-는데	1,799	2.67	1.97	79.77
14	-라고	1,481	2.20	1.62	81.39
15	-어야	1,302	1.93	1.43	82.82
16	-라	1,074	1.59	1.18	84.00
17	-면서	994	1.47	1.09	85.09
18	-ㄴ다고	972	1.44	1.07	86.15
19	-니까	674	1.00	0.74	86.89
20	-아도	659	0.98	0.72	87.61
21	-ㄴ데	584	0.87	0.64	88.25
22	-려고	551	0.82	0.60	88.86
23	-거나	526	0.78	0.58	89.44

연결어미의 빈도는 QR 코드를 통해 확인하기 바란다.

순위	연결어미	빈도	1,000어절당 빈도	사용 비율	누적 비율
24	-으니까	505	0.75	0.55	89.99
25	-다가	451	0.67	0.49	90.48
26	-다	424	0.63	0.47	90.95
27	-며	394	0.58	0.43	91.38
28	-러	391	0.58	0.43	91.81
29	-ㄹ수록	360	0.53	0.39	92.21
30	-어도	327	0.48	0.36	92.56

위의 표에서 보는 바와 같이 중국인 학습자는 연결어미 중 '-고, -아서/어서'를 가장 많이 사용했으며, '-면/으면, -게, -아/어' 등의 상위 빈도 연결어미의 사용이 전체 연결어미 사용 중 약 60%를 차지하고 있었다.

2) 수준에 따른 연결어미 사용의 차이

연결어미는 앞서 논의 바와 같이 1,000어절당 135.2개 사용되었는데, 이 중 가장 높은 분포를 보인 '-고'는 1,000어절당 30.84개 사용되었으며, '-아서/어서'는 16.88개 사용되었으며, '-면/으면'은 1,000어절당 15.82개 사용되었다. 그리고 '-고'는 2급과 4급에서 빈도가 다소 적었으며, '-아서/어서'는 2급과 3급, 4급에서의 빈도가 높았다. 그리고 '-면/으면'은 4급에서의 빈도가 높았다. 이들 각 형태의 각 수준에서의 빈도를 보이면 아래와 같다.

<표 101> 수준별 연결어미 '-고, -아서/어서, -면/으면'의 사용 빈도

		1급	2급	3급	4급	5급	6급	전체
-고	빈도	3,429	3,205	3,976	3,346	3,229	3,619	20,804
	1,000어절당 빈도	32.34	29.24	32.93	27.85	30.23	32.53	30.84
-아서	빈도	720	1,510	1,692	1,514	1,038	1,045	7,519
	1,000어절당 빈도	6.79	13.78	14.01	12.6	9.72	9.39	11.15
-어서	빈도	596	868	845	643	473	437	3,862
	1,000어절당 빈도	5.62	7.92	7	5.35	4.43	3.93	5.73
-면	빈도	326	1,087	1,532	1,873	1,340	1,336	7,494
	1,000어절당 빈도	3.07	9.92	12.69	15.59	12.55	12.01	11.11
-으면	빈도	293	642	746	797	407	295	3,180
	1,000어절당 빈도	2.76	5.86	6.18	6.63	3.81	2.65	4.71

각 수준별로 연결어미 사용을 살펴보면, 상위 빈도의 연결어미인 '-고, -아서/어서, -지만, -면/으면, -어야/아야, -러/으러, -려고/으려고, -는데/은데/ㄴ데'와 보조적 연결어미인 '-지, -아/어'의 사용이 초급에서는 전체 연결어미 사용의 90% 정도이나, 중급에서는 약 80% 정도로 줄어 다른 연결어미를 사용하게 되며, 고급에서는 약 75%로 줄어 좀 더 다양한 연결어미를 사용하게 됨을 알 수 있다. 각 연결어미의 수준별 빈도를 형태별로 보이면 아래와 같다.

〈표 102〉 순위별 연결어미의 빈도(1급, 2급) **[QR 코드]**

순위	1급	빈도	1,000 어절당 빈도	사용 비율	누적 비율	2급	빈도	1,000 어절당 빈도	사용 비율	누적 비율
1	-고	3,429	32.34	42.88	42.88	-고	3,205	29.24	25.08	25.08
2	-아서	720	6.79	9.00	51.89	-아서	1,510	13.78	11.82	36.90
3	-어서	596	5.62	7.45	59.34	-면	1,087	9.92	8.51	45.40
4	-지만	481	4.54	6.02	65.36	-어서	868	7.92	6.79	52.20
5	-면	326	3.07	4.08	69.43	-아	715	6.52	5.60	57.79
6	-으면	293	2.76	3.66	73.10	-으면	642	5.86	5.02	62.81
7	-지	219	2.07	2.74	75.84	-게	563	5.14	4.41	67.22
8	-아야	209	1.97	2.61	78.45	-지	494	4.51	3.87	71.09
9	-어	207	1.95	2.59	81.04	-지만	466	4.25	3.65	74.73
10	-러	204	1.92	2.55	83.59	-아야	358	3.27	2.80	77.53
11	-아	196	1.85	2.45	86.04	-는데	328	2.99	2.57	80.10
12	-려고	173	1.63	2.16	88.21	-어	295	2.69	2.31	82.41
13	-는데	133	1.25	1.66	89.87	-으니까	178	1.62	1.39	83.80
14	-니까	74	0.70	0.93	90.80	-려고	177	1.62	1.39	85.19
15	-게	73	0.69	0.91	91.71	-니까	156	1.42	1.22	86.41
16	-ㄴ데	66	0.62	0.83	92.53	-거나	138	1.26	1.08	87.49
17	-어야	60	0.57	0.75	93.28	-라고	117	1.07	0.92	88.40
18	-면서	50	0.47	0.63	93.91	-면서	107	0.98	0.84	89.24
19	-으니까	50	0.47	0.63	94.53	-ㄴ데	106	0.97	0.83	90.07
20	-려면	49	0.46	0.61	95.15	-어야	105	0.96	0.82	90.89
21	-서	44	0.41	0.55	95.70	-라	87	0.79	0.68	91.57
22	-으러	36	0.34	0.45	96.15	-다고	85	0.78	0.67	92.24
23	-거나	33	0.31	0.41	96.56	-러	73	0.67	0.57	92.81

순위	1급	빈도	1,000 어절당 빈도	사용 비율	누적 비율	2급	빈도	1,000 어절당 빈도	사용 비율	누적 비율
24	-은데	30	0.28	0.38	96.94	-려면	70	0.64	0.55	93.36
25	-으면서	24	0.23	0.30	97.24	-아도	62	0.57	0.49	93.84
26	-아도	19	0.18	0.24	97.47	-다가	60	0.55	0.47	94.31
27	-다	16	0.15	0.20	97.67	-서	59	0.54	0.46	94.77
28	-어도	16	0.15	0.20	97.87	-ㄴ다고	40	0.36	0.31	95.09
29	-라서	13	0.12	0.16	98.04	-은데	38	0.35	0.30	95.38
30	-라고	12	0.11	0.15	98.19	-ㄹ수록	36	0.33	0.28	95.66

〈표 103〉 순위별 상위 빈도의 연결어미(3급, 4급) [QR 코드]

순위	3급	빈도	1,000 어절당 빈도	사용 비율	누적 비율	4급	빈도	1,000 어절당 빈도	사용 비율	누적 비율
1	-고	3,976	32.93	22.58	22.58	-고	3,346	27.85	17.82	17.82
2	-아서	1,692	14.01	9.61	32.20	-면	1,873	15.59	9.97	27.79
3	-면	1,532	12.69	8.70	40.90	-아서	1,514	12.60	8.06	35.86
4	-게	1,270	10.52	7.21	48.11	-게	1,386	11.54	7.38	43.24
5	-어서	845	7.00	4.80	52.91	-아	1,270	10.57	6.76	50.00
6	-아	806	6.68	4.58	57.49	-지	1,187	9.88	6.32	56.32
7	-지	767	6.35	4.36	61.85	-으면	797	6.63	4.24	60.57
8	-으면	746	6.18	4.24	66.08	-아야	771	6.42	4.11	64.67
9	-아야	517	4.28	2.94	69.02	-어서	643	5.35	3.42	68.10
10	-어	510	4.22	2.90	71.92	-다고	632	5.26	3.37	71.47
11	-지만	473	3.92	2.69	74.60	-어	585	4.87	3.12	74.58
12	-다고	464	3.84	2.64	77.24	-지만	394	3.28	2.10	76.68

순위	3급	빈도	1,000 어절당 빈도	사용 비율	누적 비율	4급	빈도	1,000 어절당 빈도	사용 비율	누적 비율
13	-는데	457	3.79	2.60	79.84	-어야	382	3.18	2.03	78.71
14	-라고	282	2.34	1.60	81.44	-는데	352	2.93	1.87	80.59
15	-어야	218	1.81	1.24	82.68	-라고	277	2.31	1.48	82.06
16	-니까	213	1.76	1.21	83.89	-라	259	2.16	1.38	83.44
17	-면서	179	1.48	1.02	84.90	-ㄴ다고	217	1.81	1.16	84.60
18	-라	159	1.32	0.90	85.81	-다가	206	1.71	1.10	85.70
19	-ㄴ데	149	1.23	0.85	86.65	-면서	190	1.58	1.01	86.71
20	-아도	134	1.11	0.76	87.41	-아도	171	1.42	0.91	87.62
21	-ㄹ수록	134	1.11	0.76	88.17	-며	109	0.91	0.58	88.20
22	-든지	122	1.01	0.69	88.87	-도록	106	0.88	0.56	88.76
23	-으니까	115	0.95	0.65	89.52	-ㄴ데	101	0.84	0.54	89.30
24	-ㄴ다고	114	0.94	0.65	90.17	-니까	99	0.82	0.53	89.83
25	-다가	103	0.85	0.59	90.75	-니	98	0.82	0.52	90.35
26	-다	97	0.80	0.55	91.30	-나	86	0.72	0.46	90.81
27	-려고	82	0.68	0.47	91.77	-더니	82	0.68	0.44	91.24
28	-다면	75	0.62	0.43	92.20	-다	79	0.66	0.42	91.67
29	-자마자	75	0.62	0.43	92.62	-거나	74	0.62	0.39	92.06
30	-어도	74	0.61	0.42	93.04	-라서	66	0.55	0.35	92.41

〈표104〉 순위별 상위 빈도의 연결어미(5급, 6급) **[QR 코드]**

순위	5급	빈도	1,000 어절당 빈도	사용 비율	누적 비율	6급	빈도	1,000 어절당 빈도	사용 비율	누적 비율
1	-고	3,229	30.23	19.40	19.40	-고	3,619	32.53	20.83	20.83
2	-게	1,470	13.76	8.83	28.23	-아	1,679	15.09	9.67	30.50
3	-아	1,365	12.78	8.20	36.43	-면	1,336	12.01	7.69	38.19
4	-면	1,340	12.55	8.05	44.48	-게	1,273	11.44	7.33	45.52
5	-아서	1,038	9.72	6.24	50.71	-아서	1,045	9.39	6.02	51.53
6	-지	973	9.11	5.85	56.56	-지	1,032	9.28	5.94	57.48
7	-다고	723	6.77	4.34	60.90	-다고	730	6.56	4.20	61.68
8	-아야	623	5.83	3.74	64.65	-아야	684	6.15	3.94	65.62
9	-어	503	4.71	3.02	67.67	-어	638	5.73	3.67	69.29
10	-지만	489	4.58	2.94	70.61	-지만	488	4.39	2.81	72.10
11	-어서	473	4.43	2.84	73.45	-어서	437	3.93	2.52	74.61
12	-으면	407	3.81	2.45	75.89	-라고	420	3.78	2.42	77.03
13	-라고	373	3.49	2.24	78.13	-ㄴ다고	328	2.95	1.89	78.92
14	-ㄴ다고	272	2.55	1.63	79.77	-라	320	2.88	1.84	80.76
15	-어야	265	2.48	1.59	81.36	-으면	295	2.65	1.70	82.46
16	-는데	256	2.40	1.54	82.90	-면서	281	2.53	1.62	84.08
17	-라	242	2.27	1.45	84.35	-는데	273	2.45	1.57	85.65
18	-면서	187	1.75	1.12	85.47	-어야	272	2.44	1.57	87.21
19	-아도	136	1.27	0.82	86.29	-아도	137	1.23	0.79	88.00
20	-니	125	1.17	0.75	87.04	-거나	128	1.15	0.74	88.74
21	-ㄹ수록	121	1.13	0.73	87.77	-며	121	1.09	0.70	89.44
22	-거나	115	1.08	0.69	88.46	-다	94	0.84	0.54	89.98
23	-다	105	0.98	0.63	89.09	-ㄴ데	86	0.77	0.50	90.47

순위	5급	빈도	1,000 어절당 빈도	사용 비율	누적 비율	6급	빈도	1,000 어절당 빈도	사용 비율	누적 비율
24	-거니와	90	0.84	0.54	89.63	-도록	80	0.72	0.46	90.93
25	-며	89	0.83	0.53	90.17	-더라도	76	0.68	0.44	91.37
26	-어도	87	0.81	0.52	90.69	-어도	66	0.59	0.38	91.75
27	-니까	78	0.73	0.47	91.16	-니	65	0.58	0.37	92.12
28	-ㄴ데	76	0.71	0.46	91.61	-다면	64	0.58	0.37	92.49
29	-ㄹ뿐더러	72	0.67	0.43	92.05	-라서	61	0.55	0.35	92.84
30	-을뿐더러	60	0.56	0.36	92.41	-ㄴ다면	55	0.49	0.32	93.16

4.5.3. 종결어미

1) 종결어미의 빈도

종결어미 사용 빈도는 1,000어절당 136.5개를 사용하고 있는 것으로 나타났다. 이들의 각 수준에서의 사용 빈도는 아래의 표와 같다.

〈표 105〉 종결어미의 사용 빈도

		1급	2급	3급	4급	5급	6급
전체 어절 수		106,045	109,595	120,734	120,129	106,799	111,251
전체 표본 수		1,560	993	906	912	699	695
종결어미	빈도	22,216	17,635	16,740	13,979	11,074	10,401
	1,000어절당 빈도	209.5	160.9	138.7	116.4	103.7	93.5

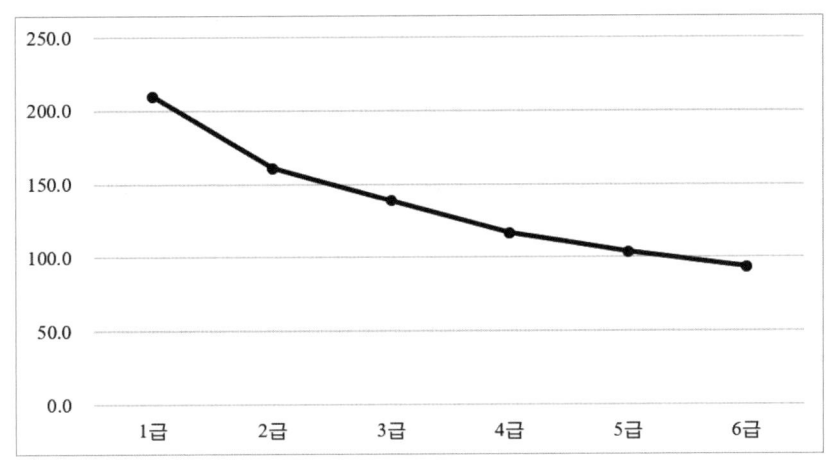

〈그림 37〉 종결어미의 수준별 1,000어절당 빈도

위의 그래프에서 보는 바와 같이 수준에 따른 종결어미 사용을 보면 1급에서의 사용 빈도가 가장 높음을 알 수 있다. 종결어미의 사용 빈도는 수준이 올라갈수록 점점 낮아졌으며 수준에 따른 감소 폭이 상당히 큰 것으로 나타났는데, 이는 고급으로 가면서 한 문장당 어절 수가 많아지기 때문이라고 해석할 수 있을 것이다. 즉 고급으로 가면서 문장이 길어지기 때문에 문장 단위로 종결어미가 사용된다고 가정했을 때, 동일 어절 수 내에 사용된 종결어미는 문장이 길어질수록 적어지기 때문이다.

그리고 종결어미 중 '-다/ㄴ다'의 사용 빈도가 가장 높았으며, 다음으로 '-ㅂ니다/습니다', '-아요/어요' 순으로 사용 빈도가 높았는데 이를 보면, '-다/ㄴ다', '-ㅂ니다/습니다'와 같은 격식체 아주낮춤이나 아주높임 등 격식체의 사용이 '-아요/어요'와 같은 비격식체의 사용보다 많았음을 알 수 있다. 이를 좀 더 상세히 표로 보이면 아래와 같다.[56]

---

[56] 이에서는 형태적으로 오류가 없는 비오류형태소의 빈도만을 제시하였다. 형태적인 오류형이 포함된 전체 종결어미의 빈도는 QR 코드를 통해 확인하기 바란다.

〈표 106〉 순위별 종결어미의 빈도 및 누적 사용 비율 [QR 코드]

순위	종결어미	빈도	1,000어절당 빈도	사용 비율	누적비율
1	-다	39,922	59.18	43.55	43.55
2	-ㄴ다	12,328	18.28	13.45	57.00
3	-ㅂ니다	9,832	14.58	10.73	67.73
4	-습니다	9,607	14.24	10.48	78.21
5	-어요	8,608	12.76	9.39	87.60
6	-아요	4,591	6.81	5.01	92.61
7	-에요	1,927	2.86	2.10	94.72
8	-는다	998	1.48	1.09	95.80
9	-는지	381	0.56	0.42	96.22
10	-ㄹ까	325	0.48	0.35	96.57
11	-ㄴ지	265	0.39	0.29	96.86
12	-어	236	0.35	0.26	97.12
13	-을까	230	0.34	0.25	97.37
14	-아	196	0.29	0.21	97.59
15	-ㄴ가	184	0.27	0.20	97.79
16	-는가	153	0.23	0.17	97.95
17	-ㄹ지	134	0.20	0.15	98.10
18	-ㅂ니까	113	0.17	0.12	98.22
19	-네	106	0.16	0.12	98.34
20	-ㅂ시오	95	0.14	0.10	98.44
21	-습니까	90	0.13	0.10	98.54
22	-자	89	0.13	0.10	98.64
23	-ㅂ시다	80	0.12	0.09	98.90

위의 표에서 보는 바와 같이 종결어미의 사용 중 '-다(43.55%), -ㄴ다(13.45%),

-는다(1.09%), -자(0.1%), -라(0.09%)' 등 격식체 아주낮춤이 전체 종결어미 사용의 약 58%로 절반 이상의 사용을 보이고 있었다. 그리고 '-ㅂ니다(10.73%), -습니다(10.48%), -ㅂ니까(0.12%), 습니까(0.1%), -ㅂ시오(0.1%), -ㅂ시다(0.09%)' 등, 격식체 아주높임의 종결어미가 전체 종결어미 사용 중 약 22%를 차지했다. 이와 같이 중국인 학습자의 쓰기 작문에서는 격식체의 사용이 많기는 하지만, 비격식체의 구어체 사용도 약 20%로 적지 않게 사용하고 있는 것으로 나타났다.

2) 수준에 따른 종결어미 사용의 차이

종결어미의 사용은 앞서 논의 바와 같이 1,000어절당 674.6개 사용되었는데, 이 중 가장 높은 분포를 보인 '-다, -는다/ㄴ다'는 1,000어절당 465.27개 사용되었으며, '-ㅂ니다/습니다'는 179.47개 사용되었으며, '-어요/아요/에요'는 1,000어절당 140.14개 사용되었다. 이들 각 형태의 수준별 빈도를 보이면 아래와 같다.

〈표 107〉 수준별 종결어미 '-다/ㄴ다/는다, -ㅂ니다/습니다, -어요/아요/에요'의 사용 빈도

		1급	2급	3급	4급	5급	6급	전체
-다	빈도	393	5,904	11,368	8,665	6,712	6,880	39,922
	1,000어절당 빈도	3.71	53.87	94.16	72.13	62.85	61.84	59.18
-ㄴ다	빈도	77	1,317	2,588	3,278	2,683	2,385	12,328
	1,000어절당 빈도	0.73	12.02	21.44	27.29	25.12	21.44	18.28
-는다	빈도	5	276	289	239	106	83	998
	1,000어절당 빈도	0.05	2.52	2.39	1.99	0.99	0.75	1.48
-ㅂ니다	빈도	6,418	2,044	606	354	303	107	9,832
	1,000어절당 빈도	60.52	18.65	5.02	2.95	2.84	0.96	14.58

		1급	2급	3급	4급	5급	6급	전체
-습니다	빈도	5,753	2,261	738	397	307	151	9,607
	1,000어절당 빈도	54.25	20.63	6.11	3.3	2.87	1.36	14.24
-어요	빈도	5,074	2,935	325	143	81	50	8,608
	1,000어절당 빈도	47.85	26.78	2.69	1.19	0.76	0.45	12.76
-아요	빈도	2,617	1,700	168	55	33	18	4,591
	1,000어절당 빈도	24.68	15.51	1.39	0.46	0.31	0.16	6.81
-에요	빈도	1,294	534	53	32	13	1	1,927
	1,000어절당 빈도	12.2	4.87	0.44	0.27	0.12	0.01	2.86

각 수준별로 종결어미 사용을 살펴보면, 비격식체 아주낮춤의 상위 빈도 종결어미인 '-다, -는다/ㄴ다'는 1급에서는 사용이 매우 적으나 2급부터는 쓰기 작문에 많이 나타나 3급에서 가장 빈도가 높게 사용되고 있었다. 반면 '-ㅂ니다/습니다'는 1급에서 가장 많이 사용되고, 2급부터는 점차 줄고 있음을 볼 수 있다. 그리고 비격식체인 '-어요/아요/에요'는 1급에서 가장 빈도가 높게 사용되었으며, 2급에서도 빈도가 다소 높았으나, 3급부터는 많이 사용되지 않고 있음을 볼 수 있다.

각 종결어미의 수준별 빈도를 형태별로 보이면 아래와 같다.[57]

---

[57] 종결어미의 경우 학습자의 철자적, 형태적 오류가 많이 나타나고 있어 각 수준별 종결어미 형태에서는 '-니다, -ㅁ니다, -은다' 등 철자적, 형태적 오류를 포함한 모든 형태의 빈도도 함께 제시하였다.

〈표108〉 순위별 상위 빈도의 종결어미(1급, 2급) [QR 코드]

순위	1급	빈도	1,000 어절당 빈도	사용 비율	누적 비율	2급	빈도	1,000 어절당 빈도	사용 비율	누적 비율
1	-ㅂ니다	6,418	60.52	28.89	28.89	-다	5,904	53.87	33.48	33.48
2	-습니다	5,753	54.25	25.89	54.78	-어요	2,935	26.78	16.64	50.12
3	-어요	5,074	47.85	22.84	77.62	-습니다	2,261	20.63	12.82	62.94
4	-아요	2,617	24.68	11.78	89.40	-ㅂ니다	2,044	18.65	11.59	74.53
5	-예요	1,294	12.20	5.82	95.22	-아요	1,700	15.51	9.64	84.17
6	-다	393	3.71	1.77	96.99	-ㄴ다	1,317	12.02	7.47	91.64
7	-니다	100	0.94	0.45	97.44	-예요	534	4.87	3.03	94.66
8	-ㄴ다	77	0.73	0.35	97.79	-는다	276	2.52	1.56	96.23
9	-ㅂ시오	60	0.57	0.27	98.06	-어	126	1.15	0.71	96.94
10	-요	54	0.51	0.24	98.30	-아	71	0.65	0.40	97.35
11	-습니까	43	0.41	0.19	98.49	-는지	39	0.36	0.22	97.57
12	-ㅂ니까	41	0.39	0.18	98.68	-야	28	0.26	0.16	97.73
13	-ㄹ게요	38	0.36	0.17	98.85	-요	26	0.24	0.15	97.87
14	-예요	26	0.25	0.12	98.96	-니다	25	0.23	0.14	98.02
15	-ㅂ시다	18	0.17	0.08	99.05	-예요	21	0.19	0.12	98.13
16	-서요	18	0.17	0.08	99.13	-ㄹ지	20	0.18	0.11	98.25
17	-네요	17	0.16	0.08	99.20	-ㅂ시다	20	0.18	0.11	98.36
18	-ㅂ다	13	0.12	0.06	99.26	-ㄴ데	19	0.17	0.11	98.47
19	-아	10	0.09	0.05	99.31	-ㄹ까	16	0.15	0.09	98.56
20	-지요	10	0.09	0.05	99.35	-습니까	16	0.15	0.09	98.65
21	-은지	7	0.07	0.03	99.38	-ㄴ지	15	0.14	0.09	98.74
22	-나요	7	0.07	0.03	99.41	-을까	14	0.13	0.08	98.81
23	-읍니다	7	0.07	0.03	99.45	-ㅂ니까	11	0.10	0.06	98.88

순위	1급	빈도	1,000 어절당 빈도	사용 비율	누적 비율	2급	빈도	1,000 어절당 빈도	사용 비율	누적 비율
24	-ㅁ니다	6	0.06	0.03	99.47	-자	11	0.10	0.06	98.94
25	-는다	5	0.05	0.02	99.50	-지	10	0.09	0.06	99.00
26	-죠	5	0.05	0.02	99.52	-은다	10	0.09	0.06	99.05

<표 109> 순위별 상위 빈도의 종결어미(3급, 4급) **[QR 코드]**

순위	3급	빈도	1,000 어절당 빈도	사용 비율	누적 비율	4급	빈도	1,000 어절당 빈도	사용 비율	누적 비율
1	-다	11,368	94.16	67.88	67.88	-다	8,665	72.13	61.51	61.51
2	-ㄴ다	2,588	21.44	15.45	83.33	-ㄴ다	3,278	27.29	23.27	84.79
3	-습니다	738	6.11	4.41	87.74	-습니다	397	3.30	2.82	87.60
4	-ㅂ니다	606	5.02	3.62	91.35	-ㅂ니다	354	2.95	2.51	90.12
5	-어요	325	2.69	1.94	93.29	-는다	239	1.99	1.70	91.81
6	-는다	289	2.39	1.73	95.02	-어요	143	1.19	1.02	92.83
7	-아요	168	1.39	1.00	96.02	-네	96	0.80	0.68	93.51
8	-ㄹ까	113	0.94	0.67	96.70	-간	72	0.60	0.51	94.02
9	-는지	66	0.55	0.39	97.09	-는지	66	0.55	0.47	94.49
10	-에요	53	0.44	0.32	97.41	-는가	65	0.54	0.46	94.95
11	-ㄴ지	42	0.35	0.25	97.66	-ㄴ지	64	0.53	0.45	95.41
12	-어	31	0.26	0.19	97.84	-아요	55	0.46	0.39	95.80
13	-ㄴ가	29	0.24	0.17	98.02	-ㄹ까	55	0.46	0.39	96.19
14	-을까	26	0.22	0.16	98.17	-을까	45	0.37	0.32	96.51
15	-아	25	0.21	0.15	98.32	-어	44	0.37	0.31	96.82
16	-을지	25	0.21	0.15	98.47	-아	37	0.31	0.26	97.08
17	-ㄹ지	21	0.17	0.13	98.60	-ㄹ지	37	0.31	0.26	97.34

순위	3급	빈도	1,000 어절당 빈도	사용 비율	누적 비율	4급	빈도	1,000 어절당 빈도	사용 비율	누적 비율
18	-ㅂ니까	15	0.12	0.09	98.69	-리	35	0.29	0.25	97.59
19	-자	14	0.12	0.08	98.77	-에요	32	0.27	0.23	97.82
20	-은지	14	0.12	0.08	98.85	-ㄴ가	32	0.27	0.23	98.05
21	-은다	14	0.12	0.08	98.94	-라	19	0.16	0.13	98.18
22	-지	12	0.10	0.07	99.01	-은지	17	0.14	0.12	98.30
23	-니다	9	0.07	0.05	99.06	-ㅂ니까	14	0.12	0.10	98.40
24	-야	8	0.07	0.05	99.11	-자	14	0.12	0.10	98.50
25	-리	8	0.07	0.05	99.16	-ㅂ시다	14	0.12	0.10	98.60
26	-ㅂ시오	7	0.06	0.04	99.20	-지	12	0.10	0.09	98.69
27	-라	7	0.06	0.04	99.24	-냐	12	0.10	0.09	98.77
28	-습니까	6	0.05	0.04	99.28	-은다	12	0.10	0.09	98.86
29	-냐	6	0.05	0.04	99.31	-야	11	0.09	0.08	98.94
30	-ㅂ다	6	0.05	0.04	99.35	-을지	11	0.09	0.08	99.01

〈표 110〉 순위별 상위 빈도의 종결어미(5급, 6급) [QR 코드]

순위	5급	빈도	1,000 어절당 빈도	사용 비율	누적 비율	6급	빈도	1,000 어절당 빈도	사용 비율	누적 비율
1	-다	6,712	62.85	60.59	60.59	-다	6,880	61.84	66.07	66.07
2	-ㄴ다	2,683	25.12	24.22	84.82	-ㄴ다	2,385	21.44	22.90	88.98
3	-습니다	307	2.87	2.77	87.59	-습니다	151	1.36	1.45	90.43
4	-ㅂ니다	303	2.84	2.74	90.32	-ㅂ니다	107	0.96	1.03	91.45
5	-는지	117	1.10	1.06	91.38	-는지	90	0.81	0.86	92.32
6	-는다	106	0.99	0.96	92.34	-는다	83	0.75	0.80	93.11
7	-ㄴ지	89	0.83	0.80	93.14	-을까	72	0.65	0.69	93.81

순위	5급	빈도	1,000 어절당 빈도	사용 비율	누적 비율	6급	빈도	1,000 어절당 빈도	사용 비율	누적 비율
8	-어요	81	0.76	0.73	93.87	-ㄹ까	62	0.56	0.60	94.40
9	-ㄹ까	78	0.73	0.70	94.57	-ㄴ가	56	0.50	0.54	94.94
10	-을까	73	0.68	0.66	95.23	-ㄴ지	55	0.49	0.53	95.47
11	-ㄴ가	66	0.62	0.60	95.83	-어요	50	0.45	0.48	95.95
12	-는가	39	0.37	0.35	96.18	-는가	43	0.39	0.41	96.36
13	-아요	33	0.31	0.30	96.48	-자	35	0.31	0.34	96.70
14	-아	30	0.28	0.27	96.75	-ㄹ지	32	0.29	0.31	97.00
15	-라	25	0.23	0.23	96.98	-라	25	0.22	0.24	97.24
16	-ㄹ지	24	0.22	0.22	97.19	-아	23	0.21	0.22	97.46
17	-ㅂ니까	22	0.21	0.20	97.39	-아요	18	0.16	0.17	97.64
18	-지	21	0.20	0.19	97.58	-지	17	0.15	0.16	97.80
19	-어	18	0.17	0.16	97.74	-ㅂ시오	14	0.13	0.13	97.94
20	-자	15	0.14	0.14	97.88	-냐	14	0.13	0.13	98.07
21	-에요	13	0.12	0.12	98.00	-어	13	0.12	0.12	98.19
22	-은지	13	0.12	0.12	98.11	-ㅂ시다	13	0.12	0.12	98.32
23	-느냐	13	0.12	0.12	98.23	-야	11	0.10	0.11	98.43
24	-ㅂ시다	11	0.10	0.10	98.33	-을지	11	0.10	0.11	98.53
25	-냐	11	0.10	0.10	98.43	-ㅂ니까	10	0.09	0.10	98.63
26	-ㄴ까	11	0.10	0.10	98.53	-니	9	0.08	0.09	98.71
27	-습니까	10	0.09	0.09	98.62	-아라	8	0.07	0.08	98.79
28	-을지	10	0.09	0.09	98.71	-습니까	7	0.06	0.07	98.86
29	-은가	9	0.08	0.08	98.79	-은지	7	0.06	0.07	98.92
30	-야	8	0.07	0.07	98.86	-느냐	7	0.06	0.07	98.99

4.5.4. 관형사형 전성어미

1) 관형사형 전성어미의 빈도

관형사형 전성어미의 사용 빈도는 1,000어절당 97.4개로 확인되었으며, 이들의 각 수준에서의 사용 빈도는 아래의 표와 같다.

〈표 111〉 관형사형 전성어미의 사용 빈도

		1급	2급	3급	4급	5급	6급
전체 어절 수		106,045	109,595	120,734	120,129	106,799	111,251
전체 표본 수		1,560	993	906	912	699	695
관형사형 전성어미	빈도	4,530	8,049	11,796	13,962	13,541	13,798
	1,000어절당 빈도	42.7	73.4	97.7	116.2	126.8	124.0

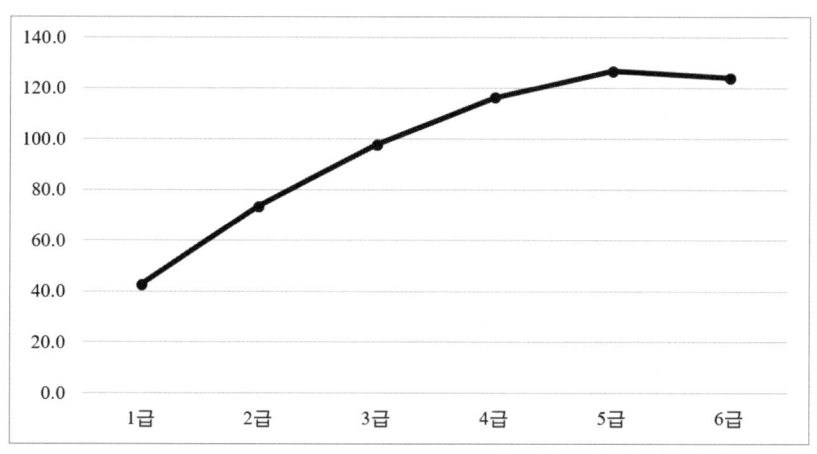

〈그림 38〉 관형사형 전성어미의 수준별 1,000어절당 빈도

수준에 따른 관형사형 전성어미 사용을 봤을 때, 1급에서 5급까지는 수준이 올라감에 따라 관형사형 전성어미의 사용이 증가하고 있음을 알 수 있다.

그리고 관형사형 전성어미 중 형용사나 동사의 과거형인 '-은/ㄴ'의 사용이 다른 관형사형 전성어미보다 많았다. 이를 상세히 표로 보이면 다음과 같다[58].

〈표 112〉 순위별 관형사형 전성어미의 빈도 및 누적 사용 비율 [QR 코드]

순위	관형사형 전성어미	빈도	1,000어절당 빈도	사용 비율	누적비율
1	-ㄴ	18,254	27.06	27.79	27.79
2	-는	17,105	25.36	26.04	53.84
3	-ㄹ	16,563	24.55	25.22	79.06
4	-은	7,005	10.38	10.67	89.72
5	-을	4,519	6.70	6.88	96.60
6	-라는	608	0.90	0.93	97.53
7	-다는	567	0.84	0.86	98.39
8	-던	456	0.68	0.69	99.09
9	-ㄴ다는	315	0.47	0.48	99.57

위의 표에서 보는 바와 같이 학습자가 사용한 관형사형 전성어미는 '-은/ㄴ'이 가장 많이 사용되었으며, 그다음은 '-을/ㄹ', '-는', '-던'의 순으로 사용된 것을 알 수 있다. 그리고 완형보문을 이루는 '-다는/ㄴ다는'과 '-라는' 등의 관형사형 전성어미는 사용 빈도가 높지 않음을 알 수 있다.

2) 수준에 따른 관형사형 전성어미 사용의 차이

관형사형 전성어미의 사용은 앞서 논의 바와 같이 1,000어절당 97.4개 사용되었는데, 이 중 가장 높은 분포를 보인 '-은/ㄴ'은 1,000어절당 37.44개 사용되었으며,

---

[58] 이에서는 형태적으로 오류가 없는 비오류형태소의 빈도만을 제시하였다. 형태적인 오류형이 포함된 전체 관형사형 전성어미의 빈도는 QR 코드를 통해 확인하기 바란다.

'-는'은 25.36개, '-을'은 6.70개 사용되었다. 따라서 거의 모든 수준에서 '-은/ㄴ'과 '-는'의 사용 빈도가 높았으나, 예외적으로 1급에서는 '-을/ㄹ'의 사용이 가장 많았다.[59] 각 수준별로 사용된 관형사형 전성어미를 형태별로 보이면 아래와 같다.

〈표 113〉 순위별 상위 빈도의 관형사형 전성어미(1급, 2급) [QR 코드]

순위	1급	빈도	1,000 어절당 빈도	사용 비율	누적 비율	2급	빈도	1,000 어절당 빈도	사용 비율	누적 비율
1	-ㄹ	1,930	29.39	42.60	42.6	-ㄴ	2,453	37.35	30.48	30.48
2	-ㄴ	1,156	17.60	25.52	68.12	-는	2,074	31.58	25.77	56.25
3	-는	774	11.79	17.09	85.21	-ㄹ	1,874	28.53	23.28	79.53
4	-을	324	4.93	7.15	92.36	-은	832	12.67	10.34	89.87
5	-은	319	4.86	7.04	99.4	-을	736	11.21	9.14	99.01
6	-던	1	0.02	0.02	99.42	-던	35	0.53	0.43	99.44
7						-다는	8	0.12	0.10	99.54
8						-라는	6	0.09	0.07	99.61
9						-ㄴ다는	1	0.02	0.01	99.62

〈표 114〉 순위별 상위 빈도의 관형사형 전성어미(3급, 4급) [QR 코드]

순위	3급	빈도	1,000 어절당 빈도	사용 비율	누적 비율	4급	빈도	1,000 어절당 빈도	사용 비율	누적 비율
1	-ㄴ	3,160	48.11	26.79	26.79	-는	3,881	59.09	27.80	27.80
2	-는	3,032	46.17	25.70	52.49	-ㄹ	3,535	53.82	25.32	53.12

---

[59] 다른 수준과 달리 1급에서만 관형사형 전성어미 '-을/ㄹ'의 사용이 많음은 '-을/ㄹ 것이다, -을/ㄹ 것 같다, -을/ㄹ 때'와 같은 표현문형의 사용이 많았던 때문으로 추론할 수 있다.

순위	3급	빈도	1,000 어절당 빈도	사용 비율	누적 비율	4급	빈도	1,000 어절당 빈도	사용 비율	누적 비율
3	-ㄹ	3,031	46.15	25.70	78.19	-ㄴ	3,465	52.76	24.82	77.93
4	-은	1,358	20.68	11.51	89.70	-은	1,633	24.86	11.70	89.63
5	-을	918	13.98	7.78	97.48	-을	1,074	16.35	7.69	97.32
6	-던	103	1.57	0.87	98.36	-라는	108	1.64	0.77	98.09
7	-라는	90	1.37	0.76	99.12	-던	95	1.45	0.68	98.78
8	-다는	28	0.43	0.24	99.36	-다는	84	1.28	0.60	99.38
9	-ㄴ다는	28	0.43	0.24	99.59	-ㄴ다는	44	0.67	0.32	99.69
10	-는다는	11	0.17	0.09	99.69	-려는	9	0.14	0.06	99.76
11						-나는	2	0.03	0.01	99.77
12						-는다는	1	0.02	0.01	99.78

〈표 115〉 순위별 상위 빈도의 관형사형 전성어미(5급, 6급) **[QR 코드]**

순위	5급	빈도	1,000 어절당 빈도	사용 비율	누적 비율	6급	빈도	1,000 어절당 빈도	사용 비율	누적 비율
1	-ㄴ	3,922	59.72	28.96	28.96	-ㄴ	4,098	62.40	29.70	29.70
2	-는	3,675	55.96	27.14	56.10	-는	3,669	55.87	26.59	56.29
3	-ㄹ	3,216	48.97	23.75	79.85	-ㄹ	2,977	45.33	21.58	77.87
4	-은	1,398	21.29	10.32	90.18	-은	1,465	22.31	10.62	88.48
5	-을	737	11.22	5.44	95.62	-을	730	11.12	5.29	93.77
6	-다는	207	3.15	1.53	97.15	-라는	263	4.00	1.91	95.68
7	-라는	141	2.15	1.04	98.19	-다는	240	3.65	1.74	97.42
8	-던	103	1.57	0.76	98.95	-ㄴ다는	157	2.39	1.14	98.56
9	-ㄴ다는	85	1.29	0.63	99.58	-던	119	1.81	0.86	99.42

순위	5급	빈도	1,000 어절당 빈도	사용 비율	누적 비율	6급	빈도	1,000 어절당 빈도	사용 비율	누적 비율
10	-는다는	6	0.09	0.04	99.60	-는다는	7	0.11	0.05	99.47
11	-느냐는	2	0.03	0.01	99.61	-냐는	5	0.08	0.04	99.51
12	-냐는	1	0.02	0.01	99.62	-자는	5	0.08	0.04	99.55
13	-자는	1	0.02	0.01	99.63	-느냐는	1	0.02	0.01	99.56

4.5.5. 명사형 전성어미

1) 명사형 전성어미의 빈도

명사형 전성어미 사용 빈도는 1,000어절당 10.6개가 사용되고 있는 것으로 나타났다. 이들의 각 수준에서의 사용 빈도는 아래의 표와 같다.

〈표 116〉 명사형 전성어미의 사용 빈도

		1급	2급	3급	4급	5급	6급
전체 어절 수		106,045	109,595	120,734	120,129	106,799	111,251
전체 표본 수		1,560	993	906	912	699	695
명사형 전성어미	빈도	260	1,192	1,251	1,674	1,469	1,307
	1,000어절당 빈도	2.5	10.9	10.4	13.9	13.8	11.7

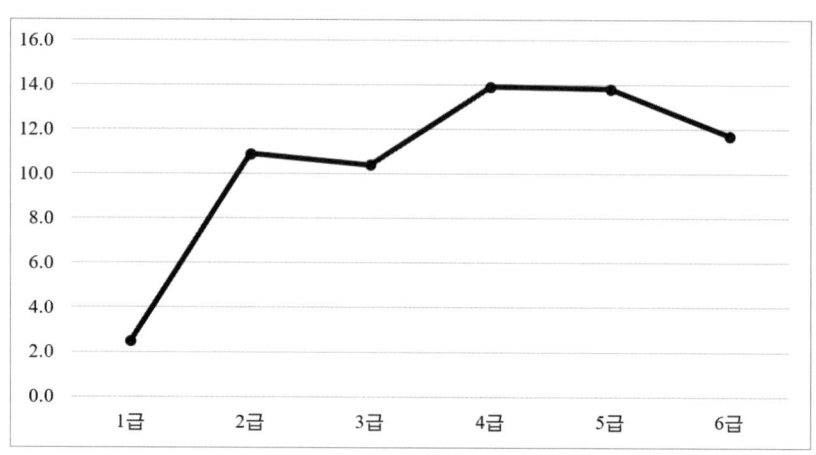

〈그림 39〉 명사형 전성어미의 수준별 1,000어절당 빈도

수준에 따른 명사형 전성어미 사용을 살펴보면 1급에서 2급으로 가면서 명사형 전성어미의 사용이 급격히 증가하는 것으로 나타났으며, 명사형 전성어미의 사용은 4급에서 가장 높았다.

그리고 명사형 전성어미 중 '-기'가 '-음/ㅁ'보다 6배가량 많이 사용되고 있었다. 이를 좀 더 상세히 표로 보이면 아래와 같다.[60]

〈표 117〉 순위별 명사형 전성어미의 빈도 및 누적 사용 비율 [QR 코드]

순위	명사형 전성어미	빈도	1,000어절당 빈도	사용 비율	누적비율
1	-기	6,109	9.06	85.40	85.40
2	-ㅁ	878	1.30	12.27	97.68
3	-음	108	0.16	1.51	99.19

---

[60] 이에서는 형태적으로 오류가 없는 비오류형태소의 빈도만을 제시하였다. 형태적인 오류형이 포함된 전체 명사형 전성어미의 빈도는 QR 코드를 통해 확인하기 바란다.

2) 수준에 따른 명사형 전성어미 사용의 차이

앞서 살핀 바와 같이 명사형 전성어미는 1,000어절당 10.6개 사용되는데 이 중 '-기'가 9.06개 사용되어 사용되는 명사형 전성어미는 거의 '-기'임을 알 수 있다. 그리고 '-음/ㅁ'은 1,000어절당 1.46개 사용되어 빈도가 매우 낮았다. 이들의 수준별 사용 빈도를 상세히 보이면 아래와 같다.[61]

〈표 118〉 순위별 상위 빈도의 명사형 전성어미(1급, 2급) [QR 코드]

순위	1급	빈도	1,000어절당 빈도	사용 비율	누적 비율	2급	빈도	1,000어절당 빈도	사용 비율	누적 비율
1	-기	234	0.35	90.00	90.00	-기	1,164	1.73	97.65	97.65
2	-ㅁ	22	0.03	8.46	98.46	-ㅁ	15	0.02	1.26	98.91
3						-음	3	0.00	0.25	99.16

〈표 119〉 순위별 상위 빈도의 명사형 전성어미(3급, 4급) [QR 코드]

순위	3급	빈도	1,000어절당 빈도	사용 비율	누적 비율	4급	빈도	1,000어절당 빈도	사용 비율	누적 비율
1	-기	1,197	1.77	95.68	95.68	-기	1,271	1.88	75.93	75.93
2	-ㅁ	42	0.06	3.36	99.04	-ㅁ	391	0.58	23.36	99.28
3	-음	3	0.00	0.24	99.28	-음	4	0.01	0.24	99.52

---

61 이에서는 '-기, -음/ㅁ'의 철자적 오류로 보이는 '-가, -개, ㄴ기' 등은 보이지 않았다. 이들 철자적 오류를 포함한 전체 빈도는 QR 코드를 통해 확인하기 바란다.

〈표 120〉 순위별 상위 빈도의 명사형 전성어미(5급, 6급) **[QR 코드]**

순위	5급	빈도	1,000 어절당 빈도	사용 비율	누적 비율	6급	빈도	1,000 어절당 빈도	사용 비율	누적 비율
1	-기	1,136	1.68	77.33	77.33	-기	1,107	1.64	84.70	84.70
2	-ㅁ	242	0.36	16.47	93.81	-ㅁ	166	0.25	12.70	97.40
3	-음	73	0.11	4.97	98.77	-음	25	0.04	1.91	99.31

4.6. 접사

4.6.1. 체언접두사

1) 체언접두사의 빈도

체언접두사 사용 빈도는 1,000어절당 1.4개로 나타났다.[62] 이들의 각 수준에서의 사용 빈도는 아래의 표와 같다.

---

[62] 분석 대상 체언접두사는 다음과 같은 총 33개이다.
: 가(假)-가건물, 고(高)-고물가, 과(過)-과보호, 구(舊)-구소련, 날-날음식, 노(老)-노부부, 대(大)-대선배, 맏-맏아들, 맨-맨몸, 무(無)-무의식, 미(未)-미완성, 반(反)-반독재, 범(汎)-범세계, 부(不)-부도덕, 불(不)-불합리, 비(非)-비논리, 생(生)-생김치, 소(小)-소강당, 신(新)-신정당, 왕(王)-왕족발, 재(再)-재충전, 저(低)-저임금, 제(第)-제13차, 준(準)-준전시, 초(超)-초만원, 최(最)-최고급, 친(親)-친러시아, 탈(脫)-탈냉전시대, 폐(廢)-폐광산, 풋-풋살구, 피(被)-피고소인, 한-한가운데, 헛-헛고생 (※ 단, 예외적으로 '대부분, 대다수, 무조건'의 경우는 체언 접두사를 분리하지 않는다.)

<표 121> 체언접두사의 사용 빈도

		1급	2급	3급	4급	5급	6급
전체 어절 수		106,045	109,595	120,734	120,129	106,799	111,251
전체 표본 수		1,560	993	906	912	699	695
체언접두사	빈도	10	17	31	336	230	300
	1,000어절당 빈도	0.1	0.2	0.3	2.8	2.2	2.7

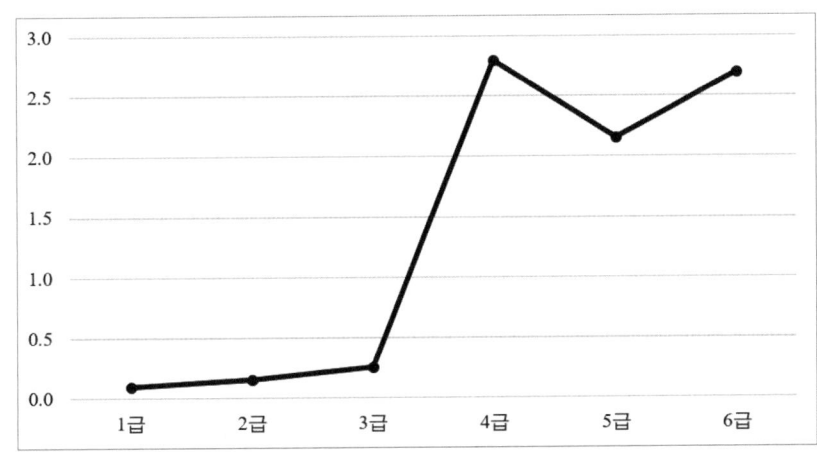

<그림 40> 체언접두사의 수준별 1,000어절당 빈도

위에서 보는 바와 같이, 4급 이후 체언접두사의 사용 빈도가 급격히 증가하는 것을 보아, 4급 이후에 체언접두사를 포함하는 파생어의 사용 빈도가 늘고 있음을 알 수 있다.

그리고 체언접두사 중 '비-'의 사용 빈도가 가장 높았으며, 그다음으로는 '불-, 대-, 저-, 무-' 등의 순이었으며, 사용된 체언접두사의 유형(type)은 36개였다.[63] 이

---

[63] 이들 유형(type)의 수에는 철자 오류나 발음 오류 등에 의한 형태적인 오류형이 포함되어 있다.

를 좀 더 상세히 표로 보이면 아래와 같다.[64]

〈표122〉 순위별 체언접두사의 빈도 및 누적 사용 비율 [QR 코드]

순위	체언접두사	빈도	1,000어절당 빈도	사용 비율	누적비율
1	비-	270	0.40	29.22	29.22
2	불-	107	0.16	11.58	40.80
3	대-	104	0.15	11.26	52.06
4	저-	86	0.13	9.31	61.36
5	무-	75	0.11	8.12	69.48
6	신-	51	0.08	5.52	75.00
7	제-	40	0.06	4.33	79.33
8	고-	29	0.04	3.14	82.47
9	재-	23	0.03	2.49	84.96
10	친-	19	0.03	2.06	87.01
11	부-	18	0.03	1.95	88.96
12	초-	13	0.02	1.41	90.37
13	처-	10	0.01	1.08	91.45
14	소-	10	0.01	1.08	92.53
15	왕-	9	0.01	0.97	93.51
16	생-	9	0.01	0.97	94.48
17	과-	6	0.01	0.65	95.13
18	구-	6	0.01	0.65	95.78
19	미-	6	0.01	0.65	96.43
20	피-	5	0.01	0.54	96.97

[64] 이에서는 상위 30위까지만 제시한다. 사용된 전체 체언접두사의 빈도는 QR 코드를 통해 확인하기 바란다.

순위	체언접두사	빈도	1,000어절당 빈도	사용 비율	누적비율
21	노-	4	0.01	0.43	97.40
22	조-	4	0.01	0.43	97.84
23	가-	3	0.00	0.32	98.16
24	빈-	3	0.00	0.32	98.48
25	볼-	2	0.00	0.22	98.70
26	한-	2	0.00	0.22	98.92
27	개-	1	0.00	0.11	99.03
28	맨-	1	0.00	0.11	99.13
29	반-	1	0.00	0.11	99.24
30	북-	1	0.00	0.11	99.35

위의 표에서 보는 바와 같이 87.01%의 체언접두사 사용이 상위 10개의 체언접두사로 이루어지고 있음을 알 수 있다.

2) 수준에 따른 체언접두사 사용의 차이

앞서 설명한 바와 같이 체언접두사는 1,000어절당 1.4개로 매우 낮은 빈도로 사용되었으며, 그 유형 수는 36개였다. 각 수준에 따라 사용된 체언접두사의 빈도와 유형을 보이면 아래와 같다.

<표 123> 체언접두사의 빈도 수 및 유형 수

		1급	2급	3급	4급	5급	6급
전체 어절 수		106,045	109,595	120,734	120,129	106,799	111,251
전체 표본 수		1,560	993	906	912	699	695
체언 접두사	빈도 수 (token)	10	17	31	336	230	300
	유형 수 (type)	3	9	13	19	19	25
	사용률	0.01	0.02	0.03	0.28	0.22	0.27

위에서 보는 바와 같이 1급에서 3급까지는 체언접두사가 포함된 일부 어휘만을 사용하였으나, 4급부터는 체언접두사로 파생된 다양한 어휘를 사용하고 있음을 알 수 있다. 사용된 체언접두사를 수준별로 상세히 보이면 아래와 같다.

<표 124> 순위별 상위 빈도의 체언접두사(1급, 2급) **[QR 코드]**

순위	1급	빈도	1,000 어절당 빈도	사용 비율	누적 비율	2급	빈도	1,000 어절당 빈도	사용 비율	누적 비율
1	생-	5	0.01	50.00	50.00	제-	4	0.01	23.53	23.53
2	대-	3	0.00	30.00	80.00	왕-	3	0.00	17.65	41.18
3	제-	2	0.00	20.00	100.00	불-	2	0.00	11.76	52.94
4						대-	2	0.00	11.76	64.71
5						신-	2	0.00	11.76	76.47
6						저-	1	0.00	5.88	82.35
7						무-	1	0.00	5.88	88.24
8						소-	1	0.00	5.88	94.12
9						생-	1	0.00	5.88	100.00

⟨표 125⟩ 순위별 상위 빈도의 체언접두사(3급, 4급) [QR 코드]

순위	3급	빈도	1,000 어절당 빈도	사용 비율	누적 비율	4급	빈도	1,000 어절당 빈도	사용 비율	누적 비율
1	대-	6	0.01	19.35	19.35	비-	212	0.31	63.10	63.10
2	제-	5	0.01	16.13	35.48	무-	31	0.05	9.23	72.32
3	초-	5	0.01	16.13	51.61	신-	17	0.03	5.06	77.38
4	불-	3	0.00	9.68	61.29	대-	14	0.02	4.17	81.55
5	가-	3	0.00	9.68	70.97	제-	12	0.02	3.57	85.12
6	부-	2	0.00	6.45	77.42	불-	8	0.01	2.38	87.50
7	신-	1	0.00	3.23	80.65	친-	7	0.01	2.08	89.58
8	친-	1	0.00	3.23	83.87	재-	6	0.01	1.79	91.37
9	구-	1	0.00	3.23	87.10	왕-	6	0.01	1.79	93.15
10	볼-	1	0.00	3.23	90.32	부-	5	0.01	1.49	94.64
11	한-	1	0.00	3.23	93.55	과-	5	0.01	1.49	96.13
12	개-	1	0.00	3.23	96.77	피-	4	0.01	1.19	97.32
13	북-	1	0.00	3.23	100.00	소-	2	0.00	0.60	97.92
14						미-	2	0.00	0.60	98.51
15						저-	1	0.00	0.30	98.81
16						구-	1	0.00	0.30	99.11
17						산-	1	0.00	0.30	99.40
18						청-	1	0.00	0.30	99.70
19						헛-	1	0.00	0.30	100.00

〈표 126〉 순위별 상위 빈도의 체언접두사(5급, 6급) **[QR 코드]**

순위	5급	빈도	1,000 어절당 빈도	사용 비율	누적 비율	6급	빈도	1,000 어절당 빈도	사용 비율	누적 비율
1	비-	43	0.06	18.70	18.70	저-	67	0.10	22.33	22.33
2	불-	34	0.05	14.78	33.48	불-	60	0.09	20.00	42.33
3	대-	34	0.05	14.78	48.26	대-	45	0.07	15.00	57.33
4	고-	23	0.03	10.00	58.26	무-	21	0.03	7.00	64.33
5	무-	22	0.03	9.57	67.83	신-	18	0.03	6.00	70.33
6	저-	17	0.03	7.39	75.22	비-	15	0.02	5.00	75.33
7	신-	13	0.02	5.65	80.87	제-	10	0.01	3.33	78.67
8	부-	9	0.01	3.91	84.78	재-	10	0.01	3.33	82.00
9	제-	7	0.01	3.04	87.83	처-	10	0.01	3.33	85.33
10	재-	7	0.01	3.04	90.87	소-	7	0.01	2.33	87.67
11	친-	5	0.01	2.17	93.04	고-	6	0.01	2.00	89.67
12	노-	4	0.01	1.74	94.78	친-	6	0.01	2.00	91.67
13	빈-	3	0.00	1.30	96.09	초-	6	0.01	2.00	93.67
14	초-	2	0.00	0.87	96.96	조-	4	0.01	1.33	95.00
15	구-	2	0.00	0.87	97.83	부-	2	0.00	0.67	95.67
16	미-	2	0.00	0.87	98.70	생-	2	0.00	0.67	96.33
17	생-	1	0.00	0.43	99.13	구-	2	0.00	0.67	97.00
18	과-	1	0.00	0.43	99.57	미-	2	0.00	0.67	97.67
19	블-	1	0.00	0.43	100.00	피-	1	0.00	0.33	98.00
20						볼-	1	0.00	0.33	98.33
21						한-	1	0.00	0.33	98.67
22						맨-	1	0.00	0.33	99.00
23						반-	1	0.00	0.33	99.33

순위	5급	빈도	1,000 어절당 빈도	사용 비율	누적 비율	6급	빈도	1,000 어절당 빈도	사용 비율	누적 비율
24						분-	1	0.00	0.33	99.67
25						최-	1	0.00	0.33	100.00

4.6.2. 명사파생접미사

1) 명사파생접미사의 빈도

명사파생접미사는 1,000어절당 27.0개가 사용되고 있었으며, 이들의 각 수준에서의 사용 빈도는 아래의 표와 같다.[65]

〈표 127〉 명사파생접미사의 사용 빈도

		1급	2급	3급	4급	5급	6급
전체 어절 수		106,045	109,595	120,734	120,129	106,799	111,251
전체 표본 수		1,560	993	906	912	699	695
명사파생접미사	빈도	1,293	1,991	2,304	3,893	3,805	4,900
	1,000어절당 빈도	12.2	18.2	19.1	32.4	35.6	44.0

---

[65] 분석 대상 명사파생접미사는 총 55개로 다음과 같다.
: 가(價)-매매가, 가(哥)-김가, 경(頃)-두 시경, 계(系)-몽고계, 계(界)-교육계, 광(狂)-메모광, 권(圈)-운동권, 권(權)-참정권, 당(當)-한 사람당, 대(臺)-억대, 댁(宅)-청주댁, 론(論)-비평론, 별(別)-가구별, 여(餘)-삼십여, 류(類)-자연류, 률, 율(率)-경쟁률, 리(裡)-비밀리, 분(分) 분량-일인분, 분(分)-3분의, 산(産)-중국산, 상(上)-역사상, 생1(生)-갑자생, 생2(生)-견습생, 성(性)-인간성, 시(視)-영웅시, 용(用)-전쟁용, 적(的)-사상적, 형(型)-기본형, 형(形)-도시형, 제(制)-봉건제, 층(層)-선수층, 치(値)-보름치, 풍(風)-복고풍, 화(化)-도구화, 기-기름기, 께-10분께, 꼴-십 원꼴, 끼리-전우끼리, 꾼-노름꾼, 네-동이네, 님-선생님, 들-우리들, 들이-1ℓ 들이, 배기-열 살배기, 뼘-조카뼘, 씩-만원씩, 장이-간판장이, 쟁이-심술쟁이, 쯤 -내일쯤, 질-서방질, 짜리-백 원짜리, 째1 -이틀째, 째2-옹기째, 치레-인사치레, 투성이-먼지투성이

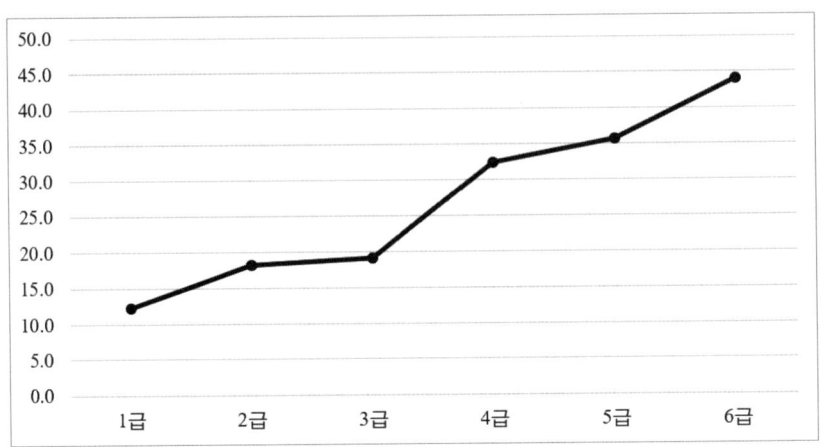

〈그림 41〉 명사파생접미사의 수준별 1,000어절당 빈도

수준에 따른 명사파생접미사 사용을 봤을 때, 수준이 올라감에 따라 그 사용 빈도도 증가하고 있음을 알 수 있다.

그리고 명사파생접미사 중 가장 많이 사용되는 것은 '-들'이었으며, 그다음으로는 '-님, -적, -화, -째, -성, -쯤' 등의 순이었다. 이를 좀 더 상세히 표로 보이면 아래와 같다.

〈표 128〉 순위별 명사파생접미사의 빈도 및 누적 사용 비율 [QR 코드]

순위	명사파생접미사	빈도	1,000어절당 빈도	사용 비율	누적비율
1	-들	9,771	14.49	53.73	53.73
2	-님	2,834	4.20	15.58	69.31
3	-적	2,190	3.25	12.04	81.35
4	-화	694	1.03	3.82	85.17
5	-째	479	0.71	2.63	87.80
6	-성	436	0.65	2.40	90.20
7	-쯤	386	0.57	2.12	92.32

순위	명사파생접미사	빈도	1,000어절당 빈도	사용 비율	누적비율
8	-형	228	0.34	1.25	93.58
9	-생	194	0.29	1.07	94.64
10	-율	173	0.26	0.95	95.60
11	-제	141	0.21	0.78	96.37
12	-별	103	0.15	0.57	96.94
13	-씩	83	0.12	0.46	97.39
14	-률	67	0.10	0.37	97.76
15	-상	36	0.05	0.20	97.96
16	-끼리	35	0.05	0.19	98.15
17	-시	30	0.04	0.16	98.32
18	-권	29	0.04	0.16	98.48
19	-계	25	0.04	0.14	98.61
20	-여	23	0.03	0.13	98.74
21	-층	20	0.03	0.11	98.85
22	-용	17	0.03	0.09	98.94

2) 수준에 따른 명사파생접미사 사용의 차이

명사파생접미사는 수준이 올라가면서 사용 빈도가 많아졌으며, 그 유형 수 또한 많아지고 있다. 각 수준별로 사용된 명사파생접미사의 빈도와 유형은 아래와 같다.

〈표 129〉 명사파생접미사의 빈도 수 및 유형 수

		1급	2급	3급	4급	5급	6급
전체 어절 수		106,045	109,595	120,734	120,129	106,799	111,251
전체 표본 수		1,560	993	906	912	699	695
명사 파생 접미사	빈도 수 (token)	1,293	1,991	2,304	3,893	3,805	4,900
	유형 수 (type)	22	27	29	39	44	53
	사용률	1.22	1.82	1.91	3.24	3.56	4.40

이들 명사파생접미사 중 앞서 설명한 바와 같이 '-들'의 사용이 모든 수준에서 가장 많이 사용되었으며, 4급까지는 '-님'의 사용이 많았으나, 고급에서는 '-적, -화'의 사용이 많아졌다. 이들의 각 수준별 사용 양상을 살펴보면 아래와 같다.[66]

〈표 130〉 순위별 상위 빈도의 명사파생접미사(1급, 2급) **[QR 코드]**

순위	1급	빈도	1,000 어절당 빈도	사용 비율	누적 비율	2급	빈도	1,000 어절당 빈도	사용 비율	누적 비율
1	-들	580	5.47	44.86	44.86	-들	895	8.17	44.95	44.95
2	-님	418	3.94	32.33	77.18	-님	674	6.15	33.85	78.80
3	-쯤	199	1.88	15.39	92.58	-형	192	1.75	9.64	88.45
4	-생	53	0.50	4.10	96.67	-쯤	81	0.74	4.07	92.52
5	-니	11	0.10	0.85	97.53	-적	59	0.54	2.96	95.48

---

66 이에서는 '-니, -둘' 등 '-님, -들'의 철자적 오류로 보이는 형태의 빈도가 상대적으로 높아 이들 형태도 목록에 포함하여 제시하였다. 이 외 전체 형태의 명사파생접미사의 목록과 빈도는 QR 코드를 통해 확인하기 바란다.

순위	1급	빈도	1,000 어절당 빈도	사용 비율	누적 비율	2급	빈도	1,000 어절당 빈도	사용 비율	누적 비율
6	-적	8	0.08	0.62	98.14	-생	32	0.29	1.61	97.09
7	-째	7	0.07	0.54	98.69	-째	30	0.27	1.51	98.59
8	-형	2	0.02	0.15	98.84	-성	4	0.04	0.20	98.79
9						-니	3	0.03	0.15	98.95
10						-제	2	0.02	0.10	99.05
11						-계	2	0.02	0.10	99.15
12						-분	2	0.02	0.10	99.25
13						-화	1	0.01	0.05	99.30
14						-씩	1	0.01	0.05	99.35

〈표 131〉 순위별 상위 빈도의 명사파생접미사(3급, 4급) [QR 코드]

순위	3급	빈도	1,000 어절당 빈도	사용 비율	누적 비율	4급	빈도	1,000 어절당 빈도	사용 비율	누적 비율
1	-들	1,389	11.50	60.29	60.29	-들	2,528	21.04	64.94	64.94
2	-님	452	3.74	19.62	79.90	-님	531	4.42	13.64	78.58
3	-적	159	1.32	6.90	86.81	-적	428	3.56	10.99	89.57
4	-째	104	0.86	4.51	91.32	-째	135	1.12	3.47	93.04
5	-쯤	69	0.57	2.99	94.31	-성	78	0.65	2.00	95.04
6	-성	38	0.31	1.65	95.96	-화	58	0.48	1.49	96.53
7	-생	37	0.31	1.61	97.57	-씩	25	0.21	0.64	97.17
8	-씩	20	0.17	0.87	98.44	-생	18	0.15	0.46	97.64
9	-화	4	0.03	0.17	98.61	-쯤	15	0.12	0.39	98.02
10	-제	4	0.03	0.17	98.78	-제	12	0.10	0.31	98.33

순위	3급	빈도	1,000 어절당 빈도	사용 비율	누적 비율	4급	빈도	1,000 어절당 빈도	사용 비율	누적 비율
11	-율	3	0.02	0.13	98.91	-끼리	9	0.07	0.23	98.56
12	-률	3	0.02	0.13	99.05	-용	6	0.05	0.15	98.72
13	-격	3	0.02	0.13	99.18	-들	6	0.05	0.15	98.87
14	-째	2	0.02	0.09	99.26	-률	5	0.04	0.13	99.00
15	-재	2	0.02	0.09	99.35	-율	4	0.03	0.10	99.10
16	-을	2	0.02	0.09	99.44	-별	3	0.02	0.08	99.18
17	-상	1	0.01	0.04	99.48	-상	3	0.02	0.08	99.26
18	-끼리	1	0.01	0.04	99.52	-시	2	0.02	0.05	99.31
19						-층	2	0.02	0.05	99.36
20						-남	2	0.02	0.05	99.41
21						-직	2	0.02	0.05	99.46
22						-척	2	0.02	0.05	99.51

〈표 132〉 순위별 상위 빈도의 명사파생접미사(5급, 6급) [QR 코드]

순위	5급	빈도	1,000 어절당 빈도	사용 비율	누적 비율	6급	빈도	1,000 어절당 빈도	사용 비율	누적 비율
1	-들	2,144	20.08	56.35	56.35	-들	2,235	20.09	45.61	45.61
2	-적	699	6.55	18.37	74.72	-적	837	7.52	17.08	62.69
3	-님	342	3.20	8.99	83.71	-화	505	4.54	10.31	73.00
4	-화	126	1.18	3.31	87.02	-님	417	3.75	8.51	81.51
5	-성	125	1.17	3.29	90.30	-성	191	1.72	3.90	85.41
6	-째	115	1.08	3.02	93.32	-율	153	1.38	3.12	88.53
7	-률	30	0.28	0.79	94.11	-별	100	0.90	2.04	90.57

순위	5급	빈도	1,000 어절당 빈도	사용 비율	누적 비율	6급	빈도	1,000 어절당 빈도	사용 비율	누적 비율
8	-제	28	0.26	0.74	94.85	-제	95	0.85	1.94	92.51
9	-형	26	0.24	0.68	95.53	-째	88	0.79	1.80	94.31
10	-상	26	0.24	0.68	96.22	-생	44	0.40	0.90	95.20
11	-씩	16	0.15	0.42	96.64	-률	29	0.26	0.59	95.80
12	-율	13	0.12	0.34	96.98	-씩	21	0.19	0.43	96.22
13	-권	13	0.12	0.34	97.32	-시	17	0.15	0.35	96.57
14	-끼리	12	0.11	0.32	97.63	-계	17	0.15	0.35	96.92
15	-생	10	0.09	0.26	97.90	-권	16	0.14	0.33	97.24
16	-시	10	0.09	0.26	98.16	-층	16	0.14	0.33	97.57
17	-쯤	7	0.07	0.18	98.34	-쯤	15	0.13	0.31	97.88
18	-전	7	0.07	0.18	98.53	-여	15	0.13	0.31	98.18
19	-들	6	0.06	0.16	98.69	-끼리	13	0.12	0.27	98.45
20	-여	5	0.05	0.13	98.82	-용	9	0.08	0.18	98.63
21	-론	5	0.05	0.13	98.95	-산	9	0.08	0.18	98.82
22	-계	4	0.04	0.11	99.05	-형	8	0.07	0.16	98.98
23	-류	4	0.04	0.11	99.16	상	6	0.05	0.12	99.10
24	-째	3	0.03	0.08	99.24	-회	4	0.04	0.08	99.18
25	-회	3	0.03	0.08	99.32	-식	3	0.03	0.06	99.24
26	-재	3	0.03	0.08	99.40	-째	3	0.03	0.06	99.31
27	-층	2	0.02	0.05	99.45	-질	3	0.03	0.06	99.37
28	-식	2	0.02	0.05	99.50	-간	2	0.02	0.04	99.41
29	-간	2	0.02	0.05	99.55	-당	2	0.02	0.04	99.45
30	-당	2	0.02	0.05	99.61	-든	2	0.02	0.04	99.49

4.6.3. 동사파생접미사

1) 동사파생접미사의 빈도

동사파생접미사는 1,000어절당 52.4개를 사용하고 있었는데, 이들의 각 수준에서의 사용 빈도는 아래의 표와 같다.[67]

〈표 133〉 동사파생접미사의 사용 빈도

		1급	2급	3급	4급	5급	6급
전체 어절 수		106,045	109,595	120,734	120,129	106,799	111,251
전체 표본 수		1,560	993	906	912	699	695
동사파생 접미사	빈도	2,918	4,003	5,796	7,000	7,269	8,376
	1,000어절당 빈도	27.5	36.5	48.0	58.3	68.1	75.3

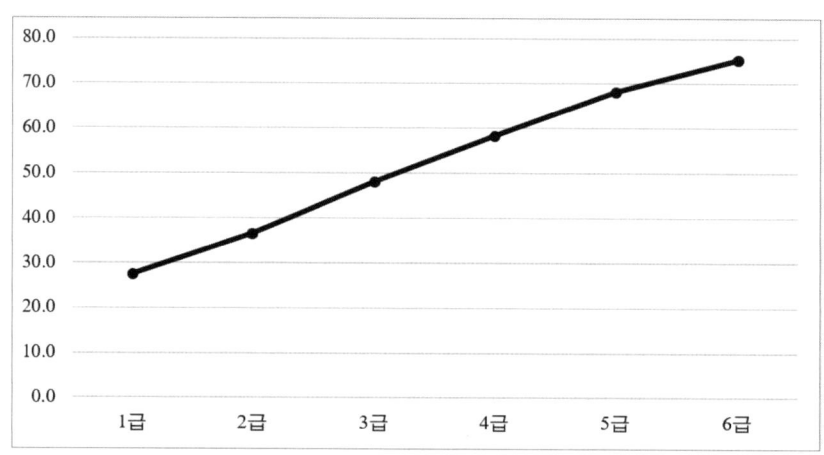

〈그림 42〉 동사파생접미사의 수준별 1,000어절당 빈도

---

[67] 분석 대상 동사파생접미사는 '-당하다, -되다, -시키다, -하다'이다.

수준에 따른 동사파생접미사 사용을 봤을 때, 수준이 올라감에 따라 꾸준히 그 사용 빈도가 증가하는 것을 알 수 있다.

그리고 동사파생접미사 중 '-하다'의 사용 빈도가 가장 많았으며, 그다음으로는 '-되다, -시키다'의 순이었다. 이를 좀 더 상세히 표로 보이면 아래와 같다.[68]

〈표 134〉 순위별 동사파생접미사의 빈도 및 누적 사용 비율 [QR 코드]

순위	동사파생접미사	빈도	1,000어절당 빈도	사용 비율	누적비율
1	-하다	34,140	50.61	96.54	96.54
2	-되다	1,018	1.51	2.88	99.42
3	-시키다	160	0.24	0.45	99.87

2) 수준에 따른 동사파생접미사 사용의 차이

동사파생접미사인 '-하다, -되다, -시키다'의 수준별 사용을 살펴보면, 1급과 2급에서는 99%가 '-하다' 접미사만을 사용하는 반면 3급 이후부터는 '-되다'나 '-시키다' 등을 활용한 동사파생어도 사용되고 있음을 알 수 있다. 각 수준별 사용 양상을 보이면 아래와 같다.

---

[68] 동사파생접미사 '-하다, -되다, -시키다'의 철자적 오류로 보이는 '-히다, -함다, -다다' 등의 형태가 전체 사용 빈도의 약 0.1% 정도 있었으나, 본고에서는 표에 제시하지 않았다. 형태적인 오류형이 포함된 전체 동사파생접미사의 빈도는 QR 코드를 통해 확인하기 바란다.

〈표 135〉 순위별 상위 빈도의 동사파생접미사(1급, 2급) **[QR 코드]**

순위	1급	빈도	1,000 어절당 빈도	사용 비율	누적 비율	2급	빈도	1,000 어절당 빈도	사용 비율	누적 비율
1	-하다	2,905	27.39	99.55	99.55	-하다	3,966	36.19	99.08	99.08
2	-되다	8	0.08	0.27	99.83	-되다	26	0.24	0.65	99.73
3						-시키다	4	0.04	0.10	99.83

〈표 136〉 순위별 상위 빈도의 동사파생접미사(3급, 4급) **[QR 코드]**

순위	3급	빈도	1,000 어절당 빈도	사용 비율	누적 비율	4급	빈도	1,000 어절당 빈도	사용 비율	누적 비율
1	-하다	5,667	46.94	97.74	97.74	-하다	6,826	56.82	97.51	97.51
2	-되다	103	0.85	1.78	99.52	-되다	159	1.32	2.27	99.79
3	-시키다	15	0.12	0.26	99.78	-시키다	4	0.03	0.06	99.84

〈표 137〉 순위별 상위 빈도의 동사파생접미사(5급, 6급) **[QR 코드]**

순위	5급	빈도	1,000 어절당 빈도	사용 비율	누적 비율	6급	빈도	1,000 어절당 빈도	사용 비율	누적 비율
1	-하다	6,956	65.13	95.69	95.69	-하다	7,820	70.29	93.36	93.36
2	-되다	264	2.47	3.63	99.33	-되다	458	4.12	5.47	98.83
3	-시키다	43	0.40	0.59	99.92	-시키다	94	0.84	1.12	99.95

4.6.4. 형용사파생접미사

1) 형용사파생접미사의 빈도

형용사파생접미사는 1,000어절당 20.0개를 사용하였으며, 이들의 각 수준에서의 사용 빈도는 아래의 표와 같다.[69]

〈표 138〉 형용사파생접미사의 사용 빈도

		1급	2급	3급	4급	5급	6급
전체 어절 수		106,045	109,595	120,734	120,129	106,799	111,251
전체 표본 수		1,560	993	906	912	699	695
형용사 파생 접미사	빈도	1,029	1,800	2,749	2,812	2,791	2,313
	1,000어절당 빈도	9.7	16.4	22.8	23.4	26.1	20.8

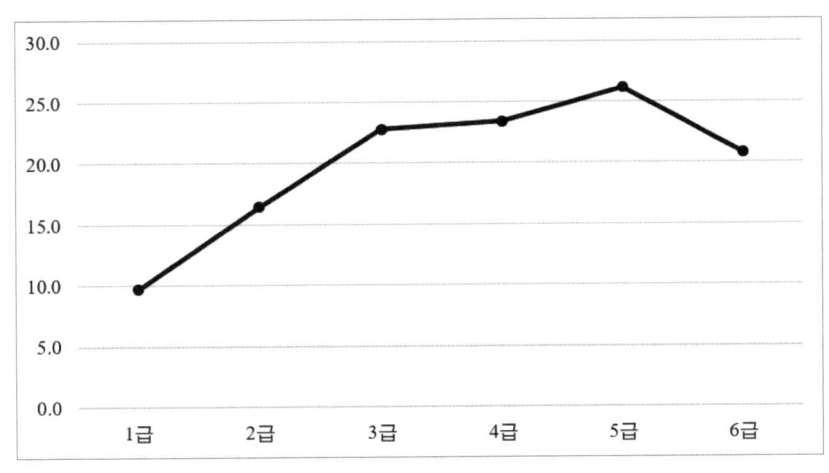

〈그림 43〉 형용사파생접미사의 수준별 1,000어절당 빈도

---

69 분석 대상 형용사파생접미사는 '-답다, -되다, -롭다, -스럽다, -하다'이다.

수준에 따른 형용사파생접미사 사용을 봤을 때, 5급까지는 수준이 올라감에 따라 꾸준히 그 사용 빈도가 증가하는 것을 알 수 있다.

그리고 형용사파생접미사 중 '-하다'의 사용 빈도가 가장 많았으며, 그다음으로는 '-스럽다, -롭다, -되다'의 순이었다. 이를 좀 더 상세히 표로 보이면 아래와 같다.[70]

〈표 139〉 순위별 형용사파생접미사의 빈도 및 누적 사용 비율 [QR 코드]

순위	형용사파생접미사	빈도	1,000어절당 빈도	사용 비율	누적비율
1	-하다	13,035	19.32	96.60	96.60
2	-스럽다	192	0.28	1.42	98.02
3	-롭다	114	0.17	0.84	98.87
4	-되다	71	0.11	0.53	99.39

2) 수준에 따른 형용사파생접미사 사용의 차이

형용사파생접미사인 '-하다, -롭다, -스럽다' 등의 수준별 사용을 살펴보면, 모든 수준에서 '-하다'의 사용이 가장 많았으며, 3급부터는 '-되다, -롭다, -스럽다, -답다' 등 좀 더 다양한 형용사파생접미사를 사용하게 되나, 전체적으로 그리 많지는 않다. 각 수준별 사용 양상을 보이면 아래와 같다.

---

[70] 형용사파생접미사 '-하다, -스럽다, -롭다, -답다' 등의 철자적 오류로 보이는 '-스롭다, -립다, -답다' 등의 형태가 전체 사용 빈도의 약 0.6% 정도 있었으나, 본고에서는 표로 제시하지 않았다. 형태적인 오류형이 포함된 전체 형용사파생접미사의 빈도는 QR 코드를 통해 확인하기 바란다.

<표 140> 순위별 상위 빈도의 형용사파생접미사(1급, 2급) [QR 코드]

순위	1급	빈도	1,000 어절당 빈도	사용 비율	누적 비율	2급	빈도	1,000 어절당 빈도	사용 비율	누적 비율
1	-하다	1,016	9.58	98.74	98.74	-하다	1,763	16.09	97.94	97.94
2	-롭다	5	0.05	0.49	99.22	-스럽다	13	0.12	0.72	98.67
3	-스럽다	3	0.03	0.29	99.51	-롭다	7	0.06	0.39	99.06
4	-되다	1	0.01	0.10	99.52					

<표 141> 순위별 상위 빈도의 형용사파생접미사(3급, 4급) [QR 코드]

순위	3급	빈도	1,000 어절당 빈도	사용 비율	누적 비율	4급	빈도	1,000 어절당 빈도	사용 비율	누적 비율
1	-하다	2,659	22.02	96.73	96.73	-하다	2,735	22.77	97.26	97.26
2	-되다	51	0.42	1.86	98.58	-스럽다	34	0.28	1.21	98.47
3	-스럽다	14	0.12	0.51	99.09	-롭다	25	0.21	0.89	99.36
4	-롭다	13	0.11	0.47	99.56	-되다	4	0.03	0.14	99.50
5	-답다	4	0.03	0.15	99.71					

<표 142> 순위별 상위 빈도의 형용사파생접미사(5급, 6급) [QR 코드]

순위	5급	빈도	1,000 어절당 빈도	사용 비율	누적 비율	6급	빈도	1,000 어절당 빈도	사용 비율	누적 비율
1	-하다	2,658	24.89	95.23	95.23	-하다	2,204	19.81	95.29	95.29
2	-스럽다	72	0.67	2.58	97.81	-스럽다	56	0.50	2.42	97.71
3	-롭다	32	0.30	1.15	98.96	-롭다	32	0.29	1.38	99.09
4	-답다	8	0.07	0.29	99.25	-되다	5	0.04	0.22	99.31
5	-되다	6	0.06	0.21	99.46	-답다	4	0.04	0.17	99.48

4.7. 표현문형

4.7.1. 표현문형의 빈도

　표현문형은 문법 형태소와 어휘 항목이 둘 이상 결합하여 이루어진 구 단위의 형태 구성으로, 하나의 의미 단위를 이루어 다양한 문법 기능을 수행하여 한국어 교육 문법에서 중요하게 다루어지는 문법 단위이다[71]. 표현문형 사용 빈도는 1,000어절당 74.0개가 사용되고 있는 것으로 나타났다. 이들의 수준별 사용 빈도는 아래의 표와 같다.

〈표 143〉 표현문형의 사용 빈도

		1급	2급	3급	4급	5급	6급
전체 어절 수		106,045	109,595	120,734	120,129	106,799	111,251
전체 표본 수		1,560	993	906	912	699	695
표현문형	빈도	3,759	7,290	9,668	10,171	9,478	9,548
	1,000어절당 빈도	35.4	66.5	80.1	84.7	88.7	85.8

---

[71] 이 연구에서는 표현문형의 사용 양상을 살피기 위하여 형태 주석된 말뭉치를 기반으로 2-gram에서 7-gram까지 N-gram을 추출한 후, <학습자 말뭉치 구축 및 연구>의 오류 주석에서 분석 대상으로 삼은 표현문형 목록과 그것의 빈도를 추출하였다.

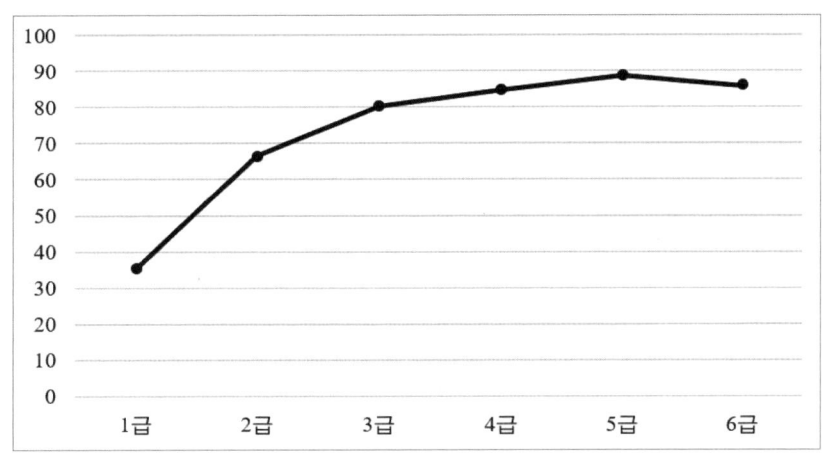

〈그림 44〉 표현문형의 수준별 1,000어절당 빈도

위에서 보는 바와 같이 수준에 따른 표현문형은 1급에서의 사용 빈도가 현저하게 적고 2급에서 5급까지 사용 빈도가 점차 증가하다가 6급에서 약간 감소하는 것을 알 수 있다.

다음은 표현문형의 사용 분포를 나타낸 것으로 674,553어절 중 사용된 표현문형의 유형(type)은 140개의 유형이었다. 이를 좀 더 상세히 표로 보이면 아래와 같다.[72]

〈표 144〉 순위별 표현문형의 빈도 및 누적 사용 비율 [QR 코드]

순위	표현문형	빈도	1,000어절당 빈도	사용 비율	누적비율
1	-(으)ㄹ 수 있다	7,590	11.25	15.70	15.70
2	-고 싶다	4,981	7.38	10.31	26.01
3	-는 것	4,704	6.97	9.73	35.74

---

[72] 이에서는 상위 30위까지만 제시한다. 사용된 전체 표현문형의 빈도는 QR 코드를 통해 확인하기 바란다.

순위	표현문형	빈도	1,000어절당 빈도	사용 비율	누적비율
4	-(으)ㄹ 때	4,534	6.72	9.38	45.12
5	-고 있다	3,024	4.48	6.26	51.38
6	-다고 생각하다	2,463	3.65	5.10	56.47
7	-(으)ㄴ 후에	1,562	2.32	3.23	59.71
8	-(으)ㄹ 수 없다	1,401	2.08	2.90	62.60
9	-기 때문에	1,369	2.03	2.83	65.44
10	-게 되다	931	1.38	1.93	67.36
11	-아/어 주다	845	1.25	1.75	69.11
12	-(으)ㄴ/는/(으)ㄹ 것 같다	842	1.25	1.74	70.85
13	-(으)면 좋겠다	768	1.14	1.59	72.44
14	에 대한	756	1.12	1.56	74.01
15	-아/어 보다	748	1.11	1.55	75.55
16	-다고 하다	675	1.00	1.40	76.95
17	-아야/어야 되다	651	0.97	1.35	78.30
18	-기 때문이다	596	0.88	1.23	79.53
19	-기 전에	575	0.85	1.19	80.72
20	-아/어 있다	509	0.75	1.05	81.77
21	-(으)ㄹ 것이다	464	0.69	0.96	82.73
22	을/를 가지고	396	0.59	0.82	83.55
23	-(으)ㄹ 뿐만 아니라	387	0.57	0.80	84.35
24	-(으)ㄴ 지	369	0.55	0.76	85.12
25	-기 위해	369	0.55	0.76	85.88
26	-(으)려고 하다	348	0.52	0.72	86.60
27	-(으)ㄴ/는 편이다	309	0.46	0.64	87.24

순위	표현문형	빈도	1,000어절당 빈도	사용 비율	누적비율
28	에 따라	292	0.43	0.60	87.84
29	-(으)면 안 되다	290	0.43	0.60	88.44
30	에 대해서	285	0.42	0.59	89.03

위의 그래프에서 보는 바와 같이 표현문형의 89.03%가 상위 30개의 표현문형으로 이루어지고 있음을 알 수 있다. 이 중 표현문형의 50%는 '-(으)ㄹ 수 있다', '-고 싶다', '-는 것', '-(으)ㄹ 때', '-고 있다'로 나타났다.

그 외에 '-다고 생각하다', '-(으)ㄴ 후에', '-(으)ㄹ 수 없다', '-기 때문에', '-게 되다', '-아/어 주다', '-(으)ㄴ/는/(으)ㄹ 것 같다'가 70.85%에 포함되었다.

4.7.2. 수준에 따른 표현문형 사용의 차이

표현문형 사용 양상을 수준에 따라 살펴보면, 각 수준별로 사용된 표현문형의 빈도와 유형은 아래와 같다.

⟨표 145⟩ 표현문형의 빈도 수 및 유형 수

		1급	2급	3급	4급	5급	6급
전체 어절 수		106,045	109,595	120,734	120,129	106,799	111,251
전체 표본 수		1,560	993	906	912	699	695
표현문형	빈도 수 (token)	3,725	7,132	9,413	9,771	9,097	9,196
	유형 수 (type)	48	81	97	113	111	117
	사용률	3.51	6.51	7.80	8.13	8.52	8.27

먼저 1급 106,045어절 중 사용된 표현문형은 3,725개의 48개 유형, 2급 109,595 어절에서는 7,132개의 81개 유형의 표현문형을 사용되고 있어, 1급에 비해 2급에서 사용된 표현문형의 유형 수가 급격하게 많아짐을 알 수 있다. 3급 120,734어절에서 9,413개의 97개 유형의 표현문형이 사용되었으며, 4급 120,129어절에서는 9,771개의 113개 유형의 표현문형, 5급 106,799어절에서는 9,097개의 111개 유형의 표현문형이, 6급 111,251어절에서는 9,196개의 117개 유형의 표현문형이 사용되었다. 이를 볼 때 표현문형 사용 빈도는 2급부터 급격히 증가하기 시작하여 4급에서 가장 많았다. 표현문형의 유형 수는 2급부터 6급까지 점차 증가하여 6급에서 가장 많았다.

다음으로 각 수준별로 상위 빈도의 표현문형 사용률을 비교해 보면, 1급에서는 상위 10위까지의 표현문형이 전체 표현문형 사용의 88.27%였으며, 2급에서는 64.76 %, 3급에서는 66.72%, 4급에서는 68.38%, 5급에서는 72.05%, 6급에서는 68.01%로, 2급부터 상위 빈도 표현문형을 집중적으로 사용하는 것이 줄고 있음을 알 수 있다. 전체 표현문형 사용 중 상위 30위까지의 사용 표현문형의 누적 사용률을 그래프로 보이면 아래와 같다.

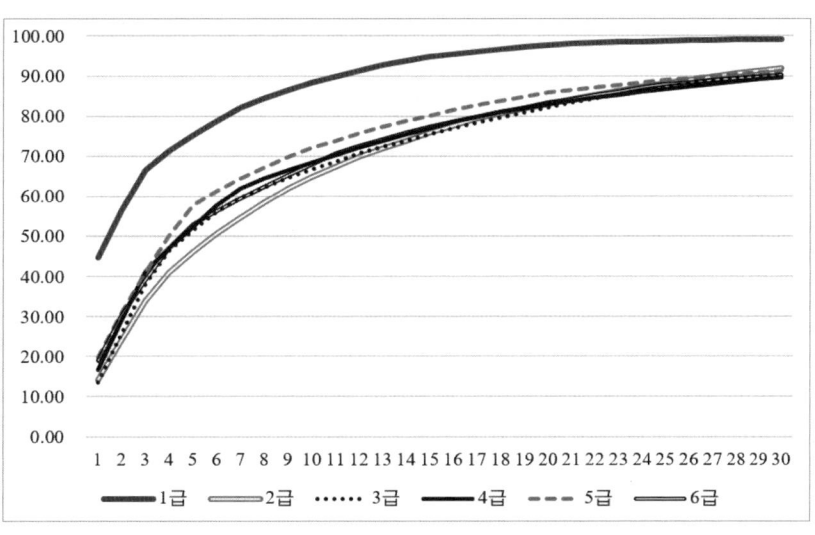

〈그림 45〉 수준별 상위 빈도 표현문형의 누적 사용률

위의 그래프에서 보는 바와 같이 상위 빈도 표현문형의 누적 사용률을 보면 중·고급에서의 누적 사용률이 비슷한 수준을 보이고 있으며, 초급의 경우 1급의 누적 사용률이 2급에 비해 현저하게 높고 2급의 누적 사용률은 3급과 거의 같음을 볼 수 있다. 이는 다시 말하면 1급에서는 전체 표현문형 사용에서 상위 빈도의 표현문형을 더 많이 사용하고 이러한 비율은 2급부터 적어진다는 것을 나타낸다.

다음으로 많이 나타나는 표현문형들을 살펴보면, 초급에서는 '-고 싶다', '-(으)ㄹ 수 있다', '-(으)ㄴ 후에', '-(으)려고 하다', '-고 있다', '-는 것', '-(으)면 좋겠다', '-아/어 보다' 등이, 중급에서는 '-(으)ㄹ 수 있다', '-고 싶다', '-는 것', '-(으)ㄹ 때', '-고 있다', '-(으)ㄴ 후에', '-다고 생각하다' 등이, 고급에서는 '-(으)ㄹ 수 있다', '-는 것', '-(으)ㄹ 때', '-고 있다', '-다고 생각하다', '-(으)ㄹ 수 없다', '-게 되다', '-기 때문에', '에 대한' 등이 고빈도로 사용되고 있음을 알 수 있다. 이를 좀 더 상세히 보이면 아래와 같다.

〈표 146〉 순위별 상위 빈도의 표현문형(1급, 2급) **[QR 코드]**

순위	1급	빈도	1,000 어절당 빈도	사용 비율	누적 비율	2급	빈도	1,000 어절당 빈도	사용 비율	누적 비율
1	-고 싶다	1,662	15.67	44.62	44.62	-고 싶다	1,010	9.22	14.16	14.16
2	-(으)ㄹ 수 있다	448	4.22	12.03	56.64	-(으)ㄹ 수 있다	706	6.44	9.90	24.06
3	-(으)ㄴ 후에	370	3.49	9.93	66.58	-(으)ㄹ 때	699	6.38	9.80	33.86
4	-(으)려고 하다	173	1.63	4.64	71.22	-는 것	503	4.59	7.05	40.91
5	-고 있다	148	1.40	3.97	75.19	-기 때문에	367	3.35	5.15	46.06
6	-아/어 보다	131	1.24	3.52	78.71	-고 있다	327	2.98	4.58	50.64
7	-는 것	123	1.16	3.30	82.01	-(으)ㄴ 후에	293	2.67	4.11	54.75
8	-(으)면 좋겠다	89	0.84	2.39	84.40	-(으)면 좋겠다	267	2.44	3.74	58.50
9	-기 전에	79	0.74	2.12	86.52	-아/어 보다	240	2.19	3.37	61.86
10	-(으)ㄹ 것이다	65	0.61	1.74	88.27	-기 전에	207	1.89	2.90	64.76
11	-(으)ㄹ 때	56	0.53	1.50	89.77	-(으)ㄴ/는/(으)ㄹ 것 같다	190	1.73	2.66	67.43
12	-아/어 하다	56	0.53	1.50	91.28	-(으)ㄴ 다음에	169	1.54	2.37	69.80
13	-아/어 주다	52	0.49	1.40	92.67	-아야/어야 되다	148	1.35	2.08	71.87

순위	1급	빈도	1,000 어절당 빈도	사용 비율	누적 비율	2급	빈도	1,000 어절당 빈도	사용 비율	누적 비율
14	-(으)ㄴ/는/(으)ㄹ 것 같다	42	0.40	1.13	93.80	-(으)ㄹ 수 없다	143	1.30	2.01	73.88
15	-(으)ㄹ 수 없다	38	0.36	1.02	94.82	-는 동안	136	1.24	1.91	75.79
16	-기 때문이다	24	0.23	0.64	95.46	-아/어 주다	127	1.16	1.78	77.57
17	-아도/어도 되다	24	0.23	0.64	96.11	-(으)ㄴ지	124	1.13	1.74	79.30
18	-아야/어야 되다	23	0.22	0.62	96.72	-기로 하다	94	0.86	1.32	80.62
19	-(으)면 안 되다	20	0.19	0.54	97.26	-게 되	85	0.78	1.19	81.81
20	-기 때문에	17	0.16	0.46	97.72	에 대해서	85	0.78	1.19	83.01
21	-(으)ㄴ/는/(으)ㄹ 모양이다	14	0.13	0.38	98.09	-(으)는/는/(으)ㄹ 줄	78	0.71	1.09	84.10
22	-다고 생각하다	7	0.07	0.19	98.28	-(으)려고 하다	78	0.71	1.09	85.19
23	을/를 가지고	7	0.07	0.19	98.47	-(으)ㄴ/는 편이다	76	0.69	1.07	86.26
24	-(으)ㄴ 다음에	5	0.05	0.13	98.60	-(으)면 되다	76	0.69	1.07	87.32
25	-(으)면 되다	5	0.05	0.13	98.74	-(으)면 안 되다	62	0.57	0.87	88.19
26	-(으)ㄴ지	4	0.04	0.11	98.85	-(으)ㄹ 것이다	57	0.52	0.80	88.99

순위	1급	빈도	1,000 어절당 빈도	사용 비율	누적 비율	2급	빈도	1,000 어절당 빈도	사용 비율	누적 비율
27	-게 되다	4	0.04	0.11	98.95	-다고 생각하다	56	0.51	0.79	89.78
28	-는 동안	4	0.04	0.11	99.06	-기는 하다	55	0.50	0.77	90.55
29	-아/어 있다	4	0.04	0.11	99.17	-기 때문이다	50	0.46	0.70	91.25
30	-(으)ㄴ/는/(으)ㄹ 줄	3	0.03	0.08	99.25	-다고 하다	49	0.45	0.69	91.94

〈표 147〉 순위별 상위 빈도의 표현문형(3급, 4급) [QR 코드]

순위	3급	빈도	1,000 어절당 빈도	사용 비율	누적 비율	4급	빈도	1,000 어절당 빈도	사용 비율	누적 비율
1	-(으)ㄹ 수 있다	1,277	10.58	13.57	13.57	-(으)ㄹ 수 있다	1,633	13.59	16.71	16.71
2	-고 싶다	1,159	9.60	12.31	25.88	-는 것	1,215	10.11	12.43	29.15
3	-(으)ㄹ 때	1,145	9.48	12.16	38.04	-(으)ㄹ 때	1,169	9.73	11.96	41.11
4	-는 것	776	6.43	8.24	46.29	-고 싶다	564	4.69	5.77	46.88
5	-고 있다	491	4.07	5.22	51.50	-고 있다	538	4.48	5.51	52.39
6	-(으)ㄴ 후에	431	3.57	4.58	56.08	-다고 생각하다	522	4.35	5.34	57.73
7	-다고 생각하다	332	2.75	3.53	59.61	-(으)ㄹ 수 없다	403	3.35	4.12	61.86
8	-(으)ㄹ 수 없다	243	2.01	2.58	62.19	-기 때문에	253	2.11	2.59	64.45
9	-기 때문에	223	1.85	2.37	64.56	-다고 하다	195	1.62	2.00	66.44

순위	3급	빈도	1,000 어절당 빈도	사용 비율	누적 비율	4급	빈도	1,000 어절당 빈도	사용 비율	누적 비율
10	-아/어 있다	203	1.68	2.16	66.72	-(으)ㄴ 후에	189	1.57	1.93	68.38
11	-(으)ㄴ/는/(으)ㄹ 것 같다	183	1.52	1.94	68.66	-게 되다	181	1.51	1.85	70.23
12	-(으)ㄴ지	182	1.51	1.93	70.59	-(으)ㄴ/는/(으)ㄹ 것 같다	179	1.49	1.83	72.06
13	-(으)면 좋겠다	165	1.37	1.75	72.35	-기 때문이다	165	1.37	1.69	73.75
14	-다고 하다	142	1.18	1.51	73.86	-(으)면 좋겠다	160	1.33	1.64	75.39
15	-아/어 주다	142	1.18	1.51	75.36	-아야/어야 되다	157	1.31	1.61	76.99
16	-기 전에	138	1.14	1.47	76.83	에 대한	153	1.27	1.57	78.56
17	-(으)ㄴ/는/(으)ㄹ 줄	135	1.12	1.43	78.26	-아/어 주다	130	1.08	1.33	79.89
18	-아/어 보다	123	1.02	1.31	79.57	-아/어 있다	113	0.94	1.16	81.05
19	-아야/어야 되다	123	1.02	1.31	80.88	-(으)ㄹ 뿐만 아니라	93	0.77	0.95	82.00
20	에 대한	115	0.95	1.22	82.10	-(으)면 안 되다	83	0.69	0.85	82.85
21	-게 되다	114	0.94	1.21	83.31	-(으)ㄹ 것이다	82	0.68	0.84	83.69
22	-(으)ㄴ/는 편이다	110	0.91	1.17	84.48	-아/어 보다	82	0.68	0.84	84.53

순위	3급	빈도	1,000 어절당 빈도	사용 비율	누적 비율	4급	빈도	1,000 어절당 빈도	사용 비율	누적 비율
23	-(으)ㄹ 것이다	99	0.82	1.05	85.53	-기 위해	74	0.62	0.76	85.28
24	-(으)ㄹ 뿐만 아니라	92	0.76	0.98	86.51	을/를 가지고	72	0.60	0.74	86.02
25	-기는 하다	80	0.66	0.85	87.36	-기 전에	69	0.57	0.71	86.73
26	-기 때문이다	77	0.64	0.82	88.18	-기 마련이다	61	0.51	0.62	87.35
27	-고 나다	72	0.60	0.76	88.94	에 대해서	59	0.49	0.60	87.95
28	에 대해서	54	0.45	0.57	89.51	-(으)ㄴ/는 편이다	58	0.48	0.59	88.55
29	-(으)ㄹ까 보다	49	0.41	0.52	90.04	에 따르면	57	0.47	0.58	89.13
30	-(으)려고 하다	46	0.38	0.49	90.52	-아/어 가다	54	0.45	0.55	89.68

〈표 148〉 순위별 상위 빈도의 표현문형(5급, 6급) **[QR 코드]**

순위	5급	빈도	1,000 어절당 빈도	사용 비율	누적 비율	6급	빈도	1,000 어절당 빈도	사용 비율	누적 비율
1	-(으)ㄹ 수 있다	1,791	16.77	19.69	19.69	-(으)ㄹ 수 있다	1,735	15.60	18.87	18.87
2	-는 것	1,024	9.59	11.26	30.94	-는 것	1,063	9.55	11.56	30.43
3	-(으)ㄹ 때	906	8.48	9.96	40.90	-고 있다	804	7.23	8.74	39.17

순위	5급	빈도	1,000 어절당 빈도	사용 비율	누적 비율	6급	빈도	1,000 어절당 빈도	사용 비율	누적 비율
4	-다고 생각하다	829	7.76	9.11	50.02	-다고 생각하다	717	6.44	7.80	46.97
5	-고 있다	716	6.70	7.87	57.89	-(으)ㄹ 때	559	5.02	6.08	53.04
6	-(으)ㄹ 수 없다	310	2.90	3.41	61.29	-고 싶다	304	2.73	3.31	56.35
7	-고 싶다	282	2.64	3.10	64.39	-게 되다	292	2.62	3.18	59.53
8	-게 되다	255	2.39	2.80	67.20	-기 때문에	265	2.38	2.88	62.41
9	-기 때문에	244	2.28	2.68	69.88	-(으)ㄹ 수 없다	264	2.37	2.87	65.28
10	에 대한	197	1.84	2.17	72.05	에 대한	251	2.26	2.73	68.01
11	-기 때문이다	167	1.56	1.84	73.88	-아/어 주다	249	2.24	2.71	70.72
12	-(으)ㄴ/는/(으)ㄹ 것 같다	163	1.53	1.79	75.67	-다고 하다	168	1.51	1.83	72.54
13	-아/어 주다	145	1.36	1.59	77.27	-기 위해	160	1.44	1.74	74.28
14	을/를 가지고	129	1.21	1.42	78.69	-(으)ㄴ 후에	152	1.37	1.65	75.94
15	-(으)ㄴ 후에	127	1.19	1.40	80.08	에 따라	136	1.22	1.48	77.41
16	-다고 하다	120	1.12	1.32	81.40	-기 때문이다	113	1.02	1.23	78.64
17	에 따라	113	1.06	1.24	82.64	을/를 가지고	112	1.01	1.22	79.86
18	-아야/어야 되다	107	1.00	1.18	83.82	-아/어 보다	107	0.96	1.16	81.02

순위	5급	빈도	1,000 어절당 빈도	사용 비율	누적 비율	6급	빈도	1,000 어절당 빈도	사용 비율	누적 비율
19	-기 위해	92	0.86	1.01	84.83	-(으)ㄹ 뿐만 아니라	104	0.93	1.13	82.16
20	-아/어 있다	87	0.81	0.96	85.79	-(으)ㄹ 것이다	103	0.93	1.12	83.28
21	-아/어 보다	65	0.61	0.71	86.50	-아야/어야 되다	93	0.84	1.01	84.29
22	-(으)ㄹ 것이다	58	0.54	0.64	87.14	에 따르면	86	0.77	0.94	85.22
23	-(으)ㄹ 뿐만 아니라	56	0.52	0.62	87.75	-(으)ㄴ/는/(으)ㄹ 것 같다	85	0.76	0.92	86.15
24	-(으)ㅁ에도 불구하고	55	0.51	0.60	88.36	-아/어 있다	84	0.76	0.91	87.06
25	을/를 통해	52	0.49	0.57	88.93	을/를 통해	72	0.65	0.78	87.84
26	에 대해서	49	0.46	0.54	89.47	-(으)면 안 되다	53	0.48	0.58	88.42
27	-(으)ㄴ/는 편이다	44	0.41	0.48	89.95	-(으)면 좋겠다	47	0.42	0.51	88.93
28	-기 전에	43	0.40	0.47	90.43	-(으)ㄹ 수 있을 것이다	43	0.39	0.47	89.40
29	-(으)면 좋겠다	40	0.37	0.44	90.87	-기 전에	39	0.35	0.42	89.82
30	-(으)면 안 되다	37	0.35	0.41	91.27	에 대해서	36	0.32	0.39	90.21

참고문헌

강현화(2011), 「한국어 학습자 말뭉치의 자료 구축 방안에 대한 기초 연구」, 『한국사전학』17, 한국사전학회, 7-42.

강현화(2015), 「한국어 학습자 말뭉치 구축을 위한 기초 연구」, 『제25차 국제한국어교육학회 발표논문집』, 국제한국어교육학회, 711-721.

강현화(2017), 『학습자 말뭉치의 구축과 활용 연구』, 소통 출판사.

강현화(2017) 「중국인 한국어 학습자 말뭉치에 나타난 중간언어 분석 연구」, 『언어사실과관점』41, 연세대 언어정보연구원, 5-47.

강현화 외(2015), 『2015년 한국어 학습자 말뭉치 기초 연구 및 구축 사업』, 국립국어원 보고서.

강현화 외(2016), 『2016년 한국어 학습자 말뭉치 기초 연구 및 구축 사업』, 국립국어원 보고서.

강현화 외(2017), 『2017년 한국어 학습자 말뭉치 기초 연구 및 구축 사업』, 국립국어원 보고서.

강현화·한송화(2016a), 「한국어 학습자 구어 자료 전사에서의 쟁점과 구어 전사의 실제」, 『사전학』27, 한국사전학회, 75-108.

강현화·한송화(2016b), 「한국어 학습자 말뭉치의 오류 주석 체계 연구-주석 체계와 주석 표지를 중심으로-」, 『2016 한국언어문화교육학회 제22차 춘계 전국학술대회 발표 자료집』, 45-56.

강현화·한송화(2018) 「중국인권 한국인 학습자의 조사 오류」, 『한국문화교육연구』3, 대만 국제정치대학 한국문화연구원 7-26.

고석주(2002), 「학습자 말뭉치에서 조사 오류의 특징」, 『외국어로서의 한국어교육』27, 연세대학교 언어연구교육원 한국어학당, 543-570.

고석주(2004), 『오류 유형 주석을 위한 기초 연구』, 한국문화사.

고석주·김미옥·김제열·서상규·정희정·한송화(2004), 『한국어 학습자 말뭉치와 오류분석』, 연세국학총서, 한국문화사.

김규현(2009), 「구어 자료의 전사 관행-담화 및 대화분석의 예를 중심으로」, 『언어사실과 관점』23, 연세대학교 언어정보연구원, 77-102.

김미경·강현화(2017) 「중고급 중국어권 한국어 학습자의 조사 '가'와 '는' 선택 요인 연구」, 『외국어로서의한국어교육』47, 연세대 언어연구교육원, 25-52.

김미옥(1994), 「한국어 학습에 나타난 오류 분석」, 『한국말교육』5, 국제한국어교육학회, 233-244.
김미옥·정희정(2003), 「한국어 학습자 작문에 나타난 어휘 오류 분석」, 『제3회 한국어 교육 국제 워크숍 발표 요지』, 연세대 언어정보연구원 외국어로서의 한국어교육연구센터, 102-135.
김유미(2000), 『외국어로서의 한국어 학습자 말뭉치를 이용한 오류 분석, 연세대 교육대학원 석사학위논문.
김유미(2002), 「학습자 말뭉치를 이용한 한국어 학습자 오류 분석 연구」, 『외국어로서의 한국어교육』27, 연세대학교 한국어학당, 141-168.
김유미(2006), 「학문 목적 한국어 학습자를 위한 문어 학술 말뭉치 구축 -구어 말뭉치 자료 수집과 전사에 대하여-」, 『2006년 국제 한국응용학회 학술대회 발표집』, 한국응용언어학회, 107-112.
김유정(2005), 「한국어 학습자 말뭉치 오류 분석의 기준 연구」, 『한국어교육』16(1), 국제한국어교육학회, 45-75.
김일환(2016), 「한국어 학습자 말뭉치의 주석 과정과 활용 방법」, 『국제한국어교육학회 춘계학술발표논문집』, 국제한국어교육학회, 233-239.
김정숙·김유정(2002), 「한국어 학습자 말뭉치 구축을 위한 기초 연구 -개인정보 표지 체계와 오류 정보 표지 체계를 중심으로-」, 『이중언어학』21. 이중언어학회, 98-120.
김한샘(2017), 「한국어 학습자 말뭉치 주석의 요건과 실제 -형태 분석 말뭉치 구축을 중심으로-」, 『배달말』61, 배달말학회, 149-173.
김형정(2002), 「구어 전사 말뭉치의 표기 방법」, 『한국어 구어 연구(1) -구어 전사 말뭉치와 그 활용-(서상규·구현정 공편)』, 한국문화사, 115-175.
남윤주 외(2014), 「L2로서의 한국어 자연발화 코퍼스의 구축과 활용」, 『통일인문학』57, 건국대학교 인문학연구원, 193-220.
박동근(2005), 「구어 음운 전사 말뭉치 구축의 필요성과 방법」, 『겨레어문학』35, 겨레어문학회, 63-93.
박수연(2007), 「한국어 학습자 오류 말뭉치 구축과 그 문제점에 관한 연구」, 『언어정보와 사전편찬』17, 연세대학교 언어정보개발원, 83-113.
서상규(2008), 「한국어 특수 말뭉치의 구축 현황과 그 특징 : 21세기 세종계획의 성과를 중심으로」, 『한국사전학』12, 한국사전학회, 41-60.
서상규·유현경·남윤진(2002), 「한국어 학습자 말뭉치와 한국어 교육」, 『한국어교육』13(1), 국제한국어교육학회, 127-156.
안의정(1998), 『한국어 입말뭉치 전사 방법 연구』, 연세대학교 대학원 석사학위논문.
안의정(2002), 「국내외 구어 말뭉치 구축 현황」, 『한국어 구어 연구(1) -구어 전사 말뭉치와 그 활용-(서상규·구현정 공편)』, 한국문화사, 177-197.
안의정·한송화(2011), 「한국어학당 학습자 말뭉치의 구축과 활용」, 『언어사실과 관점』28, 연세대학교 언어정보연구원, 153-189.
유석훈(2001), 「외국어로서의 한국어 학습자 말뭉치 구축의 필요성과 자료 분석」, 『한국어교육』12-1, 국제한국어교육학회, 165-179.
이승연(2006), 「한국어 학습자 말뭉치 오류 표지 방안 재고」, 『이중언어학』31, 이중언어학회, 171-196.
이승연(2007), 「한국어 학습자 오류의 판정 및 수정 기준 연구 -교사 비교사 집단간 오류 판별 비교 실험을 바탕으로-」, 『이중언어학』33, 이중언어학회, 189-214.
이승연(2007), 『한국어 학습자 말뭉치의 구축과 활용』, 고려대학교 박사학위논문.
이은서·강현화(2017) 「중국어권 학습자의 접사 사용 연구-학습자 중간언어 분석을 통하여」, 『언어와 문화』13(3), 한국언어문화교육학회, 191-218.
이정희(2002), 「한국어 오류 판정과 분류 방법에 관한 연구」, 『한국어교육』 13(1), 국제한국어교육학회, 175-197.
이정희(2003), 『한국어 학습자의 오류 연구』, 박이정.
이화진·이지연(2016), 「학습자 말뭉치 구축과 음성 인식 활용」, 『한국언어문화교육학회 학술대회 발표 자료집』, 한국언어문화교육학회, 69-81.
이훈호(2015), 「한국어 오류 분석 연구의 동향 분석 연구」, 『외국어교육연구』29(2), 107-135쪽, 한국외국어대학교 외국어교육연구소, 107-135.
장경희·강현화(2018) 「중국인 학습자의 부사격조사 '에'의 대치 오류 연구 -학습자 말뭉치를 대상으로-」, 『문법교육』14(3), 175-200.
전영옥(2002), 「구어 원시 말뭉치 구축 방법」, 『한국어 구어 연구(1) -구어 전사 말뭉치와 그 활용-(서상규·구현정 공편)』, 한국문화사, 77-112.
조철현 외(2002), 『한국어 학습자의 오류 유형 조사 연구』, 2002년도 국어정책 공모 과제 연구보고서, 문화관광부.
한송화(2018), 「한국어 학습자의 종결어미 사용 양상과 오류 연구」, 『문법교육』33, 한국문법교육학회, 165-210.
한송화 외(2018), 『2018년 한국어 학습자 말뭉치 기초 연구 및 구축 사업』, 국립국어원 보고서.
Adolphs, S., & Knight, D. (2010). Building a spoken corpus: what are the basics?. In A. O'Keeffe, & M. McCarthy (Eds.), *The Routledge handbook of corpus linguistics* (pp. 66-80). Routledge.
Aijmer, K. (2004). Pragmatic markers in spoken interlanguage. *Nordic Journal of English Studies*, *3*(1),

173-190.

Allen, D. (2009). Lexical bundles in learner writing: An analysis of formulaic language in the ALESS Learner Corpus. *Komaba Journal of English Education*, *1*, 105-127.

Andreu, M., Astor, A., Boquera, M., MacDonald, P., Montero, B., & Pérez, C. (2010). Analysing EFL learner output in the MiLC project: An error it's*, but which tag. In M. C. Campoy, M. C. C. Cubillo, B. Belles-Fortuno, M. L. Gea-Valor (Eds.), *Corpus-based approaches to English language teaching* (pp. 167-179). A&C Black.

Ballier, N., & Martin, P. (2013). Developing corpus interoperability for phonetic investigation of learner corpora. In A. Díaz-Negrillo, N. Ballier, & P. Thompson (Eds.), *Automatic treatment and analysis of learner corpus data*, (pp. 33-64). John Benjamins Publishing Company.

Belz, J. A., & Vyatkina, N. (2008). The pedagogical mediation of a developmental learner corpus for classroom-based language instruction. *Language Learning and Technology, 12*(3), 33-52.

Bonaventura, P., Howarth, P., & Menzel, W. (2000, August). Phonetic annotation of a non-native speech corpus. In *Proceedings of the International Workshop on Integrating Speech Technology in (Language) Learning Interface(InSTILL) Conference*, 10-17.

Breeze, R. (2007). How personal is this text? Researching writer and reader presence in student writing using Wordsmith Tools. *CORELL: Computer Resources for Language Learning*, *1*, 14-21.

Brock, C. A. (1986). The effects of referential questions on ESL classroom discourse. *TESOL quarterly*, *20*(1), 47-59.

Burnard, L. (2005). Metadata for corpus work. In M. Wynne (Ed.), *Developing linguistic corpora: A guide to good practice* (pp. 30-46), Oxbow Books Limited.

Callies, M., & Zaytseva, E. (2013). The Corpus of Academic Learner English (CALE): A new resource for the assessment of writing proficiency in the academic register. *Dutch Journal of Applied Linguistics*, *2*(1), 126-132.

Carlsen, C. (2012). Proficiency level—A fuzzy variable in computer learner corpora. *Applied Linguistics*, *33*(2), 161-183.

Chafe, W. (1995). Adequacy, user-friendliness, and practicality in transcribing. In G. Leech, G. Myers, & J. Thomas (Eds.), *Spoken English on computer: Transcription, mark-up, and application* (pp. 54-61). England: Longman.

Corder, S. P. (1967). The significance of learner's errors. *IRAL-International Review of Applied*

Linguistics in Language Teaching, *5*(1-4), 161-170.

Corder, S. P. (1981). *Error analysis and interlanguage*. Oxford Univ Press.

Crossley, S., & Salsbury, T. L. (2011). The development of lexical bundle accuracy and production in English second language speakers. *IRAL-International Review of Applied Linguistics in Language Teaching*, *49*(1), 1-26.

Dagneaux. E., Denness, S., Granger, S., Meunier, F., Neff, J., & Thewissen, J. (2005). Error Tagging Manual, Version 1.2. Louvain-la-Neuve: Universite catholique de Louvain.(2008). *Error Tagging Manual, Version 1.3.* Louvain-la-Neuve: Universite catholique de Louvain.

Dahlmeier, D., Ng, H. T., & Wu, S. M. (2013). Building a large annotated corpus of learner English: The NUS corpus of learner English. In *Proceedings of the eighth workshop on innovative use of NLP for building educational applications*, 22-31.

De Cock, S. (2004). Preferred sequences of words in NS and NNS speech. *Belgian Journal of English Language and Literatures (BELL)*, *2*(1), 225-246.

Detey, S. (2012). Coding an L2 phonological corpus: from perceptual assessment to non-native speech models–an illustration with French nasal vowels. In Tono, Kawaguchi & Minegishi (Eds.), *Developmental and Crosslinguistic Perspectives in Learner Corpus Research*, 229-250.

Díez-Bedmar, M. B., & Papp, S. (2008). The use of the English article system by Chinese and Spanish learners. In G. Gilquin, S. Papp, & M. B. Dez-Bedmar (Eds.), *Linking up contrastive and learner corpus research* (pp. 147-175). Brill Rodopi.

Edwards, J. A. (1992). Design principles in the transcription of spoken discourse. In *Directions in Corpus Linguistics, Proceedings of the Nobel Symposium* (Vol. 82, pp. 129-148).

Ellis, N. C. (2008). Usage-based and form-focused SLA: The implicit and explicit learning of constructions. In A. Tyler, Y. Kim, & M. Takada (Eds.), *Language in the context of use: Cognitive and discourse approaches to language* (pp. 93-120). Walter de Gruyter.

Ellis, R., & Barkhuizen, G. P. (2005). *Analysing learner language*. Oxford: Oxford University Press.

Espunya, A. (2014). The UPF learner translation corpus as a resource for translator training. *Language resources and evaluation*, *48*(1), 33-43.

Foster, P., & Skehan, P. (1996). The influence of planning on performance in task-based learning. *Studies in second language acquisition*, *18*(3), 299-324.

Foster, P., Tonkyn, A., & Wigglesworth, G. (2000). Measuring spoken language: A unit for all reasons.

Applied linguistics, *21*(3), 354-375.

Gilquin, G. (2008). Hesitation markers among EFL learners: Pragmatic deficiency or difference. In Romero-Trillo (Ed.), *Pragmatics and corpus linguistics: A mutualistic entente*, 119-149.

Gilquin, G., & De Cock, S. (2013). Errors and disfluencies in spoken corpora: Setting the scene. In G. Gilquin, & S. De Cock (Eds.), *Errors and Disfluencies in Spoken Corpora*. Amsterdam: Benjamins, 1-32.

Granger, S., Gilquin, G., & Meunier, F. (Eds.). (2015). *The Cambridge handbook of learner corpus research*. Cambridge University Press.

Hong, H., & Cao, F. (2014). Interactional metadiscourse in young EFL learner writing: A corpus-based study. *International Journal of Corpus Linguistics*, *19*(2), 201-224.

Hunt, K. (1965). Grammatical structures written at three grade levels. *NCTE Research report* No. 3. Champaign, IL, USA: NCTE, 1467-1770.

James, C. (1998). *Errors in Language Learning and Use*. New York: Addison Welsey Longman Inc., 144-154.

Kang, H. H., & Han, S. H. (2016). The Issues on the transcription of Korean Learners' Spoken Language. In *Proceedings of the 35th Yonsei Institute of Language and Information Studies Conference on Multiplicity of Language Settings and Complex Knowledge of Spoken Language*, 129-158.

Koester, A. (2010). Building small specialised corpora. In MI McCarthy(ed.), *The Routledge Handbook of Corpus Linguistics*. Routledge, pp. 66-79.

Laufer, B., & Waldman, T. (2011). Verb-noun collocations in second language writing: A corpus analysis of learners' English. *Language learning*, *61*(2), 647-672.

Lozanó, C., & Mendikoetxea, A. (2010). Interface conditions on postverbal subjects: A corpus study of L2 English. *Bilingualism: Language and Cognition*, *13*(4), 475-497.

Méli, A. (2013). Phonological acquisition in the French-English interlanguage. In A. Diaz-Negrillo, N. Ballier, & P. Thompson (Eds.), *Automatic treatment and analysis of learner corpus data*, 207-226.

Nesselhauf, N. (2005). *Collocations in a learner corpus* (Vol. 14). Amsterdam: John Benjamins.

Osborne, J. (2008). Adverb placement in post-intermediate learner English: A contrastive study of learner corpora. In G. Gilquin, S. Papp, & M. B. Dez-Bedmar (Eds.), *Linking up contrastive and learner corpus research* (pp. 127-146). Brill Rodopi.

Pica, T., Holliday, L., Lewis, N., & Morgenthaler, L. (1989). Comprehensible output as an outcome of linguistic demands on the learner. *Studies in second language acquisition*, *11*(1), 63-90.

Simpson-Vlach, R., & Ellis, N. C. (2010). An academic formulas list: New methods in phraseology research. *Applied linguistics*, *31*(4), 487-512.

Stubbs, M. (2001). *Words and phrases: Corpus studies of lexical semantics.* Oxford: Blackwell.

Taylor, C. (2008). What is corpus linguistics? What the data says. *ICAME journal*, *32*, 179-200.

Tono, Y. (2003). Learner corpora: design, development and applications. *In Proceedings of the Corpus Linguistics 2003 conference in University Centre for Computer Corpus Research on Language*, 800-809.

Young, R. (1995). Conversational styles in language proficiency interviews. *Language Learning*, *45*(1), 3-42.

<누리집>

국립국어원 언어정보나눔터, https://ithub.korean.go.kr/user/main.do.

한국문화사 한국어교육학 시리즈

중국어권 한국어 학습자의 중간언어 발달 연구

1판 1쇄 발행 2019년 8월 28일

지 은 이 | 강현화·한송화·김한샘·홍혜란·김보영·김미경·배미연
펴 낸 이 | 김진수
펴 낸 곳 | 한국문화사
등   록 | 제1994-9호
주   소 | 서울특별시 성동구 광나루로 130 서울숲 IT캐슬 1310호
전   화 | 02-464-7708
팩   스 | 02-499-0846
이 메 일 | hkm7708@hanmail.net
홈페이지 | hph.co.kr

ISBN 978-89-6817-799-6 93370

· 이 책의 내용은 저작권법에 따라 보호받고 있습니다.
· 잘못된 책은 구매처에서 바꾸어 드립니다.
· 책값은 뒤표지에 있습니다.

· 이 논문은 2017학년도 연세대학교 미래선도연구사업(부분적인) 지원에 의하여 작성된 것임(2017-22-0138).